WPPRC

山东大学世界政党研究中心

山东大学政党政治比较创新团队研究文库

冷战后越南民主化道路探索研究

檀培培　著

山东人民出版社·济南
国家一级出版社　全国百佳图书出版单位

图书在版编目（CIP）数据

冷战后越南民主化道路探索研究／檀培培著．—济南：山东人民出版社，2023.7

ISBN 978-7-209-14726-2

Ⅰ．①冷…　Ⅱ．①檀…　Ⅲ．①民主政治－研究－越南　Ⅳ．①D733.231

中国国家版本馆 CIP 数据核字（2023）第 141527 号

冷战后越南民主化道路探索研究

LENGZHAN HOU YUENAN MINZHUHUA
DAOLU TANSUO YANJIU

檀培培　著

主管单位　山东出版传媒股份有限公司
出版发行　山东人民出版社
出 版 人　胡长青
社　　址　济南市市中区舜耕路517号
邮　　编　250003
电　　话　总编室（0531）82098914
　　　　　市场部（0531）82098027
网　　址　http://www.sd-book.com.cn
印　　装　山东新华印务有限公司
经　　销　新华书店

规　　格　16 开（169mm × 239mm）
印　　张　14
字　　数　220 千字
版　　次　2023 年 7 月第 1 版
印　　次　2023 年 7 月第 1 次
ISBN　978-7-209-14726-2
定　　价　38.00 元

序

民主是全人类的共同价值，是政治发展的核心目标，在现代国家发展中发挥着价值牵引作用，具有标志性意义。实现“人的自由而全面发展”是社会主义国家的最高价值依归，它内蕴社会主义国家执政党的目标自信和理论自信，本质上体现的是对共产党执政规律、社会主义建设规律和人类社会发展规律的深刻认识和准确把握。经验表明，民主政治方向决定政治发展道路，政治发展道路决定民主政治命运。一个国家的民主政治发展必须与本国的历史、经济、社会、文化等条件相适应。这就要求，一个国家实现什么样的政治发展，怎样实现政治发展，必须从规律上加以深刻认识，从理论上加以系统阐释，从战略上加以科学谋划，从战术上加以有效推进。

20 世纪 80 年代末，在世界社会主义发展遭遇重大挫折的背景之下，现实社会主义国家进一步加强了以市场经济、民主政治为价值取向的全面改革。其中，越南共产党领导的越南民主化改革值得关注。越南关于民主化道路的探索，不仅关系到越南民众对本国政治制度的合法性认同，也关系到社会主义在越南的前途与命运，还影响到社会主义政治制度在国际上的影响力和话语权。基于这样的思考和认识，檀培培在博士论文选题时，就把越南作为研究对象，把民主化道路作为研究主题。这个选题的研究具有一定的难度，檀培培以扎实的理论功底和较强的研究能力顺利完成了博士论文的写作。

冷战后越南民主化道路是一个内容复杂的系统工程。作者指出，以民主为价值指向的政治发展是个系统工程，不仅包括民主政体的确立，还包括民主政体有效运转条件的创造，涉及民主政体确立、社会组织发育、市场经济发展、法治信仰树立、有效政府打造以及政党制度建设等内容。这六个方面的任务彼此之间不是严丝合缝的，甚至有些任务不能够同时展开。不同的发展时序塑造了具体国家的民主化道路。具体国家民主化道路的形成，既与该国家的初始政体类型，政党制度，特别是与执政党的本质属性以及民主素养有关，还与该国的经济发展水平以及由此决定的国民的经济能力、该国的历史文化传统和国民的文化素养有关，也与该国面临的国际环境和外部发展空间有关。基于上述认识，作者围绕冷战后越南民主化道路的“逻辑起点”“政治主导”“民主制度建设”“民主条件建设”等问题开展讨论，并以此构成本书的研究框架和逻辑结构。冷战后越南民主化道路包括民主化战略目标确立和民主化策略选择两个方面：在战略目标上，确定了越南共产党领导下的人民当家作主的法治国家；在策略选择上，推进市场经济革新及国会制度的完善，同时促进社会组织的发展。

本书是檀培培在博士论文基础上修改完善而形成的学术著作。与当初的博士论文相比，增添了越南政治发展的新进展，框架结构、内容支撑、逻辑论证进一步得到完善。民主化道路问题是一个宏大复杂的政治命题和学术论域，期待作者对冷战后越南政治发展问题持续开展深入的个案研究和相关的比较研究，不断发表新见解、推出新成果。

王韶兴

2023 年 6 月

目录

导　论

一、研究背景与研究意义

（一）研究背景

20 世纪 80 年代末，在世界民主化浪潮持续推进与社会主义发展遭遇重大挫折的双重背景之下，部分社会主义国家进一步加强了以经济市场化、政治民主化为价值取向的全面改革。民主的本意是人民的统治。从政体的意义上说，国家权力属于人民，民主指人民通过自由、平等的选举产生代表，代表们组成代议机关行使国家权力的政治制度。现代民主制度包含两个层面的内容：一个是“由谁统治”，涉及一个国家中哪些人享有统治国家的权利，哪些人则被排除在外，即一个国家中人民的范围问题；另一个是“如何统治”，涉及人民政治参与的广度和深度问题，核心是民主制度形式以及民主制度运行机制问题。在现实国家中，真正实现人民的统治是一个长期的历史过程。无论是从现有的世界空间范围来看，还是从时间的历史长河来看，任何国家都要面对如何发展民主的现实问题。正如达尔指出的：“就非民主国家而言，这个挑战就是它们是否能和怎样才能转型到民主国家；就新兴民主国家而言，这个挑战就是它们能否和怎样才可以加强新的民主实践和民主机制，也许这就是某些政治科学家所说的巩固民主，能让它们经得起时间、政治冲突和危机的考验；就老牌的民主国家而言，这种挑战就是如何完善和深化它们的民主。”[①] 也就是说，以民主为价值指向的政治发展是一个不断深化的过程。

民主是社会主义国家的不懈追求，也是社会主义国家的内在要求。列宁曾指出，获得胜利的社会主义国家若不实行充分的民主，那么它就不可能维持它的胜利。中国共产党认为，“人民民主是社会主义的生命”[②]。马克思主义认为，民主的本质就是人民当家作主。由于受到历史条件的限制，马克思主义的民主理想在 19 世纪并没有成为现实。尽管巴黎公社丰富了马克思主义的民主观，但事实上它只是短暂的实验。因此，可以说，马克思主义经典作家更多的是从国家权力来源的角度考虑民主问题，很少从民主制度及其运行机制的角度考虑民主问题。而纵观 20 世纪很多社会主义国家的发展史，可以说民主制度运行机制问题是一些社会主义国家没有很好解决的重大课题。苏联解体、东欧剧变，在很大程度上说明了这一点。苏联建立了民主制度，具有保障人民当家作主的优越性，但民主制度运行机制不健全，导致出现党政不分、以党代政的问题，违背了政党政治的一般原理。在这种高度集权的政治体制中，一方面，执政党直接掌握国家政权，缺乏有效的民主程序，民众无法充分地行使当家作主的权利；另一方面，政党组织内部缺乏民主，使党通过党内民主实现自我更新的内部机制受阻。这种体制长期运行的逻辑结果是官僚特权阶层的形成，最终导致其合法性基础不断被侵蚀。社会主义国家在成立之初，或是由于苏联干预，或是受到苏联影响，大都依据苏联模式建立起本国的政治体制。

本书对社会主义国家的民主化进行研究，并且以越南作为研究对象，主要出于以下几个方面的考虑：第一，越南是当代社会主义国家中民主政治建设比较典型的代表之一。作为当代社会主义国家，越南民主政治发展状况不仅关系着社会主义政治制度在本国民众中的合法性、权威性以及吸引力，也关系着社会主义政治制度在世界上的影响力，还在一定程度上关系着社会主

---

① 〔美〕罗伯特 · A. 达尔：《论民主》，李风华译，中国人民大学出版社 2012 年版，第 2 页。

② 中共中央文献研究室：《十七大以来重要文献选编》（上），中央文献出版社 2009 年版，第 22 页。

义政治制度能否掌握民主的话语权。冷战后，越南共产党①提出了越南政治发展的基本框架，即党领导、人民作主以及国家管理。以此为基础，在理论上，不断对党、国家、社会三者的关系进行探索，在实践上，对民主制度及其正常运转所需条件进行了发展完善，逐步形成本国特色的民主实现形式和民主化道路。第二，冷战后初期，越南的社会主义制度基本上是以高度集权的政治体制为特征的：党政一体，政治体系处于相对封闭状态，大众制度化的参与水平较低，执政党推行计划经济体制，在社会发展和利益分配中处于主导地位。第三，20 世纪 80 年代中期越南开启了革新开放的历程，实行了社会主义定向市场经济，推动经济的快速发展，其发展速度在亚洲仅次于中国。最后，发展中国家和地区的民主发展具有很多共同的特征。越南是发展中国家，对冷战后越南民主化道路进行研究，将会对民主化还未开启或者正在进行民主化的发展中国家具有一定的借鉴意义。

研究“冷战后”这一时期越南的民主化道路，主要原因在于现代民主政体的构成要素是选举制度和代议制度，其中，选举制度是代议制度的先决条件。20 世纪 80 年代中期，越南实行了市场经济革新，虽然政治革新也有一定进展，但作为民主政体标志内容的选举制度革新始于 1992 年的国会直选。

民主研究的主题有很多，并且每一个领域都意义重大，值得深入研究。本书之所以选择民主化道路作为研究课题，是因为对那些尚未启动或未建成有效运转的民主制度的发展中国家而言，迫切需要解决的问题是建设什么样的民主以及如何建设民主。从民主发展的角度来说，民主化道路研究具有深远的意义。二战后，尤其是 20 世纪 70 年代以后，发端于南欧的民主化浪潮很快蔓延到拉丁美洲、东亚以及东欧。“第三波”民主化浪潮引起政治学家和学者对民主发展问题的关注和研究。这一时期的民主发展著作可谓卷帙浩繁，但是学者更多关注和研究的是民主化的动因、民主的巩固等问题，很少涉及如何走向民主，即民主化道路问题。只有少数学者的著作论述了民主化的道路问题，例如，亨廷顿（Samuel P. Huntington）所著的《第三波：20 世纪后

① 为行文方便，正文论述中将“越南共产党”简称为“越共”。

期的民主化浪潮》[①]，林茨（Juan J. Linz）、斯泰潘（Alfred Stepan）合著的《民主转型与巩固的问题：南欧、南美和后共产主义欧洲》[②] 等。因此对民主化道路问题进行研究是非常必要的。

（二）研究意义

本书研究的重要意义在于：

一是坚持和发展科学社会主义的需要。科学社会主义是全世界无产者和劳动人民改变自己命运、获得自由发展的必由之路。社会主义制度作为资本主义的对立物、继承物和取代物，从十月革命算起，至今已有 100 多年了。社会主义作为新生事物，在前进过程中不可避免地会遇到许多难以预料和想象的困境，走一些弯路。其中怎样发展完善民主制度、丰富民主形式以及如何建设高质量的民主是社会主义制度面临的重大而又复杂的问题。社会主义国家的执政党坚信"两个必然"，是社会历史发展不可逆转的总趋势，但要破解人们对科学社会主义的信仰危机，却需要做很多工作。从越南民主化经验教训的视角来观察和剖析社会主义制度的历史进程，将社会主义的前途命运同社会主义国家的民主政治建设紧密联系起来，这不仅有助于增强社会主义国家的执政党领导民主政治发展的使命感，也为社会主义国家的执政党提供了使社会主义发展壮大的途径。

二是掌握社会主义国家民主政治发展一般规律和特殊规律的需要。越南在 1976 年统一后，社会主义建设走过了艰辛的历程。20 世纪 80 年代，因社会主义建设陷入困境，越共理性地分析了国内外社会主义建设的经验教训，确立了革新开放的政治路线，在推动经济、社会和政治发展的同时，不断建设和完善民主制度，力图建设高质量的社会主义民主。越南是当代社会主义国家的成员，其发展社会主义民主政治所进行的理论和实践探索异常丰

---

①〔美〕塞缪尔·P. 亨廷顿：《第三波：20 世纪后期的民主化浪潮》，欧阳景根译，中国人民大学出版社 2013 年版。

②〔美〕胡安·J. 林茨、阿尔弗莱德·斯泰潘：《民主转型与巩固的问题：南欧、南美和后共产主义欧洲》，孙龙等译，浙江人民出版社 2008 年版。

富。对其进行研究，有助于认识社会主义国家民主政治发展的普遍性和特殊性。

三是中国解决建设什么样的民主政治和如何建设民主政治的需要。越南民主化的理论与实践对中国的民主政治建设具有一定的参考价值。越南的社会主义建设以及革新开放的进程与中国有一定的相似性，这使得中国在民主政治发展过程中出现的一系列问题同越南民主政治发展进程中所遇到的问题有很多相似之处。依据中国国情，借鉴冷战后越南民主化道路的经验教训，并且把借鉴来的理论和实践予以本土化，从而探索适合中国国情的民主化道路，可能是一条代价较小、时间较短的路径。冷战后越南的民主化道路是将民主的普遍性和特殊性相融合的理论和实践探索，对其他社会主义国家具有一定的借鉴意义。

二、文献综述

（一）国内研究综述

1. 研究著作

国内关于越南民主化道路的专著比较少。陈明凡在《越南政治革新研究》中对越南政治革新的背景、进程、理论基础、重要举措、成效以及存在的问题、基本经验和教训进行了梳理和分析。① 潘金娥在《越南政治经济与中越关系前沿》第一部分从越南政治体制改革的理论与实践、越南社会主义发展道路、胡志明思想在社会主义事业中的地位和作用以及越共十一大评析几个方面阐述了越南政治的前沿问题。② 有些著作部分内容涉及越南政治发展。比如齐欢、吴喜研究了越南从 1986 年实施革新开放以来政治现代化方面的内容③；崔桂田对越南政治体制及其改革进行了阐述和分析，还对

① 陈明凡：《越南政治革新研究》，社会科学文献出版社 2012 年版。

② 潘金娥：《越南政治经济与中越关系前沿》，社会科学文献出版社 2011 年版。

③ 齐欢、吴喜：《革新以来越南的现代化（1986—2011 年）》，云南大学出版社 2012 年版。

越共防范执政风险的思想武器、物质基础、政治保障、“软实力”、合法性基础、国家认同、“心”的力量、危机管理机制、国际环境、内在动力进行了分析研究[①]。

2. 报刊文章

冷战后初期，中越关系实现了正常化，中国学者开始对越南问题进行研究。尤其是进入 21 世纪以后，中国学者对越南问题的研究进入繁荣阶段。自 1992 年越南国会实行直选后，越南国会制度在选举制度和监督制度领域不断推行新举措，越南政治发展问题研究随之成为国内学术界研究的热点。

（1）越南政治发展综合研究。第一，越南民主化的影响因素与动力研究。李兵认为，因为殖民统治留下的“遗产”，越南不幸成为“冷战”的重要阵地，两种政治制度的较量、统一后所走的弯路是影响二战后越南民主政治发展的重要因素。[②] 黄骏、鲍婧认为，市场取向的革新对越南的政治体制革新和越共的执政能力提出了新的要求，具有全国性影响的腐败案件的曝光成为政治改革的现实契机，参与国际合作的需求推动了政治体制改革的步伐。这些是越南实行政治体制改革的现实动因。[③] 周英华认为，越南革新开放后，高度集中的政治体制的形成是国内长期处于战争状态、多年来的政治传统和政治体制、封建王朝中央集权体制的影响，以及盲目照搬苏联模式等多方面因素综合作用的结果。而追溯其高度集中的政治体制模式形成的根源和影响因素，对于研究越南政治体制改革具有重要价值。[④] 陈强将越南政治体制改革的动因归结为十个方面：经济改革推动，越共领导人之开明，越南民众的民主化呼声，越南中产阶层的兴起，越南民主政治文化不断发酵，反腐的推动，东欧剧变、苏联解体和中国改革开放的影响，越共对马克思主义理论的创新，越南的历

① 崔桂田：《马克思主义政党防范执政风险研究》，山东大学出版社 2012 年版。

② 李兵：《二战后影响越南政治发展的重要因素及其经验教训》，《东南亚纵横》1998 年第 1 期。

③ 黄骏、鲍婧：《越南的政治体制改革与马克思主义的本土创新》，《云南社会科学》2011 年第 2 期。

④ 周英华：《越南政治体制形成的影响因素》，《吉林工程技术师范学院学报》2012 年第 11 期。

史包袱较轻，全球民主化潮流的影响。[①]

第二，越南民主化措施研究。陈元中、周岑银指出，越共十一大提出了社会主义民主政治建设的基本方略，包括提升国民民主素质、健全民主法规机制、革新民主运行方式等方面。[②] 徐秦法、秦艺菲从越共党内民主选举制度革新、民众政治参与度的提升以及反腐败制度体系的发展完善分析了越共十二大以来政治革新的新进展。[③] 林怀艺、洪谊雅指出，革新开放以来，越南共产党在坚持和改革党的领导的基础上不断探索本国的政治建设措施，对党的性质和领导方式、执政方式进行了适应性调整，大力发展党内民主和人民民主，并促进二者的互动。[④]

第三，越南民主化的成就研究。陈明凡认为，20 年来越南民主化取得了一些可喜的成果，极大地推动了社会的进步，这主要表现在：对选举制度进行了重大改革，在风云激荡的历史环境中保持了政治稳定，为经济发展和经济革新创造了良好的社会和政治环境。[⑤] 陈元中、周岑银指出，越南社会主义民主建设的主要成就体现在三个方面：不断深化对社会主义民主本质和地位的认识，基本构建了社会主义民主制度框架，有效推进了社会主义民主政治实践。[⑥]

第四，越南民主化面临的困境。陈元中、周岑银指出，越南民主政治发展面临的困境主要是理论建设不适应民主实践发展要求，党的领导与人民主

---

① 陈强：《越南政治体制改革的多重动因及发展趋势分析》，《云南行政学院学报》2013 年第 1 期。

② 陈元中、周岑银：《越共十一大推进社会主义民主建设的基本方略》，《理论视野》2012 年第 5 期。

③ 徐秦法、秦艺菲：《越共十二大以来政治革新的进展及态势研究》，《当代世界社会主义问题》2021 年第 1 期。

④ 林怀艺、洪谊雅：《越南共产党在革新开放中对政治建设的探索》，《马克思主义理论学科研究》2018 年第 1 期。

⑤ 陈明凡：《越南政治革新的主要绩效和基本经验》，《新视野》2007 年第 3 期。

⑥ 陈元中、周岑银：《越南社会主义民主建设的成就、经验与困境》，《当代世界与社会主义》2012 年第 5 期。

权关系难以理顺，西方民主思潮侵扰社会主义民主建设。[①]

第五，越南民主化态势研究。徐秦法、秦艺菲指出，越共十三大明确了政治发展方向：继续深化党的制度建设，建立纯洁坚强精锐的党；持续推进国家权力制衡，坚定社会主义方向；继续推动社会主义民主建设，保障人民主体地位。[②]

（2）关于越南国会制度研究。自 1992 年越南国会代表选举实行差额直选后，越南国会制度改革不断推出新举措，越南国会制度研究随之成为国内学术界研究的重点。国内学者对越南国会制度革新进行了追踪研究，成果很多。

第一，国会制度改革原因研究。张树焕、崔桂田认为，越南革新开放事业的迅速发展与国会运转相对缓慢之间的矛盾，是越南国会改革的根本原因，越南国会改革是社会主义民主政治的必然要求，殖民色彩的政治文化因素和当代世界民主化潮流的激荡对越南国会改革产生一定的影响。[③]

第二，国会制度构成要素发展完善研究。选举制度方面，龙遍红、何胜认为，十二届国会选举称得上是一次“民主、合法、安全、振奋”的成功选举，新国会“三化”明显，“四驾马车”高票当选，并分析了国会的特色选举。[④] 何胜指出，越南直选国会代表的成功，有如下结果：“海外反政府势力”的希望落空，使得三轮、多方协商候选人成为可能，国家主席面临敏感问题，党外代表比例偏低，官员代表进一步减少。[⑤] 国会运行机制发展完善方面，王瑞贺梳理了国会监督制度、国会监督机构及方式、越南有关方面对国会监督状况及监督法实施情况的评价。[⑥] 刘玉娣指出，为提高国会监督的效果，越南

---

① 陈元中、周岑银：《越南社会主义民主建设的成就、经验与困境》，《当代世界与社会主义》2012 年第 5 期。

② 徐秦法、秦艺菲：《越共十二大以来政治革新的进展及态势研究》，《当代世界社会主义问题》2021 年第 1 期。

③ 张树焕、崔桂田：《越南国会改革的原因、措施及其借鉴意义》，《信阳师范学院学报》2008 年第 4 期。

④ 龙遍红、何胜：《具有越南特色的国会选举》，《当代世界》2007 年第 8 期。

⑤ 何胜：《越南直选国会代表》，《南方周末》2007 年 12 月 18 日。

⑥ 王瑞贺：《越南国会监督制度及现状》，《新疆人大》2005 年第 1 期。

推行了灵活高效的交流互动型监督形式，并不断具体和细化监督活动的运作程序。[①]

第三，国会制度改革的效果研究。陈明凡认为，国会的这些改革显著强化了国会的地位和责任，提高了国会活动的透明度，也提高了人民政治参与的积极性。[②]

（3）行政改革研究。学者们主要对越南行政改革的理念、措施与启示进行了研究。从理论和现实方面分析了越南行政改革的原因，指出越南确定了行政改革五项原则，即以经济建设为重心，以机构改革为切入点，以政府职能转变为重点进行行政改革；并分析了越南行政改革的政治、经济与文化环境，行政改革的动因、目标、性质、方式、内容、动力、阻力、进程等。[③]高云分析了行政改革的理念，并提出以极大的紧迫感突出“民本政府”的理念，强调法治理念，行政改革必须与市场经济取向的经济体制改革相适应，鲜明地提出政府要强化公共服务，重视公务员队伍的正规化、规范化建设，行政改革必须与政治体系革新相协调。[④]

（4）司法改革研究。陈明凡指出，越南实行了一系列司法改革措施，包括改革司法系统、庭审方式、诉讼程序，建立中央司法改革指导委员会，加强对法官队伍的培训以及健全司法辅助机构，等等。陈明凡认为，越南司法改革已经取得了初步的成效，但仍存在许多亟待解决的问题，如法律体系尚不完备，法律的制定和实施缺乏有效机制，法官队伍素质有待提高。总之，越南司法改革任重而道远，实现建设社会主义法权国家还有很长的路要走。[⑤]

（5）社会组织变革问题研究。

第一，越南社会组织变革动因研究。陈婉莹、郭权锋主要从市场机制

---

① 刘玉娣：《革新开放以来越南国会监督制度改革探析》，《世界社会主义研究》2021年第7期。

② 陈明凡：《越南国会改革的举措及其成效》，《新视野》2013年第2期。

③ 考察组：《越南行政改革及其启示》，《云南行政学院学报》2002年第3期。

④ 高云：《在革新中变革自身的越南行政改革理念》，《云南行政学院学报》2003年第6期。

⑤ 陈明凡：《越南的司法改革》，《云南社会科学》2013年第1期。

的建立、社会阶层的变动及公共领域的扩大、法治化的提升三个方面分析了动因。[①]

第二，社会组织变革的方式研究。陈婉莹、郭权锋指出，越南社会组织变革采取了“打破围栏”的方式。[②]

第三，社会组织在越南民主政治发展中的作用研究。郭权锋指出，社会组织在越南民主政治建设中的作用主要体现在两个方面：一方面，作为参与者去实现自身的政治目标；另一方面，作为建设者帮助越南人民建设民主政治。[③]

第四，社会组织参与越南民主政治建设面临的机遇与挑战。郭权锋依据社会组织的身份（该组织是本土的，还是国际的）、参与层次（该组织是参与国家层面的民主化进程，还是参与地方层面的民主化进程）两个因素，分析了越南社会组织参与民主治理的可行性和面临的挑战。本土社会组织直接参与国家和地方 / 基层层面的民主治理，在两个层面面对的挑战都较小；国际性社会组织间接参与国家和地方 / 基层层面的民主治理，并且在国家层面面对的挑战性大，在地方 / 基层层面对的挑战性较小。这些社会组织的参与是以遵守越南的宪法和法律且获得政府承认为前提条件的。但近年来在越南国内外还存在一类以追求西方民主、推翻越南共产党的领导为目的的组织。这些组织被越南政府认定为非法组织，甚至是恐怖组织，对越南政治产生了不可忽视的影响。[④]

第五，具体社会组织研究。闫杰花、吕晓凤在阐述革新开放以来越南祖国阵线的职能不断扩大和地位不断提升的基础上，从组织架构的完善以及职能实施的法制化两个方面分析了革新以来越南祖国阵线的现代化改革路径。[⑤]

---

① 陈婉莹、郭权锋：《越南社会组织的变革及其动因》，《廊坊师范学院学报（社会科学版）》2018 年第 4 期。

② 陈婉莹、郭权锋：《越南社会组织的变革及其动因》，《廊坊师范学院学报（社会科学版）》2018 年第 4 期。

③ 郭权锋：《越南民主政治建设中的社会组织角色分析》，《东南亚纵横》2020 年第 1 期。

④ 郭权锋：《越南民主政治建设中的社会组织角色分析》，《东南亚纵横》2020 年第 1 期。

⑤ 闫杰花、吕晓凤：《革新以来越南祖国阵线的现代化嬗变》，《当代世界社会主义问题》2018 年第 2 期。

（6）党的建设研究。作为本国民主化的主导力量和民主政治运转的工具双重角色，越共自身建设状况是目前学术界研究的重点内容。学者从不同角度对其进行了研究。

第一，党的建设总体研究。在执政党建设面临的挑战方面，许宝友从腐败问题严重、基层组织软弱涣散、非制度化参与出现、利益分配不公、地区经济发展不均衡、就业压力增大、“和平演变”威胁七个方面分析了转型期越南执政党建设面临的挑战。① 关于加强党的建设的措施，许宝友指出，越共应从深入持久地开展反腐败斗争、切实加强基层党组织建设、加强政治参与的制度化建设、解决利益矛盾、反对“西化”“分化”五个方面加强自身建设。② 胡芳从党内民主、理论创新、反腐败三个方面论述了越共十大党建新亮点。③ 梁晓宇指出，越共主要从尊重人民主体地位、加强反腐建设、不断密切党同人民群众的联系、加强基层组织建设四个方面建设纯洁强大的政党。④ 陈元中、李琳从明确党的本质、权限和责任，思想理论建设，组织和制度建设，反腐败，革新党的领导内容、体制、方式等方面论述了越南革新 30 年来越共党建工作的创新发展。⑤ 徐秦法、郑玉琳分析了越共十三大对党的建设的总体部署与创新：建设纯洁、坚强和全面的党是党的建设基调；提高党的领导能力、执政能力和战斗力是党的建设主线；加强党的政治建设、组织建设和作风建设是党的建设框架；坚持以民为根，彰显人民的主体地位是党的建设原则。⑥

第二，组织建设研究。学者主要对越共组织发展的趋势、基层组织建设

---

① 许宝友：《转型时期的越南执政党建设：特点、挑战与应对》，《科学社会主义》2001 年第 6 期。

② 许宝友：《转型时期的越南执政党建设：特点、挑战与应对》，《科学社会主义》2001 年第 6 期。

③ 胡芳：《越共十大党的建设新亮点》，《党的建设》2006 年第 12 期。

④ 梁晓宇：《革新开放以来越南共产党建设纯洁强大政党的主要做法与启示》，《新东方》2020 年第 1 期。

⑤ 陈元中、李琳：《越南革新 30 年来党建工作的创新发展》，《当代世界与社会主义》2016 年第 6 期。

⑥ 徐秦法、郑玉琳：《越共十三大对党的建设总体部署与创新》，《理论视野》2021 年第 4 期。

以及党员队伍建设进行了研究。山东大学政党研究所课题组对全球化、信息化背景下越共有关自身组织建设措施及趋势进行了研究。① 中央对外联络部研究室对越共基层组织的机构和运作情况、基层组织的地位和作用、基层组织建设的着力点等问题进行了研究。②

第三，党内民主建设研究。蒙夺、陈元中从党的领导体制、党员的民主权利、党内选举、党内决策、党内监督等方面对越共党内民主建设的理论与实践进行了总结和分析。③ 徐秦法、郑玉琳对越南共产党党内质询制度的出场语境、原则遵循以及运行机制进行了研究。④ 陈元中从党内选举制度和方式、党内决策制度和方式、党内监督体系的发展完善方面总结了越共六大以来党内民主建设的成就；从理论建设不适应党内民主发展要求、党员权利保障机制不健全、党内民主建设滞后于人民民主发展等方面分析了越共六大以来党内民主建设面临的问题；从必须坚持马克思主义的指导、把民主决策和管理作为民主建设的重点、切实加强党内民主运行机制建设、党内民主建设必须循序渐进四个方面总结了越共六大以来党内民主建设的启示。⑤

第四，党对国家政权和社会的领导方式研究。陈明凡指出，越共党的领导体制改革是越南政治革新的中心议题，越南政治革新的主要内容包括两个方面：一方面是改革党自身的领导体制，使党成为贯彻民主集中制的表率；另一方面是改革党对国家政权和社会的领导方式。越共提出政治系统革新的基本原则，即坚持“党领导，人民做主，国家管理”。越共在改革党的领导

---

① 山东大学政党研究所课题组：《全球化信息化条件下越南共产党组织发展趋势研究》，《当代世界与社会主义》2008 年第 1 期。

② 中央对外联络部研究室：《越南共产党重视新时期党的基层组织建设》，《党建》2008 年第 12 期。

③ 蒙夺、陈元中：《越南共产党六大以来推进党内民主建设的理论与实践》，《云南行政学院学报》2011 年第 3 期。

④ 徐秦法、郑玉琳：《越南共产党党内质询制度探究》，《当代世界社会主义问题》2022 年第 1 期。

⑤ 陈元中：《越南共产党六大以来党内民主建设的成就、问题与启示》，《广西社会科学》2020 年第 11 期。

体制上进行了积极探索和有益尝试，其经验值得研究和借鉴。[①]

（二）国外研究综述

冷战后，随着越南国会制度的改革日益深化，国外学者关于越南政治发展的研究也越来越多，研究多集中在越南的选举制度、监督制度、越共、社会组织、行政改革等领域。

1. 关于越南国会的研究

一是越南选举制度研究。这些论文对越南的选举程序、选举作用进行了研究。埃蒙德·马莱斯基（Edmund Malesky）、保罗·舒尔（Paul Schule）对越南候选人数据进行分析后得出，一党制政体放弃了对整个政体支持方面信息的掌握，增强了对当地名人受大众欢迎和地方官员遵守中央命令方面信息的掌握。此外，选举前设计选举比选举后欺诈实现这些目标的风险更小。[②] 埃蒙德·马莱斯基对2007年越南国会选举进行了研究，指出新的选举程序预示着竞争和代表性进一步增强，并且进一步探讨了这一结果，对越南选举程序在实践中如何运作提供了详细说明。[③] 埃蒙德·马莱斯基等学者指出，越来越多的证据证明，在一党制国家，立法者有时会对公民的政策偏好做出反应。然而，围绕驱动这种关系的机制存在争议。二是国会改革研究。埃蒙德·马莱斯基从宪法起草过程和史无前例的国会信任投票的视角回顾了2013年的越南政治。[④] 埃蒙德·马莱斯基对信任投票的起源、结构，信任投票的得票排名

---

① 陈明凡:《越南党的领导体制改革的有益探索》,《中共天津市委党校学报》2009年第4期。

② Edmund J. Malesky, Paul Schule, The Single-Party Dictator's Dilemma Information in Elections without Opposition, *Legislative Studies Quarterly*, Vol. 36, No. 4, 2011, pp. 491–530.

③ Edmund J. Malesky, Paul Schuler, Paint-by-numbers Democracy: The Stakes, Structure, and Results of the 2007 Vietnamese National Assembly Election, *Journal of Vietnamese Studies*, Vol. 4, No. 1, 2009, pp. 1–48.

④ Edmund J. Malesky, Vietnam in 2013: Single-Party Politics in the Internet Age, *Asian Survey*, Vol. 54, No.1, 2014, pp. 30–38.

以及效果进行了研究。[①] 埃蒙德・马莱斯基、保罗・舒尔对质询制度的作用进行了研究，指出没有证据证明公开透明化措施对代表表现有直接的影响，进一步的分析有力地证明，提高公开透明度措施减少了代表参与和损害竞选连任的前景。[②]

2. 关于越南社会组织的研究

国外学者关于越南社会组织的研究论文比较多，对社会组织的产生发展以及社会组织的政治功能进行了研究。在社会组织的产生方面，克弗列特（B. Kerkvliet）探讨了越南政治生活中国家社会关系出现问题的四个领域，即管理机构和程序、大众媒体、集体农业以及腐败。每个领域正在进行的讨论是国家和社会之间的关系应该是什么。[③] 卡莱尔・塞耶（Carlyle A. Thayer）评估了社会组织的未来影响以及可能的未来情境。[④] 在越南社会组织的特点方面，约尔格・维舍尔曼（Jörg Wischermann）通过来自胡志明市和河内市社会组织代表的 300 个标准化访谈，提出社会组织是社会行动和互动的一种特殊模式。数据分析揭示了这种行动的核心维度的存在（尊重、同情、慰问，并愿意妥协和坚持约定的规则），虽然这些维度的各自价值变化很强烈。这与社会组织的无论哪一种作用——寻求共识、对冲突的厌恶、对合作的欣赏都是密不可分的。这些态度和实践，主导了各类社会组织的内部决策过程，而代表威权主义的政治思维元素则存在于社会组织领导人的心态和行动中。总

① Edmund J. Malesky, Understanding the Confidence Vote in Vietnamese National Assembly: An Update on "Adverse Effects of Sunshine" Politics in Contemporary Vietnam: Party, State, and Authority Relations, *Palgrave Macmillan UK*, 2014, pp. 84–99.

② Edmund J. Malesky, Paul Schuler, Anh Tran, The Adverse Effects of Sunshine: A Field Experiment on Legislative Transparency in an Authoritarian Assembly, *The American Political Science Review*, Vol. 106, No. 4, 2012, pp. 762–786.

③ B. Kerkvliet, An Approach for Analysing State-Society Relations in Vietnam, *Journal of Social Issues in Southeast Asia*, Vol. 16, No. 2, 2001, pp. 238–278.

④ Carlyle A. Thayer, Vietnam and the Challenge of Political Civil Society, *Contemporary Southeast Asia: A Journal of International and Strategic Affairs*, Vol. 31, No. 1, 2009, pp. 1–27.

之，这些特点构成了越南化的民间社会行动。① 在越南国家主导的社会组织演变动因方面，卢克斯（SJ Lux）、施特劳斯曼（JD Straussman）认为早于越南的殖民地时期和共产主义时期的深层次的文化力量，塑造了国家主导的社会组织在 20 世纪后半期的演化。② 在政府对待持不同政见者的态度方面，班乃迪克 · J. 克弗列特（Benedict J. Tria Kerkvliet）综合了越南持不同政见者的主要批判和目标，然后分析了国家当局对他们的行动，揭示了当局的容忍度和镇压的不一致性。③

3. 关于越共的研究

在越共党代会研究方面，卡莱尔 · 塞耶指出，越共九大带来领导人的变化，旨在解决政治稳定问题以及继续经济改革，并且在对外事务方面，越南继续奉行多边化外交关系的长期政策。④ 科胡（David Koh）指出，虽然 2006 年 4 月越共第十次代表大会有大部分领导人被更换，但是仍等待新领导人的出现。大会显示党内民主日益增强。⑤ 威廉 · 凯斯（William Case），认为，在确定 2015 年年底、2016 年年初召开党的第十二次代表大会时，越共党内派系化动力增强。⑥

4. 关于越南行政改革的研究

在行政改革措施方面，马丁 · 佩恩特（Martin Painter）指出，在越南，公共行政改革是一个雄心勃勃的计划，力图在中央集权的、国家管理的框架

---

① Jörg Wischermann, Civil Society Action and Governance in Vietnam: Selected Findings from an Empirical Survey, *Journal of Current Southeast Asian Affairs*, Vol. 29, No. 2, 2010, pp. 3–40.

② S.J. Lux, J.D. Straussman, Searching for Balance: Vietnamese NGOs Operating in a State-led Civil Society, *Public Administration & Development*, Vol. 24, No.2, 2004, pp. 173–181.

③ Benedict J. Tria Kerkvliet, Government Repression and Toleration of Dissidents in Contemporary Vietnam: Politics in Contemporary Vietnam.Party, State, and Authority Relations, *Palgrave Macmillan UK*, 2014, pp. 100–134.

④ Carlyle A. Thayer, Vietnam in 2001: The Ninth Party Congress and After, *Asian Survey*, Vol. 42, No. 1, 2002, pp. 81–89.

⑤ David Koh, Leadership Changes at the 10th Congress of the Vietnamese Communist Party, *Asian Survey*, Vol. 48, No. 4, 2008, pp. 650–672.

⑥ William Case, Vietnam in 2015: Factional Battles, Economic Tailwinds, and Neighborhood Jitters, *Asian Survey*, Vol. 56, No. 1, 2016, pp. 93–100.

内实现“法治”：将国家机关的权力宪法化，并把它们与政党区分开来；将所有者与管理者角色分离，并在国有企业经营中用经济标准取代政治标准；实施基层民主，惩治腐败；使政府机构合理化，建立集中管理的、专业化的行政机构；改革公共财政体制。在每个领域，都有抵制改革建议和实施过程中偏离差距的迹象。在这种情况下，集中捐赠者支持的中央管理的公共行政改革，是一个有高度风险的战略，继续支持地方，“自下而上”的改革举措可能有助于维持改革需求。[①] 嘉轩亭（Quart Xuan Dinh）探讨了越南 1987—1997 年的制度争论及其改革，认为向市场经济过渡的可持续性在很大程度上取决于党与政府之间明确的分工和适当的平衡。亚洲经济危机仍然使该地区大多数的经济体处于瘫痪状态，迫切需要越南进一步改革。[②] 在行政改革效果方面，西蒙·贝内迪克特（Simon Benedikter）指出，应从更为严谨的社会学视角分析并评价行政改革。[③]

总体看来，学界对于越南民主化道路的相关研究还不够深入，仍然停留在探讨选举制度、国会运行机制、行政改革、社会组织发展、党内民主等具体问题方面，对越南民主化道路缺乏系统研究。

三、内容框架与研究方法

（一）内容框架

本书是对冷战后越南民主化道路的整体性研究，旨在通过对冷战后越南民主化道路的历史考察与现实思考，进一步深化对越南民主化道路的个案把

---

① Martin Painter, Public Administration Reform in Vietnam: Problems and Prospects, *Public Administration and Development*, Vol. 23, No.1, 2003, pp. 259-271.

② Quart Xuan Dinh, Public Administration Reform in a Transitional Economy: Case of Vietnam, *Philippine Journal of Development*, Vol. 25, No. 2, 1998, pp. 315-332.

③ Simon Benedikter, Bureaucratisation and the State Revisited: Critical Reflections on Administrative Reforms in Post-Renovation Vietnam, *International Journal of Asia-Pacific Studies*, Vol. 12, No.1, 2016, pp. 1.

握，力求形成一些有关社会主义国家民主政治发展带有规律性的认识。本书的基本内容介绍如下：

导论主要对冷战后越南民主化道路的相关文献进行整理，并提出了本书的研究方法，为进一步的研究奠定基础。第一章讨论民主化道路的基本理论，主要对民主化道路的内涵、主要影响因素进行分析，为下文冷战后越南民主化道路研究提供理论指导。第二章讨论冷战后越南民主化道路的发生逻辑，分析冷战后越南民主化开启的动因以及冷战后传统社会主义政治体制对越南民主化道路选择的影响。第三章讨论冷战后越南民主化道路的政治主导，具体分析越共在越南民主化道路中领导地位的确立、越共为民主化道路提供的发展谋划，以及越共为民主化道路提供的能力支持三个问题。第四章讨论冷战后越南民主化道路的制度支撑，主要阐述越南选举制度以及国会运行机制发展完善的基本内容，并分析选举制度发展完善的作用以及国会制度发展完善的政治效应。第五章讨论冷战后越南民主化道路的维持条件，主要梳理社会组织建设、法治建设、政党制度建设、社会主义市场经济体制建设以及有效政府建设的措施，分析其在越南民主化中的作用。第六章讨论冷战后越南民主化道路的经验与面临的问题，在前面分析的基础上，总结冷战后越南探索民主化道路取得的成效与经验，并指出冷战后越南民主化道路面临的问题。

（二）研究方法

1. 历史比较方法

历史比较方法主要是依照时间顺序解释一个社会内部或者不同社会中的社会现象或事物的相似性和差异性的一种研究方法。历史比较方法可以说是一种纵向比较的方法。分析冷战后越南的民主化道路，必须分析冷战结束之前越南的政体类型。因为政体与民主的关系不但体现在采取何种政体对于民主的实现至关重要，更表现为初始政体影响着一个国家民主化道路的选择。冷战结束之前，越南在本国建立起传统社会主义政治体制。分析越南传统社会主义政治体制对冷战后越南社会主义民主制度的建立和维持的影响，首先必须界定越南传统社会主义政治体制的特征，因为这与越南民主化所面临的任务与问题是相关的。然而，建基于传统社会主义政治体制基础上的民主化，其任务是艰巨的。越南不仅需要发展完善社会主义民主制度，还需要建立起民主制度的维持条件，这些条件包括社会组织、政党制度、法治、有效政府以及市场经济。

2. 经济分析方法

马克思主义认为，经济决定政治，政治反作用于经济。经济分析方法主要是从经济基础和上层建筑的辩证关系中把握和分析政治现象的。首先，经济基础决定政治上层建筑，经济发展水平决定着政治发展水平。正如马克思所指出的，权利决不能超出一个社会的经济结构以及由经济结构制约的社会的文化发展。① 其次，政治上层建筑能够反作用于经济基础，甚至有时候能够发挥决定性作用。简而言之，经济分析方法就是以经济为基础，通过分析经济与政治的关系，达到分析政治现象的目的。

四、创新之处与主要不足

（一）创新之处

其一，本书认为，民主化道路不仅包括民主政体的确立，还包括培育民主政体有效运转的条件，涉及民主政体确立、社会组织发育、市场经济发展、法治信仰确立、有效政府建设以及政党制度建设等诸多内容。基于此，本书将民主化道路界定为在既定社会历史条件下，具体民族国家围绕民主价值目标而开展的政治实践。

其二，本书认为，越共所担负的领导和执政使命，要求越共具备与政治发展相匹配的民主发展谋划能力、民主政体完善能力、社会组织培育能力、市场经济革新能力、法治信仰确立能力、有效政府建设能力以及政党制度建设能力。这些能力不仅是越共民主功能发挥的基本保证，也是越南民主政治

---

①《马克思恩格斯选集》第3卷，人民出版社2012年版，第364页。

发展的基本保证。

其三，本书将越南民主化道路确定为在民主化战略目标指引下的民主化策略选择。越南民主化的战略目标是建设共产党领导下的人民当家作主的法治国家，并以此目标为引导，在推进市场经济革新及国会制度发展完善的同时促进社会组织发展。

其四，本书着重强调越南国会制度的发展完善在国家和地方两个层面产生的政治效应。在地方层面上，国会制度的发展完善促进了人民议会制度的发展；在国家层面上，国会制度的发展完善为越共的自我更新提供了动力机制，为有效政府建设提供了前提条件，为法治国家建设提供了制度支撑。

（二）主要不足

本书的主要不足有：

其一，冷战后的越南民主化道路是个复杂的问题，对这一问题的探讨，在材料的把握、方法的运用、逻辑的严密和理论的分析上，都要求有很强的综合驾驭能力。但受主观能力限制，本书难免有粗疏和浅薄之处。

其二，对冷战后越南民主化道路进行研究，实证材料，尤其是一手的实证材料是不可或缺的。但受语言障碍、地域障碍、检索障碍等客观条件所限，本书运用的大都是文本性的二手材料，这在一定程度上影响了论证的精确性和说服力。

第一章　民主化道路的基本理论

民主是人类的共同价值追求，是政治发展的核心目标。“民主”一词源于古希腊，是古希腊城邦独特政治结构的产物。从19世纪开始，民主成为政治权力的合法性基础，民主观念在西方资本主义世界广泛传播并深入人心。民主的本意是“人民的统治”。民主化就是民主政体创建及其正常运转所需条件的构建过程。民主化道路，就是在既定社会历史条件下，具体民族国家围绕民主的价值目标而开展的政治实践。具体国家的民主化道路，既与该国家的初始政体类型、政党制度，特别是与执政党的社会属性、民主素养有关，也与该国的经济发展水平、历史文化传统和国民文化素养有关，还与该国面临的国际环境等方面的因素有关。

第一节　民主化道路的内涵

民主化道路，就是在既定的社会历史条件下，具体民族国家围绕民主价值目标而开展的政治实践。民主的本意是人民的统治。民主是历史的、具体的、发展的，在不同历史时期、不同国家，民主形态各异。民主化主要指稳定民主政体的建立过程，涉及民主政体确立、社会组织发育、市场经济发展、法治信仰确立、有效政府建设以及政党制度建设等诸多内容。民主化道路要依据本国的国情和特点来设计，目标是确立有效运转的民主政体。

一、民主

从 19 世纪开始，民主成为政治权力的合法性基础，民主观念也在西方资本主义世界广泛传播并深入人心。20 世纪前半叶，民主观念在非西方国家取得了很大进展，这些国家的许多领导人开始认同民主价值。二战后，民主作为一种政治价值取得了无可争议的统治地位，很少有直接否定民主价值的声音。正因为如此，无论是民主国家还是非民主国家，都宣称自己是民主国家，并开始争夺民主的话语权。民主的概念被广泛引申，民主概念的混乱也随之而起。对这一历史过程，英国学者基思·格雷厄姆（Keith Graham）进行了描述，他指出，在 18 世纪以前，每个人都清楚地知道民主的概念是什么，然而很少有人拥护它；现在每个人都拥护它，却不再清楚地知道民主的概念是什么了。① 中国学者丛日云指出，一部关于民主的书总要先解释民主的概念，这几乎成为八股式的程序。然而，对民主概念进行解释确实是必要的。原因在于人们对于民主是什么存在太多的分歧。政治家、学者以及民众对民主标准的认识差异很大。阅读有关民主方面的著作，会发现学者们好像在操着不同的语言。也正因为此，若不对民主问题作出大致的说明，将很难开展下一步的讨论。② 同样，对民主概念进行讨论，也是本书的起点。

（一）民主的内涵及其历史演变

民主指由人民进行统治。③ 然而，民主的内涵是历史的、具体的、发展的，在不同历史时期和不同国家有具体的内涵。

民主是希腊城邦独特的政治结构的产物。“民主”一词源于希腊文

① 转引自燕继荣：《论民主及其限度》，《社会科学战线》1996 年第 4 期。

② 丛日云：《当代世界的民主化浪潮》，天津人民出版社 1999 年版，第 23 页。

③〔英〕戴维·米勒等：《布莱克维尔政治学百科全书》，邓正来主编，中国政法大学出版社 1992 年版，第 188 页。

（demo 和 kratia），前者意指人民，后者意指统治。民主就是人民的统治。古希腊历史学家西罗多德，最早将雅典的政治制度称为民主制度。雅典的政治家伯里克利指出，雅典的制度之所以被称为民主制，是因为城邦是由大多数人而不是极少数人加以管理的。[①] 古希腊思想家亚里士多德是从政体的意义上使用“民主”一词的。他依据最高政权的执行者人数多少和是否为了城邦的共同利益两个标准，划分了古希腊城邦的政体类型。依据第一个标准，政体可以划分为三种类型，即一人统治的政体、少数人统治的政体和多数人统治的政体。依据第二标准，这三种政体可以被划分为两类：为了城邦共同利益的三个常态政体，即君主制、贵族制和共和制；为了统治者私利的三个变态政体，即僭主制、寡头制和平民制。[②]

公元前 6 世纪初，古希腊雅典城邦就建立了民主政体，并使民主意识深入人心。雅典民主政体中，由公民直接选举组成的公民大会是最高国家权力机关，公民大会裁决一切城邦事务，全体公民都可参与的法院与公民大会具有同等的政治地位，有权审判包括政务和财务报告在内的一切案件。然而，雅典的城邦民主亦有其局限性。雅典城邦在最繁荣的时期有大约 40 万人口，其中公民及其家属 16.8 万人，外邦侨民 3.2 万人，奴隶 20 万人，而有权参加议事和审判的公民大约有 4 万人，仅占总人口的 1/10。[③] 因此，可以说，雅典城邦民主实质上是奴隶主阶级的统治，是由极少数人对大多数人实行专政的民主。

民主作为一种广泛实行的政体类型，始于近代资本主义社会。从欧洲中世纪末期起，随着生产力的发展，资本主义生产关系得到了快速发展，资产阶级日益成为社会生活中的重要力量。欧洲历史上先后发生的文艺复兴运动和资产阶级思想启蒙运动使民主重新焕发光彩。资产阶级依靠人民群众的力量推翻了封建主义的统治，建立了资产阶级的统治。以选举制度、政党制度

① 〔古希腊〕修昔底德：《伯罗奔尼撒战争史》（译注修订本），徐松岩译，上海人民出版社 2017 年版，第 195 页。

② 〔古希腊〕亚里士多德：《政治学》，吴寿彭译，商务印书馆 1965 年版，第 136—137 页。

③ 李铁映：《关于民主理论的几个问题》，《中国社会科学》2001 年第 1 期。

以及议会制度等为主要内容的资产阶级民主随之逐步确立。资本主义民主实际上是保护生产资料私有制、实现资产阶级利益的政治制度。

在不同历史时期，人们都认为民主就是人民的统治，然而不同国家对人民和统治进行了不同的理解和解读，各个国家实际建立起来的民主制度也各不相同。这就形成了不同的民主概念和民主实现形式。资产阶级民主把民主抽象为超阶级的全民的民主，然而，这只是形式上的民主与平等，它忽视了由资本主义私有制造成的富人和穷人事实上的不平等。

（二）马克思主义的民主观

马克思主义经典作家在批判封建专制制度和资产阶级民主制度的过程中，阐述了对于民主的理解。

其一，民主的实质是“人民当家作主”。马克思认为，“民主制独有的特点，就是国家制度无论如何只是人民存在的环节”，“不是国家制度创造人民，而是人民创造国家制度”。① 马克思、恩格斯认为，公社就是属于人民且由人民掌握权力的政府。

其二，民主是一种国家形式。马克思主义经典作家主要将民主理解为一种国家形式，即政体。“民主制是作为类概念的国家制度。君主制则只是国家制度的一种，并且是不好的一种。”② 列宁指出：“民主是国家形式，是国家形态的一种。”③

其三，民主是目的与手段的统一。马克思主义认为，只有真正的民主才能实现人类的解放。基于此，无产阶级的一个奋斗目标就是争得民主。民主是目的与手段的统一。民主作为一种政权组织形式，属于上层建筑范畴，是建立在一定经济基础之上并为经济基础服务的。在这一意义上，民主是实现人类解放的手段。另一方面，民主不是自然而然就能实现的，它需要无产阶

---

①《马克思恩格斯全集》第 1 卷，人民出版社 1956 年版，第 281 页。

②《马克思恩格斯全集》第 1 卷，人民出版社 1956 年版，第 280 页。

③《列宁选集》第 3 卷，人民出版社 2012 年版，第 201 页。

级尽力去争取。马克思和恩格斯在《共产党宣言》中指出，工人革命的第一步就是成为统治阶级，然后争得民主。[①] 无产阶级取得政权后，社会主义国家需要真正实现民主。恩格斯指出，管理中的民主，社会中的博爱，权利的平等，教育的普及，将揭开社会的下一个更高的阶段，经验、理智和科学正在不断向这个阶段努力。[②] 列宁把民主列为社会主义的根本标志之一。他认为，没有民主就不可能有社会主义。这句话包括两个层面的含义：一是无产阶级若是不通过争取民主的斗争来为社会主义革命做准备，那么它就不可能实现社会主义革命；二是胜利的社会主义若不实行充分的民主，那么它就不可能保持所取得的胜利，也不可能引导人类走向国家的消亡。[③]

其四，代表制民主是民主的实现形式。民主需要代表制。民主就是人民当家作主，而在国家存在的条件下，人民的统治是间接的，是由人民的代理人代表人民的“公意”管理国家的政治事务。马克思对巴黎公社的“市政委员会”，即立法权与行政权合而为一的政权模式给予了高度评价：“公社是一个实干的而不是议会式的机构，它既是行政机关，同时也是立法机关。”[④] 马克思还肯定了巴黎公社的普选制度。他指出，公社是由巴黎各个区通过普遍选举方式产生的市政委员组成的，市政委员们对选民负责并且可以随时被罢免。这些委员中的大多数是工人或者大家都认可的工人阶级代表。[⑤] 由此可以看出马克思对于代表制这种民主实现形式的认可。

综上所述，我们认为民主就是指国家权力属于人民，人民通过自由、平等选举产生的代表组成的代议机关行使国家权力的政治制度。这一定义解决的是民主“是什么”的问题。本书不否认民主还有其他形式，比如全民公决、协商民主等，然而，这些民主形式不能脱离代议制民主这一制度而独立存在。这些是判断民主“是多少”的问题，即更加民主的问题。显然，民主“是什

---

①《马克思恩格斯选集》第 1 卷，人民出版社 2012 年版，第 421 页。
②《马克思恩格斯选集》第 4 卷，人民出版社 2012 年版，第 195 页。
③《列宁选集》第 2 卷，人民出版社 2012 年版，第 782 页。
④《马克思恩格斯全集》第 3 卷，人民出版社 2012 年版，第 98 页。
⑤《马克思恩格斯选集》第 3 卷，人民出版社 2012 年版，第 98 页。

么”是民主“是多少”问题的前提。

二、民主化

（一）民主化的内涵

20 世纪 70 年代以来，民主化问题作为一种重要的政治现象受到各国学者的关注。但是一直以来，政治学界对于民主化含义的理解各有不同。总的来看，学者对于民主化的理解主要在时间和空间两个维度上有所差别。

第一种定义通过界定民主的含义来把握民主化的内涵，认为民主发展就是非民主政体向民主政体的转型。例如，亨廷顿指出，民主化的关键就是用自由、开放和公正的选举方式产生政府，来取代一个不是由这种方式产生的政府。①

第二种定义是在民主的定义和民主发展趋向两个方面来把握民主化的内涵。吉列尔莫·奥康奈（Guillermo A. O'Donnell）、菲利普·施密特（Philippe Schmitter）两位学者将民主界定为公民权原则。他们认为，民主化就是将公民权的规则和程序运用到之前被其他规则统治着的政治制度中去，或是扩展到之前不能拥有公民权利与义务的民众中去，或是扩展到之前民众不能参与到的领域与机构中去。② 学者马奔以参与、竞争、自由这三个民主的要素来总结民主化的内涵。他指出，民主化就是具体国家从非民主走向民主或者是更民主的过程，本质就在于推动具体国家的参与、竞争和自由从无到有、从弱到强的过程。③

第三种定义在民主化构成要素和民主化趋向上来把握民主化的内涵。大卫·波特（David Potter）从选举、责任制政府、公民权以及市民社会四个要

① 〔美〕塞缪尔·P. 亨廷顿：《第三波：20 世纪后期的民主化浪潮》，欧阳景根译，中国人民大学出版社 2013 年版，第 6 页。

② 〔美〕吉列尔莫·奥康奈、〔意〕菲利普·施密特：《威权统治的转型：关于不确定民主的试探性结论》，景威、柴绍锦译，新星出版社 2012 年版，第 8—9 页。

③ 马奔：《民主化的基础性条件之分析》，《山东大学学报》2007 年第 2 期。

素来界定民主化。他认为，民主化的内容主要包括，一个国家逐渐由低责任政府发展到高责任政府，由不存在或存在低度的竞争选举发展到更为自由、公平的竞争选举，由严格限制公民与政治权利发展到适度保护公民与政治权利，而且在市民社会中，由不存在或存在薄弱自主的社团发展到更加自主更加多数的社团。[①]

要把握民主发展的内涵，需要厘清以下四对关系：

一是民主化与自由化的关系。民主政体主要包括公正的选举制度以及代议制度。民主化的核心内容就是民主政体建设。自由化是民主维持条件建设的重要组成部分。自由化包括人身权利、财产私有权、司法公正以及其他公民权利等。虽然自由化的行为并不能立刻对非民主政体的民主化产生有利影响，也不能对非民主政体造成很大的威胁，但是这些自由化行为的日益制度化，必然会提高非民主政体统治的成本。然而，自由化只是非民主政体的部分开放，而且这种开放中并未包含民主政体建立的主要内容，即选举制度和代议制度，尤其是选举制度的建立健全。因此，自由化有可能引起全面的民主化，也可能不引起全面的民主化。然而，没有自由化来保障个人自由和集体自由，民主化很有可能蜕变为纯粹的形式主义。而没有民主发展提供的对大多数公众与选民中的少数负责的态度，自由化也很容易被国家机关的公职人员任意控制和扭曲。[②] 从这个意义上说，民主制度发展会导致自由化。

二是民主政体与民主维持条件的关系。本书认为，民主化包含民主政体建设以及民主维持条件建设。民主政体建设与民主维持条件建设的关系为，民主制度是民主化的核心目标，而民主维持条件建设的目标是使民主制度正常有效运转。马克思指出："权利决不能超出社会的经济结构以及由经济结构制约的社会的文化发展。"[③] 这些维持条件既可以在民主制度建设之前存在，

①〔英〕大卫·波特（David Potter）等：《最新民主化的历程》，王谦等译，台北韦伯文化国际出版有限公司 2003 年版，第 10 页。

②〔美〕吉列尔莫·奥康奈、〔意〕菲利普·施密特：《威权统治的转型：关于不确定民主的试探性结论》，景威、柴绍锦译，新星出版社 2012 年版，第 9 页。

③《马克思恩格斯选集》第 3 卷，人民出版社 2012 年版，第 364 页。

也可以与民主制度同时出现，还可以在民主制度建立后出现。也就是说，民主制度开始之前不能说这是民主化道路的开端，民主制度建立后也不能说民主化道路的结束。民主制度建设与民主维持条件建设的关系如同树苗栽植与其成长条件的关系，土壤、水分、阳光、空气以及温度，是树苗良好生长的条件，但不是树苗本身，这些条件可以在树苗栽植之前已经出现，也可以与树苗同时出现，还可以在树苗栽植后出现，其目的是使树苗成长为参天大树。

实践中，有些完成民主转型的国家出现了国家权力机构不能有效履行职权、政治上陷入混乱的局面，有些完成民主转型的国家又回到了威权政体。这些完成民主转型国家的实际政治状况日益引起人们的关注。从西方政治学者的主流研究来看，他们在肯定民主理想和民主制度的基础上，把思考的重点放在了民主得以产生和发展的政治、经济和社会条件方面，因此民主政体维持条件研究进入学者的研究视野。这意味着，那些还未开始民主转型的国家、还未完成民主转型的国家以及那些曾经历过民主转型又重新回到非民主政体的国家，它们最为迫切的任务可能是在民主转型的阶段即开始创造民主正常运转所需要的条件，并且把推动民主转型与创造民主维持条件有机结合起来。[①] 简而言之，民主维持条件建设是民主化的重要内容。

三是稳定的民主政体与民主政体深化发展的关系。民主化是一个持续不断的过程。任何国家，包括非民主国家、新兴民主国家以及稳定民主国家，都面临民主化问题，区别只在于面临不同的民主化任务。社会主义国家致力于实现人的自由而全面的发展。可以说，民主价值的彻底实现意味着作为国家政权组织形式的民主的消亡。“以自由的联合的劳动条件去代替劳动受奴役的经济条件，只能随着时间的推进而逐步完成。”[②] 而要实现无产阶级的这一最终目标，马克思指出，无产阶级必须首先取得政治权力，争得民主，然后利用民主制度把生产资料私有制改造为生产资料公有制，逐渐消除资本的统治以及所有阶级差别，最终使国家消亡。这就意味着民主制度是其他各个领域

---

① 刘伟:《民主巩固视角下的民主转型》,《武汉大学学报》2009 年第 5 期。

②《马克思恩格斯选集》第 3 卷，人民出版社 2012 年版，第 143 页。

贯彻民主的前提条件。

西方政治学家也认为民主化是一个持续不断的过程，但民主政体的建立和维持是这一过程的关键内容。达尔（Robert A. Dahl）指出，对非民主国家来说，挑战就是这些国家能否以及如何才能转型到民主国家；对新兴民主国家来说，挑战就是这些国家能否以及如何才能巩固新的民主机制与民主实践；对老牌民主国家来说，挑战就是完善其民主政体。[①] 林茨、斯泰潘指出，巩固的民主政体依然需要提高自身的民主质量。巩固的民主政体谱系就是从低质量的民主发展到高质量的民主的连续谱。[②] 然而，在民主发展进程中，从非民主政体到稳定的民主政体的建立是至关重要的，它是进一步推动民主化的先决条件。因此，学者对民主化问题的研究，多聚焦于民主的转型和民主的巩固或稳定的民主政体建立阶段。也是基于此理由，本书将民主化界定为稳定民主政体的建立过程。

基于上述认识，笔者认为，民主化就是民主政体创建及其正常运转所需条件的构建过程。

（二）民主化的内容

从对民主化内涵的分析中可以看出，民主化的主要内容不仅包括民主制度建设，还包括民主维持条件建设（参见图 1-1）。民主制度主要由选举制度和代议制度组成。现代的民主制度都兼有选举制与代议制。[③] 民主制度建设主要涉及选举制度建设和代议制度建设。民主维持条件建设主要包括社会组织建设、法治建设、政党制度建设、有效政府建设和市场经济建设。

---

①〔美〕罗伯特·A. 达尔：《论民主》，李风华译，中国人民大学出版社 2012 年版，第 2 页。

②〔美〕胡安·J. 林茨、阿尔弗莱德·斯泰潘：《民主转型与巩固的问题：南欧、南美和后共产主义欧洲》，孙龙等译，浙江人民出版社 2008 年版，第 7 页。

③〔美〕乔万尼·萨托利：《民主新论》，冯克利、阎克文译，上海人民出版社 2009 年版，第 126 页。

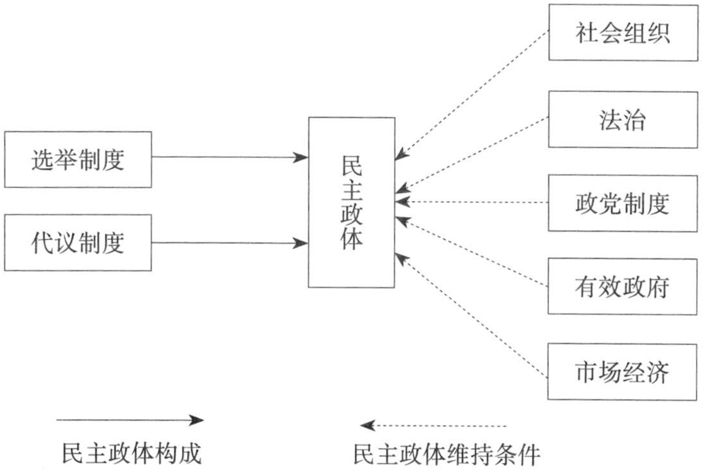

图 1–1 民主化的主要内容

1. 民主制度建设

民主制度必须通过一系列的制度、体制、机构以及程序才能体现出来。民主制度建设，首先是促进选举制度的发展完善。选举指享有选举权的人通过投票选择候选人的过程，一般是获得多数选票的候选人当选。选举必须是自由的、秘密的、普遍性的以及平等的。其次，促进代议制度的发展完善。代议机关指由选民选举产生代表讨论和通过国家法律政策的国家机构。代议机关通常具有制定宪法和法律、决定国家的重大事项、任免国家领导人以及监督其他国家机关工作人员的职能。为履行这些职能，需要相应的代议制度运行机制予以保障。

2. 民主政体维持条件建设

民主政体维持条件的创建是民主化的基础工程。培育民主政体维持条件的目标是保证民主政体的稳定和有效运转。马克思主义认为，无产阶级民主理想要转化为现实，必须依照人类社会的发展规律，随着经济政治文化的发展，采取各种措施，逐步创造条件。马克思指出：“工人阶级并没有期望公社做出奇迹。他们不是要凭一纸人民法令去推行什么现成的乌托邦。他们知道，为了谋求自己的解放，并同时创造出现代社会在本身经济因素作用下不可遏止地向其趋归的那种更高形式，他们必须经过长期的斗争，必须经过一系列将把环境和人都加以改造的历史过程。”[①] 对此，美国政治学者林茨、斯泰潘也指出，民主不只是一个政体，还是一个相互作用的系统。这个系统中的一个部分若是不能得到另一个部分或者是所有其他部分的支持，就不可能正常运行。[②] 这就是说，社会主义国家民主制度的实现，不仅包括民主制度建设，也包括民主维持条件建设。民主维持条件建设既可以在民主制度建立之前创建，也可以与民主制度建立同时进行，还可以在民主制度建立后创建。民主维持条件既是民主制度正常运转的必要条件，也是民主制度建立的动力源泉。

社会主义国家民主制度的有效运转，也需要创造民主维持条件。社会主义国家民主维持条件主要包括社会组织、政党制度、法治、有效政府、市场经济。

（1）社会组织。社会组织是公民为维护和实现自己的物质利益而组建的共同活动集体。社会组织具有相对于国家的自主性，能够防止国家对公民权利的侵害，也具有组织化的力量，能够表达其成员的利益、愿望和要求。社会组织的特性使其在民主政体的建立和维持过程中发挥重要作用。马克思认为，代议制产生、存在于市民社会和政治国家的真正分离。这种分离促使社会从等级制发展到代表制，导致了立法权与司法权、执行权的分立，导致了人权和公民权的确立，并且使公民权成为人权的一部分。历史的发展导致了政治等级向社会等级的转变，正像基督徒在天国是平等的，但是在尘世中是不平等的一样，公民在自己政治世界的天国是平等的，但在社会的尘世中是不平等的。[③] 对社会主义国家来讲，社会组织同样是社会主义国家民主制度运转不可或缺的条件，因此是社会主义国家民主建设的重要内容。社会组织在民主发展进程的不同阶段发挥着不同的作用：在民主制度的建立时期，发挥着民主发展的动力作用；而在民主制度建立后，是人民进行政治参与、维护自身利益的重要手段。

---

①《马克思恩格斯选集》第 3 卷，人民出版社 2012 年版，第 103 页。

②〔日〕猪口孝等:《变动中的民主》，林猛等译，吉林人民出版社 2011 年版，第 57 页。

③《马克思恩格斯全集》第 3 卷，人民出版社 2002 年版，第 100 页。

（2）政党制度。政党制度作为国家规范各政党在国家政治生活中所处法律地位以及由此形成的制度化的政党与人民、政党与政党、政党与公共权力之间的关系模式，是具体国家中有关政党地位、政党结构和政党活动规范的总称，所反映的是政党政治模式及其运行机制。[①] 政党制度在整个民主政治系统中居于关键地位，起着主导作用。它不仅规定着政党本身的地位、作用和活动方式，还深刻地影响着国家政治制度、政治体制和社会成员的政治活动方式。历史表明，社会主义政党制度作为社会主义国家政治制度的重要组成部分和民主政治运行机制，其改革发展的方向直接关系到社会主义政党政治的发展方向和运行质量，进而关系到共产党的执政地位和社会主义的前途和命运。社会主义政党制度需要改革，但必须以维护共产党的领导和执政地位为根本前提，以促进社会主义民主的健康发展为价值指向，以最大限度地调动各个方面的积极性为社会主义建设服务为实践标准。从根本上说，一个国家究竟采取何种政党制度，不取决于任何一个政党或个人的主观愿望，而是由客观的历史发展决定的，是由这个国家的政权性质、社会制度以及历史沿革、民族传统、社会基础等多种因素决定的。因此，政党制度作为人类政治文明的重要表现形式，具有多样性的特征。

（3）法治。民主制度的正常运转，要求公民、政党以及社会组织等重要行动者的应有权利得到法律的承认、允许以及法治的支持。同时要求公民、社会组织，尤其政党及国家权力机关等遵守法律的规定。这就需要建立一个共识性比较强的政治体制，保证法律规定得以实施。同时，还需要一个公正的司法机关，培育民众的法律意识。

（4）有效政府。民主政体要运行和持续下去，需要一个有效政府。民主政体作为一种政府管理形式，必须对公民权利进行保护。而为保护公民权利以及为公民提供其他基本服务，需要政府有能力履行政治统治职能以及社会公共服务职能。马克思主义认为，社会公共事务的存在是国家产生的根源，

---

① 王韶兴：《第一国际的共产主义活动与社会主义政党政治逻辑》，《中国社会科学》2015 年第 11 期。

因此，政府必须履行一定的公共职能。政府职能主要包括政治统治职能和社会公共职能两个方面。恩格斯指出，政治统治在所有国家都是以履行某种社会职能为基础的，并且政治统治若要持续下去，就必须执行自身的这种社会职能。[①] 而只有有效的政府才能完成上述任务。

（5）市场经济。市场经济与民主制度维持密切相关。多元民主只有在市场化经济制度占主导地位的国家才能持久存在，而不会长久存在于一个非市场经济占主导地位的国家里。[②] 达尔分析了民主制度不会长久存在于一个非市场经济占主导地位国家的原因：没有市场的调整，能够分配稀缺资源的机制必然是政府。而全部经济资源交由政府领导人来处置，一方面的后果是权力的集中与权力腐败；另一方面的后果是国家掌握所有的财富，而且价格、劳动力、供给和分配决策都完全由国家通过指令经济来加以控制，社会组织的相对自主性就不再存在了。社会组织有助于民主的发展。而市场的自主性和经济所有权的多样性，是保证社会组织相对自主性和活跃性的必要条件。但这不意味着正常运转的民主政权会建立在一个纯粹的市场经济基础上。在理论上，关于为什么出现这种情况，至少存在以下两个方面的原因。第一，尽管关于市场的自主性受到充斥着极端意识形态、流传甚广而且富有影响的新自由主义论调的推崇，但如果没有一定程度的国家管制，纯粹的市场经济既无法形成，也无法维持。第二，最好的市场也存在市场失灵的时候，必须进行校正，从而使市场运转良好。从长远来看，市场化的经济制度有利于民主的发展。一是市场经济促进了经济增长，而经济增长有利于民主发展。经济增长会消除极端的贫穷并提高生活水平，这能够为个人、团体和政府提供多余的资源去支持教育，培养有知识、有修养的公民。二是造就了庞大的中产阶级，中产阶级是民主理念和制度的天然盟友。三是通过下放许多决定权给相关的独立个体和公司，市场化的经济制度就不再需要一个强大而专治的中

①《马克思恩格斯选集》第 3 卷，人民出版社 2012 年版，第 559—560 页。

②〔美〕罗伯特·A. 达尔：《论民主》，李风华译，中国人民大学出版社 2012 年版，第 140 页。

央集权政府了。[①]

总之，社会主义国家民主制度的维持包括相互关联的五个条件。每一个条件要运行良好，都有自身的组织原理。同时，民主不只是一种政体，还是一个相互作用的系统。例如，在社会主义国家民主化道路中，社会组织的发展需要市场经济的发育，需要法治对于结社权的保护，以及政府对防止人民行使结社权的人实行有效而合法的制裁。

三、民主化道路

道路是实现某种目标的途径。从道路的基本含义可以看出，道路主要包括所要实现的目标以及实现目标的手段两个方面的内容，是目标与手段的统一。民主化道路是民主化目标与民主化手段的统一，其中民主化目标是第一要义，而民主化道路首要的特征就是实践性、开放性。

民主是现代文明的核心标志，是现代国家政治发展的普遍选择。经由政治体系科学化及其运行机制的民主化实现国家政治和社会生活的民主性，是马克思主义的终极价值，是社会主义国家文明发展的关键驱动与核心标识。政治发展是个系统工程，不仅包括民主政体的确立，还包括保障民主政体有效运转的条件，涉及民主政体确立、社会组织发育、市场经济发展、法治信仰确立、有效政府建设以及政党制度建设诸多内容。民主化道路，就是在既定的社会历史条件下，具体民族国家围绕民主价值目标而开展的政治实践。

对社会主义国家来讲，民主化道路是共产党把民主政治建设的一般原理、社会主义民主政治建设的基本原则与本国实际有机结合而开展的以实现“人的自由而全面发展”为最高价值依归的政治过程。之于过去，它指共产党围绕“最高价值”而开展的民主政治建设的历史经历；之于现在，它指共产党围绕“最高价值”而展开的民主政治建设的实践探索；之于未来，它指共产

---

①〔美〕罗伯特·A. 达尔：《论民主》，李风华译，中国人民大学出版社 2012 年版，第 141—142 页。

党为建立“自由人的联合体”而创造条件的不懈追求。民主化道路问题，内蕴社会主义国家执政党的目标自信和理论自信，本质上反映的是对共产党执政规律、社会主义建设规律和人类社会发展规律的认识和把握。

一个国家通往民主的政治发展道路，在很大程度上取决于它的历史，前期发展以及有利于民主化的条件在多大程度上存在。在这些方面，不同国家具有不同的特色。同时，外国民主化道路对本国民主化道路的探索具有借鉴、启示意义。对具体的社会主义国家来说，就是要发挥自身的资源优势，在历史时间和世界空间两个维度上走出一条把民主化六个层面的内容有机结合起来之路，以实现建立正常有效运转的民主政体的目标。

第二节　民主化道路的影响因素

冷战后社会主义国家民主化道路的形成，不仅涉及政体、经济发展、执政党、宪法等因素，还涉及国际政治、经济以及国家关系等多方面。其中，政体、经济发展与执政党是塑造社会主义国家民主化道路的重要因素。因此，本书主要关注政体、经济发展以及执政党对冷战后社会主义国家民主化道路的影响。

一、政体与民主化道路

政体的问题主要指国家政权构成的形式问题，即特定的社会阶级用何种形式来组织反对敌人保护自己的政权机关。缺乏合适的政权机关，就不能代表国家。[①] 简而言之，政体就是国家政权的组织形式。马克思主义经典著作中

① 《毛泽东选集》第2卷，人民出版社1991年版，第677页。

多次从政体的角度论述民主。例如，马克思在《法兰西内战》一书中曾经深刻地指出："公社给共和国奠定了真正民主制度的基础。"[①] 列宁更是认为民主是一种国家形式。可见，政体与民主有着密不可分的关系。

政体与民主的关系不但体现在采取何种政体对于民主的实现至关重要，更表现为初始政体影响着一个国家民主化道路的选择。分析传统社会主义政治体制对当代社会主义国家民主制度建立和维持的影响，首先必须界定传统社会主义政治体制的特征，因为这与当代社会主义国家民主化所面临的任务与问题是相关的。传统社会主义政治体制有三个方面的特征。一是党政不分，以党代政。社会主义建设必须坚持党的领导，这是马克思主义政党必须坚持的根本原则。但是党必须有科学的领导方式和执政方式。传统社会主义政治体制的主要特征之一是党直接管理国家，以党代政，党政不分，可以说，在某种程度上将党的力量强化到了极致。"共产党作为'无产阶级专政'的工具统治整个社会。党的目标是完全控制公共领域。"[②] 在这个方面，尽管各个传统社会主义国家采取的措施各有不同，但是实质上没有什么区别。二是政治权力集中于党，党的权力集中于领导人。在政治权力结构上，各个传统社会主义国家均不同程度地存在政治权力集中于党、党的权力集中于少数领导人，甚至单个领导人手中的政治现象。各个传统社会主义国家都曾出现过不同程度的个人崇拜及家长制，而官僚主义、贪污腐败则极大地损害了执政党在本国人民群众中的威信和形象。三是在国家和社会关系方面，国家依据意识形态、组织机构以及领导干部来达到对社会所有领域的组织和渗透，并垄断政治、经济等一切社会资源。

（一）传统社会主义政治体制对于民主化的影响

二战后，新成立的社会主义国家几乎都模仿苏联模式建立起传统社会主义政治体制。这种政治体制中包含社会主义民主制度设置。而这些民主制度

---

①《马克思恩格斯选集》第 3 卷，人民出版社 2012 年版，第 101—102 页。

②〔英〕本·福凯斯：《东欧共产主义的兴衰》，张金鉴译，中央编译出版社 1998 年版，第 95 页。

设置是以马克思主义民主理论为基础来构建的。巴黎公社把马克思的人民主权思想在实践中具体化了，在马克思、恩格斯看来，其许多特征代表了社会主义政权建设的普遍原则。巴黎公社的特征包括：一是普选产生、对人民负责、受人民监督的公民代表；二是议行合一，创议权归全体公社成员；三是人民武装代替常备军；四是以人民公仆代替资产阶级旧官僚。实际上，正是以上特征，保障了“主权在民”“人民当家作主”的实现。马克思、恩格斯关于人民主权原则、社会主义政权建设的思想成为列宁“一切权力归苏维埃”的理论基础，也是包括中国人民代表大会制度、越南国会制度在内的其他社会主义国家政权建设的理论渊源。在社会主义国家保障人民主权原则的制度安排上，社会主义国家宪法一般都规定，国家的一切权力属于人民。人民行使国家权力的机关是代议机关。人民当家作主是社会主义国家的本质，并贯穿于社会主义民主制度设计的各个方面：一是代议机关的代表由人民通过公正的选举产生，人民有权监督罢免代表；二是代议机关统一行使国家权力，对人民负责；三是代议机关将行政权、司法权委托给由它产生的行政机关和司法机关，并且对行政机关和司法机关进行监督；四是人民有权对国家权力机关及其工作人员进行监督。

从上述考察可以看出，社会主义国家不是取消代议制民主这种政权组织形式，而是建立了新型的代议制民主。社会主义民主制度既遵循了代议制民主的一般原理，又解决了工人阶级及其他劳动人民当家作主的问题。因此，就本质而言或就理想状态而言，社会主义国家的民主制度有着资本主义制度无法比拟的优越性。这就意味必须坚持传统社会主义政治体制中的社会主义民主制度设置。

然而，在社会主义国家，民主制度在理论上的充分性并不意味着实践中制度运行机制的完备性。在很长时期内，社会主义国家在有关民主理论研究和实践探索中并不注意区分社会主义民主制度与社会主义民主制度运行机制问题，没有重视对社会主义民主制度运行机制问题的研究和解决，似乎只要社会主义国家民主制度由宪法和法律规定了，社会主义民主制度就建成了。这是不现实的想法。传统社会主义政治体制的实践证明，这种想法把一个关系到社会主义国家前途和命运的重大而复杂的问题简单化了。社会主义民主制度的发展完善，需要找出民主制度运行的种种形式，并且用实践来检验这些形式。可以说，社会主义民主制度的本质规定性以及制度优越性最终要通过一系列的运行机制来实现，民主制度的运行机制制约着民主制度的发展完善程度及其功能的发挥。①

社会主义民主制度运行机制主要指民主制度的具体构成要素及其相互联系，主要包括代议机关的组织构成、代议机关的代表选举机制，代议机关的会议运行机制、监督机制，闭会期间代表活动机制以及代表与人民之间的联系机制。② 社会主义民主制度的本质规定性决定了其运行机制的选择与具体运用，社会主义民主制度的运行机制则是民主制度功能得以实现的必要条件，并影响到民主制度本质的完善。

（二）传统社会主义政治体制对于民主制度维持的影响

对于曾经实行过传统社会主义政治体制的社会主义国家而言，建立正常运转的社会主义民主制度面临的任务是艰巨的。既要推进本国社会主义民主制度的发展完善，又要培育民主制度正常运转所需要的五个条件，即社会组织、法治、有效政府、市场经济以及政党制度。具体国家国情不同，这五个维持条件的成长程度不同，面临的具体任务也有所不同。但只有完成了这些任务，当代社会主义国家的民主制度才能正常运转，进而更加完善。本书具体讨论传统社会主义政治体制给冷战后当代社会主义国家的民主制度维持所带来的影响。

一是培育社会组织。社会组织是人们为了维护自身的利益诉求而建立的。

---

① 政治制度和政治制度运行机制的关系主要体现在五个方面：一是政治制度和政治制度运行机制是相辅相成、相互依存的关系；二是政治制度运行机制的性质由政治制度的性质决定；三是政治制度运行机制的发展空间由政治制度的性质决定；四是政治制度运行机制能够服务于不同的政治制度性质；五是政治制度运行机制对它所依附的政治制度有重要的反作用。参见任宝玉：《论人民代表大会制度的运行机制及其完善》，《社会主义研究》2015 年第 4 期。

② 任宝玉：《论人民代表大会制度的运行机制及其完善》，《社会主义研究》2015 年第 4 期。

冷战后初期，当代社会主义国家存在的大多数工会、文化社会团体、传播体系以及其他组织都创建于传统社会主义政治体制中，这些组织的物质资源主要来源于国家补助。在计划经济条件下，这些组织相对自主性不高，并没有充分发挥表达人民利益以及监督政治权力的作用。人民是国家权力的合法性来源，国家的目的就是保护和促进人民的权利和利益。成立社会组织的目的就是维护自身利益。人民相对于党和国家的目的性，要求社会主义国家及其执政党必须保障社会组织的发展，为社会组织的发展创造条件。同时，社会组织的发展具有一定的风险，要求执政党和国家对其进行法律规范，保障其健康运作。其中，社会组织对各国执政党和政治制度最为重要的挑战是其政治参与的扩大，这要求各国执政党及其政治体系必须提供制度化的参与渠道，从而保障社会组织的利益表达。

二是建设法治国家。稳定的民主政体一般具备相对完善的法治条件。法治不仅要求公民必须遵守法律，更为重要的是要求国家权力机关必须依法行使权力。在传统社会主义政治体制下，执政党和国家权力机关的领导人依据政策、命令以及计划来代替法律的现象时有发生。然而政策、命令以及计划只能在形式上约束执政党和国家权力机关的领导人，并不能在事实上有效约束政治领导人，这些领导人可以不受限制地行使权力。从理论上说，执政党的领导人不受宪法、法律的约束是不符合现代民主法治国家的要求的。现代民主法治国家要求经选举产生的政治领导人必须遵守公民、政党以及国家机关都认同的一系列法律法规。因此，对社会主义国家来说，执政党作为国家和社会的领导力量，必须实现党领导国家的民主化、法治化，保证国家权力机关行使法定权力，并且要求党在宪法、法律范围内活动。

三是建设有效政府。在传统社会主义国家，行政管理体制的主要特征之一就是官僚集权。政府集中了一切权力，政府和公民之间的关系，政府内部上级与下级之间的关系往往呈现出命令和依附以及赐予和申请的关系。尽管这种行政管理体制在一段时期内可以发挥调动人民积极性的有利作用，但是，随着国内外条件的变化，其弊端日益显现出来，例如政府官僚主义、形式主义盛行，政府出现信息失真等。这种高度集权的行政管理体制最终会“扼杀”

人民的积极性。市场经济取向改革，需要行政改革与之配套。建立有效的政府，需要实行行政程序改革、政府机构改革以及干部公务员队伍建设等措施。

四是推动政党制度建设。社会主义国家的执政党领导国家和社会。在传统社会主义政治体制下，执政党和国家政权之间缺乏清晰的界线，事实上，政党往往直接掌握着国家，国家权力机关的正常运转受到影响。在民主政治发展成为人民诉求的条件下，社会主义国家的执政党需要有效设计本国民主政治发展蓝图，进而推进本国民主政治理论与实践的发展。同时，政党政治生态的变迁，对政党制度建设提出了更高的要求，即从规律上进一步认识和把握政党政治各种原理的实现方式、途径与方法等问题，主要解决的是政党政治如何运作的问题。[①] 为此，必须坚持马克思主义政党的坚强领导，这是无产阶级及其政党实现自身历史使命的必然要求；必须改善党对国家和社会的领导方式，以保障国家政权和社会组织的相对自主性；必须为民众的政治参与提供制度化的渠道，增强党的利益整合功能；构成政党制度的各政党必须加强自身建设，提高自身的领导能力。

五是建立社会主义市场经济体制。社会主义市场经济在民主政治发展中的基础性地位，使其能够为政治、经济、社会发展提供所需的各种条件。市场经济不是自然而然形成的，也不是机械地设计出来的。然而，在传统社会主义体制下，有效的、社会构建的市场经济的组成要素几乎不存在，因此，发展市场经济可行的方式是对原有经济体制进行改革。

二、经济发展与民主化道路

经济发展是影响民主化的重要因素。马克思明确指出，权利决不能超出一个社会的经济结构以及由经济结构所制约的社会的文化发展。[②] 由于经济发展

---

① 王韶兴：《第一国际的共产主义活动与社会主义政党政治逻辑》，《中国社会科学》2015 年第 11 期。

②《马克思恩格斯选集》第 3 卷，人民出版社 2012 年版，第 364 页。

与民主化密切相关，本书重点考察两个问题：一个是经济发展同民主制度建立之间的关系，另一个是经济发展与民主制度维持之间的关系。

（一）经济发展与民主制度建立的相关性考察

1. 经济危机可能导致民主制度的建立

一个国家经济的衰退可能是其民主制度建立的直接推动力。经济衰退削弱了非民主体制的合法性。正如李普塞特所言，“有效性主要是工具性的，而合法性是评价性的”，“在现代世界，这种有效性主要是指持续不断的经济发展”，“有效性一再丧失，或长期丧失，则会危及一个合法系统的稳定性”。① 历史事实也证明了上述可能性。1973—1974 年石油价格的迅猛攀升，引发了一场世界性的经济衰退。菲律宾、西班牙、葡萄牙、希腊、巴西和乌拉圭，因对进口石油的严重依赖而遭受沉重打击。1979 年石油价格的第二轮攀升则加剧了这一局势。石油价格攀升引起的经济后果，是导致 20 世纪 70 年代中期至80年代初期威权主义政体削弱的主要原因。对苏联和其他东欧国家而言，计划经济体制导致 20 世纪 70 年代和 80 年代经济发展的停滞，引起人民对本国政治经济体制的极度不满，这也是 20 世纪 80 年代末 90 年代初苏联解体、东欧剧变的重要影响因素。

2. 经济发展有利于民主制度的建立

现代化理论中最为重要的一点就是经济发展有利于民主制度的建立。经济发展影响民主制度建立的内在机制有以下几个方面：

（1）经济发展促进了教育水平的提高。教育能够提升公民获得、筛选以及消化政治信息的能力。民主政治要求人们有政治参与的能力，而教育无疑提高了个人在政治参与时做出合理选择的能力。历史事实证明，人们所受的教育水平越高，“越可能相信民主的价值和支持民主的实践”②。具体国家中，

---

①〔美〕西摩·马丁·李普赛特：《政治人——政治的社会基础》，张绍宗译，上海人民出版社 2011 年版，第 47、49、51 页。

②〔美〕西摩·马丁·李普塞特：《政治人——政治的社会基础》，张绍宗译，上海人民出版社 2011 年版，第 27 页。

受教育的人口所占的比例越大，民主政体建立的可能性就越大。高水平的教育是民主政体建立和维持的有利条件，虽然高水平的教育未必会直接导致民主政体的建立。“如果我们不能说明教育的‘高’水平是民主的充分条件，那么可供利用的证据表明，它近乎是民主的必要条件。”[①]

（2）经济发展促进了中产阶级的发展壮大。通常情况下，经济增长的逻辑结果之一是中产阶级的产生、发展以及壮大。而伴随着中产阶级日益强大的是他们政治作用的日益增强。因为，中产阶级对通过民主的手段来实现自身诉求的能力和信心也会随着其力量的壮大与日俱增。可以说，中产阶级是推动一个国家民主制度建立和有效运转的重要力量。亚里士多德认为，中产阶级是民主政体的天然盟友。

（3）经济发展带来国家与社会关系的变化。其一，经济增长为人们提供了更多的机会，而人们在社会中的机会多了，就不再试图通过争夺政治权力来实现向上流动。这导致政治不再是一场你死我活的斗争，政治代价变小，政治也变得更加宽容，而这有助于民主的建立。经济增长使得资源更加丰富，这有利于资源在人们之间的分配并且使人们之间的关系更加融洽。其二，经济增长会在一个国家创造一个更为复杂的经济体系，这使得国家很难对其进行控制。为促进经济增长，国家最大限度地减少对经济体系的干预，使市场在资源配置起决定性作用，而这一经济体系长期运行的结果必然会孕育相对自主的社会权利。各个阶级阶层为了维护自身利益，必然要求建立一个既能够保护自身权利又能够影响政治过程的政体。而民主政体是满足这一要求的当然选择。

总而言之，就长期而言，经济发展与民主政治之间有着相关性，尽管近期经济发展可能出现二者关系的逆转。经济发展的政治、社会、文化等后果都有利于一个国家趋向民主。

---

①〔美〕西摩·马丁·李普塞特：《政治人——政治的社会基础》，张绍宗译，上海人民出版社2011年版，第27页。

（二）经济发展与民主制度维持的相关性考察

当民主政体建立之后，经济发展对新生民主政体的作用如何，也是一个值得关注的问题。通常来说，一个国家越富裕，民主制度维持下去的可能性就越大。

其一，经济危机引起民主政体崩溃的可能性不大。在民主政体下，民众能够把民主制度的合法性与统治者的合法性区别开来。由于民主政体的合法性取决于民主程序，取决于公民通过选举的方式选择其统治者的能力。统治者掌握政治权力时，倘若其最终政绩欠佳，就会失去合法性，而且会在接下来的选举中遭遇失败，取而代之的是另一群统治者。统治者失去政绩合法性，致使民众重新确认该民主体制的程序合法性。① 林茨、斯泰潘认为民主政体有相对充足的时间来解决经济危机。他们指出，民主政体有两种宝贵的资源能够使其摆脱持续的经济低迷影响，而这些资源是非民主政体所不可能得到的。这两种资源，一是以其起源为基础的合法性宣称，二是选举一直在进行，这就可以产生替代性的政府与经济计划，而民主政体却保持不变。这意味着大部分民主政体有 8 年的缓冲时间，起初的政府有近 4 年的时间，取而代之的政府又有大约 4 年的时间。② 也就是说民主政体与非民主政体相比，有更充足的时间来解决经济危机。

表 1-1 的经验数据有力地支持了上述说法。该数据是由费尔南多·利蒙吉（Fernando Limongi）和亚当·普热沃尔斯基（Adam Prewenks）收集整理的。当人均收入下滑持续 1 年时，民主政体发生崩溃的概率为 0.0549；当人均收入下滑持续 2 年时，民主政体崩溃的概率为 0.0778；当经济危机持续 3 年时，民主政体的数量是 31，发生崩溃的概率为 0；当经济危机持续 4 年以上时，民主政体的数量为 27，崩溃的概率还是为 0。也就是说，在现实中找

①〔美〕塞缪尔·P. 亨廷顿：《第三波：20 世纪后期的民主化浪潮》，欧阳景根译，中国人民大学出版社 2013 年版，第 46 页。

②〔美〕胡安·J. 林茨、阿尔弗莱德·斯泰潘：《民主转型与巩固的问题：南欧、南美和后共产主义欧洲》，孙龙等译，浙江人民出版社 2008 年版，第 84 页。

不到经济危机持续 3 年以上民主政体发生崩溃的概率。

表 1-1　按照人均收入增长率的持续衡量的政体转型的数量与概率（1950—1990 年）①

时间的变化	民主政权年度总数量	民主政体转型的数量	民主政体转型的概率
人均收入增长率增长持续 3 年或以上	807	6	0.0074
人均收入增长率增长持续 2 年	189	5	0.0265
人均收入增长率增长持续 1 年	254	8	0.0315
人均收入增长率下降持续 1 年	237	13	0.0549
人均收入增长率下降持续 2 年	90	7	0.0778
人均收入增长率下降持续 3 年	31	0	0.0000
人均收入增长率下降持续 4 年以上	27	0	0.0000
总数	1635	49	—

其二，经济发展有利于民主制度的维持。普沃斯基在 1950—1990 年的样本中发现了 39 个民主政权走向专制体制的案例，其中 31 个集中在人均收入 3000 美元以下，比例高达 79%；人均收入 1001 ~ 2000 美元的经济发展水平上，民主政体转型的是 14 个，占总体数量的比例是 36%。在人均收入为 3001 ~ 4000 美元时，发生的民主向专制转型的为 4 个，其中 3 起发生在 1965—1975 年的阿根廷，1 起发生在 1975 年的乌拉圭。当人均收入高于 5000 美元时，发生民主体制转型的仅为 2 个。人均收入为 6001 ~ 7000 美元时，只有智利发生过民主体制转型的情形。一旦人均收入超过 7000 美元，在现实中找不到民主体制转型为专制体制的案例（参见表 1-2）。这也明确地证明了，民主体制在富裕的国家更容易生存。

① 张平：《民主与经济发展：亚当 · 普沃斯基的研究逻辑及评析》，吉林大学博士论文，2014 年，第 102 页。

表 1–2 普沃斯基按照人均收入、人均收入增长率衡量的政体转型的数量与概率（1950—1990 年）[①]

人均收入（美元）	民主政体转型的数量
0 ~ 1000	9
1001 ~ 2000	14
2001 ~ 3000	8
3001 ~ 4000	4
4001 ~ 5000	2
5001 ~ 6000	1
6001 ~ 7000	1
7001 ~	0
总数	39

三、政党与民主化道路

政党是民主政治运转和发展的工具，政党政治是现代民主政治的实现形态和机制；国家民主、党际民主、社会民主以及党内民主是政党政治的价值指向与本质要求。[②] 社会主义民主制度的本质是人民当家作主。高度发展着的民主，既是社会主义国家执政党的价值追求，也是对社会主义国家执政党的客观要求。执政党在国家和社会中的领导地位，能够通过民主理论供给以及组织保障来推进本国社会主义民主制度的发展完善。同时，社会主义民主制度的发展完善又能够为执政党的自身建设提供动力机制。

① 张平:《民主与经济发展：亚当·普沃斯基的研究逻辑及评析》，吉林大学博士论文，2014 年，第 101—102 页。

② 王韶兴:《第一国际的共产主义活动与社会主义政党政治逻辑》,《中国社会科学》2015 年第 11 期。

（一）政党与民主化的本质联系

马克思主义认为，政党因民主的发展而产生，为民主的发展而存在，最终也将因民主的发展而消亡。这意味着政党是民主的工具，更是民主政治发展的工具。在领导社会主义国家成立后，建设高质量的民主制度成为社会主义国家执政党的价值指向和目标追求。在《共产党宣言》中，马克思、恩格斯明确指出，工人革命的第一步就是使无产阶级成为统治阶级，进而争得民主。[①] 从根本上说，这是由政党是民主的工具决定的。从政党和民主的关系来看，先有民主，后有政党。一方面，现代政治权力的合法性基础是民主。一切统治的合法性就是经同意而统治。[②] 在现代社会，统治获得人民同意的最终来源则是民主。正如威亚尔达（Howard J. Wiarda）所说，"虽然民主并不一定是普遍的，它却正在日益变得具有普遍性"，"民主是当今世界上唯一在全球范围内具有正当性的政府制度"。[③] 因此，在当代，民主是政体合法、合理的实现形式。另一方面，政党的产生和存在取决于政党的基本功能。萨托利（Giovanni Sartori）从政党历史发展的角度进行了有力说明。他指出，正是从宗派至政党，从责任政府至反应型政府，从议会党至选举党的渐进的、自我延续的演进，才确立了政党的基本功能、功能角色以及体系地位，即确立了政党所赖以存在的理由。[④] 亨廷顿也指出政党自身的合法性来自其对这个社会体制所作出的贡献。[⑤] 政党的功能基本上可以归为两类：一是政党履行的各种代表性功能，包含利益表达、综合以及政策制定；二是政党履行的各种制度性功能，包含录用政治领导人、组建议会和政府。[⑥] 对社会主义国家的执政

---

①《马克思恩格斯选集》第1卷，人民出版社2012年版，第421页。

② 张健：《合法性与中国政治》，《战略与管理》2000年第5期。

③〔美〕霍华德·威亚尔达：《民主与民主化比较研究》，榕远译，北京大学出版社2004年版，第180页。

④〔意〕G. 萨托利：《政党与政党体制》，王明进译，商务印书馆2006年版，第56页。

⑤〔美〕塞缪尔·P. 亨廷顿：《变化社会中的政治秩序》，王冠华、刘为等译，上海人民出版社2008年版，第69页。

⑥〔美〕拉里·戴蒙德、理查德·冈瑟：《政党与民主》，徐琳译，上海人民出版社2012年版，第356页。

党而言，政党的代表性功能，诸如利益表达、综合和政策制定，主要由政党组织予以完成；政党的制度性功能，则需要通过民主制度履行，这是政党执政的基本方式。可以说，政党基本功能的正常履行是政党执政的合法性基础，而民主制度则是政党正常履行基本功能的前提条件。

从反面来讲，政党在民主制度不能正常运转的国家则具有寡头化倾向。关于政党的寡头化倾向，罗伯特·米歇尔斯（Robert Michels）对此有着深刻的洞察。20 世纪初米歇尔斯在著作《寡头统治铁律——现代民主制度中的政党社会学》中提出一条“寡头统治铁律”，即组织为寡头统治提供了滋长的环境，组织结构在保证自身稳定性的同时，却使组织化的民众产生了深刻的变化，极大地改变了领导者和被领导者之间的关系地位。现在，不管在什么程度上说，就政党活动而言，民主正处于衰落阶段。据此我们能够推论出以下一般性规律：领导者的权力与组织的规模成正比。在组织相对强大的地方，民主化的程度反而很低。① 尽管米歇尔斯没有理由从“政党是不民主的”这一前提得出“民主是不民主的”这一结论②，但正如米歇尔斯在书中的结语指出的，对这一趋势的揭示本身就具有巨大的科学价值。他指出，在任何形式的社会生活中，领导都是一种必要的现象。科学的任务不是研究这一现象的好和坏，或者哪一种是主流。事实上，任何形式的领导体制与民主的最基本要素之间均是不相容的，然而对这种不相容的揭示本身就具有很大的科学价值。③ 在民主制度不能有效运转的条件下，这一“铁律”确实在起作用，政党确实走向了寡头化。

本书将以苏联共产党为例，对这个观点进行说明。1991 年，执政 74 年之久的苏联共产党自行解散了。从最初成为执政党直至 20 世纪 80 年代，苏联始终实行的是党政不分、以党代政的政治体制。这一政治体制的实际运行

---

①〔德〕罗伯特·米歇尔斯：《寡头统治铁律——现代民主制度中的政党社会学》，任军锋等译，天津人民出版社 2003 年版，第 28 页。

②〔美〕乔万尼·萨托利：《民主新论》，冯克利、阎克文译，上海人民出版社 2009 年版，第 167 页。

③〔德〕罗伯特·米歇尔斯：《寡头统治铁律——现代民主制度中的政党社会学》，任军锋等译，天津人民出版社 2003 年版，第 350 页。

所带来的结果是，政治权力集中于党，党的权力集中于党的中央，党中央的权力集中于党的领袖个人手中。而这种高度集权的政治体制滋生和形成了官僚特权阶层，当官僚特权阶层的利益成为党的首要目标时，就无法期望党能够代表人民的利益。党不能代表人民的利益，最终就失去了执政地位。简而言之，有效运转的民主制度的缺失，导致党的制度性功能失常，进而导致党的代表性功能的失常，最终导致党失去执政地位。斯大林模式的失败与其说是强力摧毁的结果，不如说是该模式耗尽了内在的潜力。① 中国学者王长江也指出，执政党直接控制国家政权，以党代政，把执政党的力量强化到了极致，结果却使执政党本身失去了力量。这看上去好像是矛盾的，事实上，这一结果有着其内在的逻辑。可以认为，苏联共产党全部问题的核心在于党政不分、以党代政的模式。这一模式违背了政党运作的一般规律，销蚀了执政党的力量，而不是巩固了执政党的执政地位。②

总而言之，社会主义国家的执政党，应当把推进本国的民主化作为首要任务，这不仅关系到社会主义国家执政党的价值追求，也是增强社会主义国家政权合法性的客观要求，更是执政党执政地位得以巩固的前提。可以说，政党需要民主政体，没有民主政体，就不可能有长久执政的政党。

（二）政党在民主化进程中的作用

马克思主义执政党在推进历史前进中所具有的理论自觉性及实践引导性，使得其在领导本国人民建立社会主义制度后，能够在本国民主政治发展中发挥领导作用。马克思主义执政党的本质属性及其所处的地位使其能够通过供给民主政治发展所需要的理论，并保障民主政治发展理论的实施，从而保障本国民主政治的健康发展。马克思、恩格斯在《共产党宣言》中强调：在实践方面，共产党人是各国工人政党中最坚决的、一直起推动作用的部分；在理论方面，共产党人优于其他无产阶级群众的方面在于其了解无产阶级运动

---

① 李宗禹：《国外学者论斯大林模式》（下），中央编译出版社 1995 年版，第 791 页。
② 王长江：《苏共：一个大党衰落的启示》，河南人民出版社 2002 年版，第 269 页。

的条件、进程以及一般结果。[①] 这是共产党的优势所在。政党在民主化进程中的作用表现在以下三个方面：

一是观念设计。社会主义国家的执政党是国家和社会的领导力量，是社会主义国家民主化的主导力量。发展中国家的民主化具有思想家与政治家自觉设计民主形态的特点。当代社会主义国家都是发展中国家，其民主化也具有自觉设计的特点，而其执政党就是这种设计的主体。在社会主义国家中，执政党通过纲领、政策、路线、方针领导国家和社会。这使得执政党可以从本党的价值追求出发思考本国的民主化，通过制定关于民主化的纲领政策，决定性地影响本国民主今后的实际建构状态。

二是观念实施。民主化观念是政治路线的重要组成部分。社会主义国家执政党实施民主化观念的控制机制是本党党员，尤其是本党的领导干部。政党具有人才保障职能，即政党应该具有通过组织体系以及人才供给的力量，保障国家政权的运转方向与本党价值取向相一致的政治品质和政治技能。[②] 把党的优秀党员输送进国家权力机关后，执政党能够依靠进入国家政权机关的本党官员的活动，在国家权力机关决策过程中实施本党的民主化观念。政党凭借掌控的决策机构、决策过程以及决策人员，影响公共决策，实现本党的目标。[③] 即将本党的民主化纲领政策由观念形态转化为实践形态。同时，通过执政党对党员的监督，确保党员的思想、行动与本党一致。

三是政治稳定维护。社会主义国家需要发展民主政治，也需要政治稳定，政党与这两者都相关。现代化进程提高了人民的政治参与意识和政治参与能力。现代政体与传统政体相区别的关键就在于其民众的政治意识以及政治介入的幅度。[④] 处于现代化中的社会，政党和政党体系是组织政治参与扩大的首

---

①《马克思恩格斯选集》第 1 卷，人民出版社 2012 年版，第 413 页。

② 王韶兴：《政党政治论》，山东人民出版社 2011 年版，第 141 页。

③ 王长江：《政党政治原理》，中共中央党校出版社 2009 年版，第 248 页。

④〔美〕塞缪尔·P. 亨廷顿：《变化社会中的政治秩序》，王冠华、刘为等译，上海人民出版社 2008 年版，第 68 页。

要制度保证。[1] 在社会主义国家政治体系设置中，组织政治参与扩大的最重要的制度渠道是执政党，而且组织人民政治参与，准确表达、综合人民的利益和价值是执政党实现其有效领导社会的必要条件。

（三）政党与民主化的相互促进

建设高质量的民主是社会主义国家执政党的目标和价值追求，同时，民主制度的发展完善也为执政党的自我更新提供了动力机制。

其一，执政党促进民主化。执政党领导国家和社会，这是社会主义国家必须坚持的根本原则。然而，纵观苏联历史可以发现，执政党控制国家和社会的权力越大，民主化就越低。执政党倘若能够保障国家政权机关和社会组织的相对自主性，使自身受到宪法法律的约束，国家的民主化程度将会不断提高，而政党也就越能保持其执政地位。因此，政党要巩固自身的执政地位，首要的是加强民主制度建设。

一是发展完善选举制度，保证人民当家作主的权利。选举制度是民主制度的基础。人民通过选举行使人民当家作主的权利。建立健全选举制度，最主要的是重新定位执政党在选举制度中的功能。执政党在选举中的主要功能是通过为选民提供优秀的党员，使选民能够选择代表自身利益且有能力的代表。这一方面保障了人民的选举权利，另一方面保障了党管干部的职能。二是健全代议制度，保证代议机关职能的落实。为了保障代议职能的实现，必须建立健全代议制度。代议制度的发展完善涉及明确代议机关职能，建立有效的表决制度、议事程序、立法程序以及监督制度等方面的内容。执政党主要通过国家权力机关的高级领导人贯彻落实党的纲领政策，保持党的领导，而代议机关的代表则拥有最后决定权。

其二，民主制度的发展完善推动执政党的自我更新。一是民主制度的发展完善能够保证执政党履行自身功能，使执政党保持自我更新。民主制度的

---

①〔美〕塞缪尔·P. 亨廷顿:《变化社会中的政治秩序》，王冠华、刘为等译，上海人民出版社2008年版，第333页。

有效运转保证了执政党能够履行代表性功能和制度性功能。二是民主制度的发展完善能够促使执政党更好地履行自身功能，强化执政党自我更新的力度。社会主义国家的民主制度是与执政党相互关联的。这种联结机制就是国家法律、政策的制定和国家政治领导人的任免。执政党推荐的优秀党员必须经过代议机关的同意才能进入国家权力机关工作，并接受代议机关对他们的法律监督和权力监督；执政党的政策主张也必须经过代议机关的同意才能成为国家的法律和政策。民主制度在执政党供给的政策主张、政治领导人这两个方面的决策权和监督权，客观上促使执政党不断提高政策和人才的供给质量。

第二章　冷战后越南民主化道路的发生逻辑

冷战结束初期的越共，既面临着世界民主化浪潮的巨大冲击，也遭遇世界社会主义发展跌入低谷的政治环境；既要应对国内经济发展落后的巨大压力，也要回应人民群众日益增长的权利诉求。意识形态安全、共产党执政安全以及国家基本制度安全等事关国家前途、政党安危、人民福祉的重大问题摆在了越共的面前。在必须努力消除“经济发展滞后危机、偏离社会主义方向危机、贪污腐败危机以及‘和平演变’危机”的迫切需求之下，越共开启了本国的民主化道路。1976 年越南统一后，越南在全国建立了传统社会主义政治体制。1986 年越南开始实行革新开放政策，越南高度集中的政治体制开始发生变化。由于革新开放时间较短，可以认为 20 世纪 80 年代末 90 年代初，越南的政治体制接近于传统社会主义政治体制。越南共产党在国家和社会中的领导地位使其成为越南民主化的领导力量。越共领导下的越南民主化必然是一种渐进式变革。然而，建基于传统社会主义制度基础的民主化，其任务是艰巨的。越南不仅需要发展完善社会主义民主制度，还需要建立起越南民主制度有效运转的条件。这些条件包括社会组织、政党制度、法治、有效政府以及市场经济。当然，这些任务的具体排列组合由越南共产党来设计。

第一节 冷战后越南民主化的影响因素

“第三波”民主化浪潮在特定国家和特定时间发生的影响因素主要有：正在衰落的合法性和政绩困境、经济发展与经济危机、宗教变革、外部力量的新政策、示范效应或者“滚雪球”等①。冷战后初期越南民主化的开启既有外部因素，也有内部因素，是外部因素与内部因素相互作用的结果。这些因素引起越共执政的政党政治生态的深刻变化，正是越共对其政党政治生态的认知导致了20世纪90年代初越南民主化道路的开启。在这些影响因素中，有些因素在冷战后越南民主化道路开启中发挥了重要作用，但在之后的民主化进程中没有重现。“一些最初的事件或过程产生某一特定的结果；这一结果将随时间而繁衍下去，即使作为起因的事件或过程不再重现。”② 有的因素则在越南民主化中继续发挥作用。当然还有的因素是在民主化开启之后出现的，成为推动民主化进一步深化发展的动力源泉，例如社会组织、法治等民主制度的维持条件。

一、国内因素

（一）经济社会危机促成民主化

20世纪80年代，越南发生了严峻的经济社会危机。越南1976年统一，之后短短几年时间就出现了严重的经济社会危机，究其原因是越共制定和实施了一系列错误的内外政策。例如，1976年越南统一前，已经经历了数十年

---

①〔美〕塞缪尔·P. 亨廷顿：《第三波：20世纪后期的民主化浪潮》，欧阳景根译，中国人民大学出版社2013年版，第42页。

②〔美〕保罗·皮尔逊：《时间中的政治：历史、制度与社会分析》，黎汉基、黄佩璇译，江苏人民出版社2014年版，第55页。

的战争，1977年越南入侵柬埔寨，1979年又与中国打起了边境战争，连年的战争使得越南经济遭到了极大的破坏。1976—1986年，越南盲目照搬苏联模式，片面强调发展重工业，在所有制改造方面，对社会主义的认识过于简单，急于求成，盲目超前，主张“越大越好，越公越好”，造成了严重的混乱，极大地挫伤了人民的生产积极性。1976年至1986年的10年间，越南粮食连年减产，粮荒遍及全国；工业产值急剧下降，计划普遍不能完成；财政金融形势严峻，通货膨胀率快速升高；外贸逆差剧增，债台高筑；国内市场萧条，民不聊生。1989、1990、1991年越南人均GDP分别为96.1美元、96.7美元、140.6美元。①

越南经济领域初期的革新主要是由越共和国家的基层领导干部、国有企业的经理发起的。他们通过自身的经历和经验认识到，不革新不行。他们这一时期所从事的经济革新主要是不再实行农业合作社，突破国有经济的界限，开始与计划经济之外的消费者和供应者建立关系，包括与外国市场建立直接关系。② 最初经济领域的革新是在原来高度集中的政治体制下进行的。在这一过程中，越共一些领导人逐渐认识到，经济领域的革新要顺利开展下去，必须进行政治领域的革新，以进一步解放和发展生产力。与此同时，随着有革新倾向的领导人进入党和国家的领导层，政治领域要进行相应的革新成为共识。1986年越共召开了党的六大，六大通过的纲领政策，确认了要在经济领域和政治领域进行革新，这为越南在国内全面开展革新开放奠定了基础。1988年越共六届五中全会强调，经济革新需要相应的政治革新作为配套措施，并指出，政治体制不革新，经济、社会、安全、国防领域的革新就不可能实现。在这样的状况下，所凸显出来的问题便是，越共要将党的领导职能与国家政权的管理职能区分开来。

---

① 世界银行网：访问时间2023年3月14日，https://data.worldbank.org.cn/indicator/NY.GDP.PCAP.CD?locations=VN。

②〔英〕大卫·波特等：《最新民主化的历程》，王谦等译，台北韦伯文化国际出版有限公司2003年版，第621页。

（二）发展党内民主是增强党的吸引力的需要

政党是有着共同的利益诉求和价值追求的人自愿组织起来的。意识形态是政党团结带领党员实现本党奋斗目标的前提条件。马克思主义揭示了人类社会的发展规律。越共作为马克思主义政党，以马克思主义为指导思想，以共产主义为奋斗目标，以实现每个人自由而全面的发展为价值追求。然而，马克思主义政党必须坚持把马克思主义与本国的实际和时代特征相结合，才能将党的事业和社会主义事业不断推向前进。越南统一后，在全国范围内模仿苏联模式建立起了本国的社会主义制度，马克思主义由理论形态转化为实践形态。然而以高度集中的经济政治体制为基本特征的传统社会主义模式脱离了越南的国情，引发了经济社会危机。越共僵化的意识形态与人民的现实生活之间日益扩大的经验性裂痕，引起了一些党员和干部对社会主义信念的怀疑和动摇。1989 年越共总书记阮文灵指出，越共自己的干部队伍，对马克思主义的信仰抱持动摇和怀疑的态度。越共七大指出："各社会主义国家全面、深刻的危机使社会主义面临来自多方面的、空前尖锐的非难。令人遗憾的是，就在共产党人的队伍里也出现了立场动摇的现象；否定各项成就的倾向导致否定社会主义。"①20 世纪 80 年代末 90 年代初，越共受到了来自党的干部、知识分子以及其他社会精英的批评和挑战。而这些知识分子和社会精英，大部分是党员，或曾经是党员。② 此外，积极发展新党员，壮大党员队伍，是政党扩大自身影响力和实现奋斗目标的必然要求。然而，20 世纪 80 年代中后期，由于经济社会危机，越共对人民的吸引力有一定程度的下降。例如，通常负责党员初级训练的胡志明市共青团，成员由 1987 年的 470 万人下降到 1992 年的不到 200 万人。③

历史表明，要提升对党员干部的吸引力，必须发展党内民主，因为党内

---

①《阮文灵在越共"七大"的总报告〈沿着社会主义道路继续把改革事业推向前进〉》，《参考资料》1991 年第 23824 期。

②〔英〕大卫·波特等：《最新民主化的历程》，王谦等译，台北韦伯文化国际出版有限公司 2003 年版，第 621 页。

③〔英〕大卫·波特等：《最新民主化的历程》，王谦等译，台北韦伯文化国际出版有限公司 2003 年版，第 621 页。

民主是科学制定路线方针政策和提高党员积极性、主动性、创造性的根本制度保障。而要推动党内民主的发展，越共必须推动越南的民主化。越共党内民主和人民民主在民主原则、组织原则及价值指向方面的一致性决定了二者之间的关联与互动；而越共党内民主与人民民主在本质、层次、范围、目标方面的不同决定了二者之间的关联和互动并不是直接决定和被决定的关系，必须借助一定的衔接机制或制度平台才能实现有效的互动。这种制度平台既要使越共党内民主作用于政体民主、社会民主，又要使政体民主和社会民主的发展作用于越共党内民主。而越南社会主义政党政治的框架和基本运作形式，决定了越共党内民主与人民民主最主要的结合点是国会。因为根据社会主义政党政治的一般原理，人民民主须通过代议制民主来实现，越共要通过选举将党员送入代议机关成为国家公职人员，从而将党的政策主张转化为国家的法律政策。从这个意义来说，执政党“推进党内民主，必须首先要经历适应人民民主，然后推动人民民主的过程”①。

党内民主与人民民主互动发展的实现路径包括人民民主与党内民主之间的相互增益，但其中的关键是人民民主对党内民主的促进，这是由民主发展的基础和动力决定的。民主发展的压力和动力源自人民对自身利益的维护和追求，而这种压力和动力更加真实和持久。由人民的民主诉求推动的人民民主发展的主要表现形式是越南国会制度的发展完善，而国会制度作为越南的政治制度，具有根本性、全局性、稳定性和长期性，这就使得人民民主能够真实持久地作用于执政党，促使越共通过党内民主等途径加强自身建设，提高领导民主化的能力。可以说，党内民主的发展归根到底是人民民主发展的要求与结果，而不是相反。历史经验也表明，缺乏人民民主发展支撑的党内民主，最终会因为缺乏动力而停滞不前。

（三）越南历史上有过民主经历和经验

越南是法国、日本以及美国的殖民地，这使得越南的政治文化不可避免

① 郭榛树：《党内民主与人民民主的关系新论》，《岭南学刊》2013 年第 2 期。

地受到西方民主、法治以及三权分立等政治思想的影响。早在殖民时期，越南就在西方宗主国的主导下建立了代议制民主，并将其作为政治结构的组成部分。在法国宗主国“分而治之”政策的指导下，历史上的越南被划分为“南圻、中圻、北圻”，其中作为法国总督“直辖领地”的南圻，基本按照法国“三权分立”的标准组建议会、政府、司法机关。法国的殖民统治主要通过议会制定的法律政策来实现。虽然阮氏王朝的统治机构在中圻得以保留，但是依然由法国总监“总揽全局”。作为“半保护领”的北圻，实际上受法国殖民当局控制，只保留阮氏王朝的统治形式。1940 年，日本侵占越南后沿用了法国殖民统治时期建立的国家机构。1945 年以后，法国殖民者以及吴庭艳傀儡政权时期仍实行三权分立形式。简而言之，越南有着利用民主制度形式的传统，并且积累了一定的经验。

（四）“三驾马车”政治体制设置的运行结果，推动国会制度的发展完善

1969 年胡志明去世后，没有一个领导人有足够的权威接替胡志明成为党的领导人，因此，越共不得不实行集体领导。雷影娜·阿布拉米（Regina Abrami）等学者研究了冷战后越南“三驾马车”的形成过程。他们指出，冷战后初期，越共和国家的领导人需要在国家发展方向上达成共识之际，党的各机构内部出现了进行监督和制衡的更大压力。这种压力使领导人之间产生了更充分的竞争。由于任何一方都无法占据绝对优势，政治领导人的协商妥协产生了。其最重要的变化就是，越共高层持续不断地将各自的支持者推荐到越共中央委员会，从而扩大了中央委员会的权力。其中，积极推动这一进程的是政治局成员阮文灵和武文杰。越共中央委员会内的这些新团体之间随之而来的辩论导致了行政机关权力的削弱。冷战结束之前，越共总书记作为权力中心，占主导地位。而政府总理掌握行政机构。国家主席则是形式上承担着国家责任。但由于持续的协商与妥协，越共七大在实践中改变了这一原初设定。越共中央委员会围绕着不同的领导人形成了三个权力中心：一是总书记杜梅及其追随者，主张国有经济继续占主导；二是武文杰及其追随者，

支持现代化并对杜梅及其追随者进行抵制；三是黎德英及其追随者，希望重新让军事力量主导政治。这三个集团竞争妥协的结果就是各自拥有了跨部门的力量，并通过写进 1992 年修订的越南宪法而获得了制度化。冷战后初期，越南形成了所谓的“三驾马车”，其中党权、行政权和军权之间存在着相互监督。[①] 而这三个团体要继续并捍卫自身制度化的权力，就必须依据宪法，因为宪法确认的权力是其法律凭借。而国会是宪法规定的最高国家权力机关和最高国家民意机关，是三个团体维护自身法定权力绕不过的国家权力机关。因此，在某种程度上，冷战后初期“三驾马车”政治体制设置的运行结果必然是促进宪法的实施，推动国会制度的发展完善。而随着越南国会制度改革，国会的权力和能力日渐增强，“三驾马车”演变为“四驾马车”。

二、国际因素

（一）国际共产主义运动危机的影响

20 世纪 80 年代末 90 年代初，苏东剧变在世界范围内极大地改变了资本主义和社会主义的力量对比，共产主义运动一时陷入低潮。这使得冷战后当代社会主义国家面临着巨大的压力和严峻的考验。这场危机在越南也引起了极大的反响。对于这场危机，时任越共总书记阮文灵进行了深刻的反思。他对东欧剧变的原因进行了分析，认为尽管每个国家“变色”的原因不尽相同，但是从根源上说，共同的问题是没有改变落后的官僚包给机制，无视社会主义经济社会发展规律，违反甚至践踏民主制原则。他指出，帝国主义的阴谋只是起到了推波助澜的作用。阮文灵还提出了判断社会主义基础是否牢固、共产主义事业是否能够掀起新的高潮的标准：各个国家的党员是否纯粹，是否掌握了科学的马列主义以及是否准确地将马列主义应用到实践中。在危急时刻，这一标准的提出，有利于越共党员和越南人民坚持社会主义的理想信

① 〔美〕雷影娜·阿布拉米等：《一党执政政权内的问责与不平等——中国与越南的比较分析》，云南师范大学马克思主义理论研究中心译，《国外理论动态》2011 年第 5 期。

念，并使社会主义重新获得工人阶级、广大群众的信任与拥护。在作出这样的结论后，阮文灵得出了越南的发展方向就是要进行全面和同步的革新，不断扩大民主，关心和改变人民群众的生活水平，提高党的领导能力和改善党的领导。[①]

随后，越共1991年召开了党的七大，进一步对苏东剧变进行反思并提出要发展社会主义民主的重要思想。越共指出，在经济改革的同时，应当逐步进行政治体制改革。但是越共强调，在进行政治体制改革的同时必须保持社会稳定，无论是匆忙地加速政治体制改革，还是改革方向发生偏移，都将极大地损害越南的政治稳定。而失去政治稳定，许多革新工作都会遭遇困难和挫折。这是基于越南革命建设的实际和一些兄弟国家进行改革实践的经验得出的深刻教训。[②] 从上述分析可见，苏东剧变促使越共深刻认识到必须推进民主化。

20世纪80年代末90年代初，越共领导下的社会主义制度并没有像苏联和其他东欧国家那样发生剧变，原因主要有：其一，与东欧国家相比，越南的社会主义制度并不是在苏联军队的支持下建立的。尽管得到中国、苏联的帮助，越南的社会主义制度主要是在越共的领导下建立的。越共是经由40多年的民族主义斗争才取得全国政权的，越共的领导地位是历史和人民的选择。与此同时，越共还是越南现代化的领导者。因此，越共执政以来，尽管经历了困难的历史阶段，但社会民众并未对越共和社会主义失去信任，而这种信任使越共有时间和空间进行反思调整，开展自我革新。正如亨廷顿所言，取得政权的斗争越是激烈与持久，政党意识形态的承诺越坚决，之后建立的一党制的政治稳定性就越大。[③] 其二，到20世纪80年代末90年代初，越南全国范围内的社会主义制度建立仅10多年，而苏联的社会主义制度存在了70

---

①《阮文灵谈东欧变化的原因和越南改革》，《参考资料》1990年第23317期。

②《阮文灵在越共“七大”的总报告〈沿着社会主义道路继续把改革事业推向前进〉》，《参考资料》1991年第23824期。

③〔美〕塞缪尔·P. 亨廷顿：《变化社会中的政治秩序》，王冠华、刘为等译，上海人民出版社2008年版，第354页。

多年，东欧国家的社会主义制度存在了40多年。因此，尽管20世纪80年代以来越南国内遭遇了严重的经济危机，但是由于民众感知传统社会主义弊端的时间并不长，越南人民仍相信越共的领导和越南的社会主义制度。其三，到20世纪80年代末90年代初，越南市场取向的革新仅5年左右，几乎没有反对组织对越共发起挑战。

（二）一党制民主面临与多党制民主国际比较的压力

二战后，特别是从20世纪60年代开始，民主发展日益成为西方政治学者研究的热点问题。然而，西方政治学者的研究往往带有浓厚的意识形态偏见，将社会主义国家视为非民主政体，并且认为这些国家的民主发展就是共产党领导下社会主义制度的倒台以及竞争性政党体制的建立。例如，林茨、斯泰潘认为民主化就是从非民主政体走向民主政体的过程，非民主政体就包括威权主义政体、全能主义政体、后全能主义政体以及苏丹式政体[①]。这里的全能主义政体、后全能主义政体指向社会主义国家。冷战后初期，苏联和东欧社会主义国家的改弦易辙，导致越南民主发展的外部压力增大。

20世纪90年代初，作为一党制国家，越南的社会主义民主制度受到了前所未有的批判和危机。这一时期，越南国内经济濒临崩溃的边缘，越共党内外思想更是异常混乱，不少人对越南的社会主义产生了动摇与怀疑。而越共中央领导人中也有人主张“自由化”和多党制。例如，时任越共政治局委员、书记处书记以及中央委员的陈春柏就主张越南实行“自由化”。对此，越共强调坚持党的领导。1990年3月，越共六届八中全会明确指出，坚持共产党的领导，绝不接受政治多元化、多党制。这次会议还对主张“自由化”和多党制的越共领导人陈春柏给予撤销政治局委员、书记处书记以及中央委员职务的处分。1991年越共七大召开，为冷战后越南民主化的开启提供了理论指导。越共七大政治报告，首先指出越南政治体制的重要特征就是党是保

---

①〔美〕胡安·J. 林茨、阿尔弗莱德·斯泰潘：《民主转型与巩固的问题：南欧、南美和后共产主义欧洲》，孙龙等译，浙江人民出版社2008年版，第42页。

证一切权力属于人民的领导者，并且指出越南没有建立多党对立的客观条件。人民首先通过民选机构实现自己的权利，这也是国会和各级人民委员会权力的来源。其次，对只有存在多党制才有民主的意见进行了有力的回击，并指出，承认在越南建立反对党就意味着给国内和从国外回来的企图反对祖国、反人民、反对现行制度活动的反动和复仇势力创造条件。再次，提出了在一党条件下推进民主的途径。党要有加强民主建设的意识，积极稳妥地推进自身改革；要努力探索各种机制、形式以及具体、有效的方法，以保证各个阶层的人民在管理国家、社会和保卫祖国的事业中最大限度地发挥自己的力量、自觉性、作用以及创造力；强调保证多数人民群众的民主还是只保证少数统治剥削阶级的民主是不可模糊、不可混淆的原则。[①] 客观地说，冷战后，越共只有领导本国的民主发展，才能在国内与国际上掌握民主话语权，提升本国民众对社会主义民主制度的信心。随后，越南开启了民主化的实践，其标志性举措就是 1992 年国会直选。

这一因素不仅是冷战后初期越南民主化的动因，而且成为长期困扰越共的一个因素，当然也是推动越南民主化的一个重要动力。冷战后，越南国内外敌对势力从没有放弃对越共领导地位和越南民主制度的歪曲和抹黑，企图对越南进行和平演变。这些敌对活动主要体现在以下几个方面：

一是国内外敌对势力利用越南出现的腐败、官僚主义等问题，攻击越南的一党制。随着越南革新开放的深入推进，越共一些党员、干部出现了理想信念滑坡、贪污腐败、官僚主义等问题。越南国内外敌对势力把出现这些问题的原因归结为越南实行的一党制，极力宣传西方的多党制。这需要越共提升推动越南民主化的理论自觉和实践主动，从而在理论和实践上有力回击敌对势力的谬论。

二是反动势力歪曲和抹黑越南国会选举和越共的领导。越南国内外敌对势力以自由、民主、人权为借口，并利用越南国内发生的事件歪曲越南国会

---

①《阮文灵在越共“七大”的总报告〈沿着社会主义道路继续把改革事业推向前进〉》,《参考资料》1991 年第 23824 期。

代表选举，乃至对抗越南的革命事业。例如，散发扭曲和抹黑越南共产党、越南政府的经济社会发展主张和政策的资料；在越南第十三届国会代表选举前，利用社交网提倡“自由应选”，若自荐候选人不合格，他们就呼喊“抵制选举”；“越新”等反动组织曾将组织成员从越南送往泰国、马来西亚等国接受“颜色革命”“非暴力抵抗”等反动方式的培训，手段之一是不遗余力地歪曲事实，让人们对越共的作用产生误解。①

三是一些全球性的非政府组织歪曲和抹黑越南的民主状况。越南之声广播电台－对外部网站发表了两篇文章：《谎言掩盖不了越南新闻自由的真相》《又一个歪曲越南民主的伎俩》。其中，《谎言掩盖不了越南新闻自由的真相》这篇文章抨击了无国界记者组织对越南新闻自由的抹黑。无国界记者组织发布了《2022 年世界新闻自由指数》报告，在 180 个国家和地区中越南居第 174 位。对此，该文章强调这一排位并不符合越南的实际，对越南新闻自由状况做出的评价不客观，不符合实际。无国界记者组织作为是一个全球性的非政府组织，本应以《联合国世界人权宣言》第十九条为活动依据，但该组织被许多国家指控为多起复杂骚乱、动荡和煽动暴力事件的幕后黑手。因为该组织的存在和活动部分依赖一些西方国家的财政支持，常常遵从金主国家政府的刻意安排。无国界记者组织对越南新闻自由的评判往往基于反动分子、敌对分子、政治投机者以及违法组织和个人提供的信息，旨在抹黑现实，描绘新闻自由状况的阴暗画面，以诋毁越南党和国家，损害越南在国际舞台上的威望和地位。②《又一个歪曲越南民主的伎俩》文章指出，2022 年“自由之家”（Freedom House）公布的《流亡海外时民主捍卫报告》中充斥着大量对越南实际情况的捏造和虚假信息。自由之家是一个国际非政府组织，理论上，该组织的活动是倡导进步，促进和扩大世界各地的自由和民主。但多年来，这个组织发布的包括越南在内的许多国家的信息经常歪曲事实，其政

---

①《老挝媒体揭露反动势力对抗越南的阴谋》，越南通讯社，访问时间 2023 年 3 月 27 日，https://zh.vietnamplus.vn/timkiem/ 老挝媒体揭露反动势力对抗越南的阴谋 .vnp。

②《谎言掩盖不了越南新闻自由的真相》，越南之声广播电台－对外部，访问时间 2023 年 3 月 12 日，https://vovworld.vn/zh-CN/ 时事评论 / 谎言掩盖不了越南新闻自由的真相 -1099373.vov。

治动机令人怀疑。该组织经常将越南列为没有自由和民主的国家。“自由之家”的评估和评级不是基于官方文件或越南人民的实际生活状况，而是由该组织与国内外越南裔反动分子、反对派、政治投机分子以及对越南有偏见的外国个人和组织联手，进行所谓采访、收集信息，进而诽谤越南侵犯自由权和民主权。因此，“自由之家”指责越南没有自由，政府在进行“网络攻击”“跨境镇压”，显然是一种荒谬且公然歪曲的言论，是以促进自由民主为名，企图干涉越南内政。①

总而言之，越南将长期面临西方国家以及国内敌对势力对于一党制的批评与挑战，而越南只有推进本国的民主化，不断提升本国民主化水平，才能在一党制民主与多党制民主的较量中拥有话语权。

（三）改善外交困境的需要

20 世纪 80 年代中期，越南国内陷入经济社会危机中。为改变国内困境，越共六大后，越南积极改善与中国、美国、法国、日本、俄罗斯等几个大国以及东盟国家的关系。1988 年，越南第八届国会第四次会议上还表达了加入东盟的愿望。越南官方的宣传中，也不再提东盟是“北约式”的组织、“资本主义的东盟”等。越南努力改善与美国的关系，试图在获得最惠国待遇、投资与技术的同时，借机融入国际社会。1990 年越南与欧洲共同体建立外交关系。经过这一时期的努力，至越共七大召开时，越南基本上形成了多元化的外交格局。然而，尽管越南采取的“广交友，少树敌”的外交政策比冷战时期有了很大的进步，但还未形成全面开放的外交局面，其外交仍没超出苏联“社会主义大家庭”的范围。因此，20 世纪 80 年代末 90 年代初，苏东剧变以及经济互助委员会的解散，使越南成为“国际孤儿”。1991 年，时任越共总书记的阮文灵与政府总理杜梅访问苏联莫斯科时，没有得到任何援助。而美国对越南继续实行严厉禁运政策，并阻止其他西方国家和国际组织对越

---

①《又一个歪曲越南民主的伎俩》，越南之声广播电台 – 对外部，访问时间 2023 年 3 月 12 日，https://vovworld.vn/zh-CN/ 越南迈向选定之路 / 又一个歪曲越南民主的伎俩 -1107834.vov。

南提供援助。越共认识到，没有良好的对外关系，越南的革新开放不会成功。而要改善对外关系，越南需要民主化。具体来讲，包括以下方面。

一是融入东南亚，越南需要推进民主化。20 世纪 80 年代末 90 年代初，东南亚区域内的国家经济快速发展，特别是向自由市场经济方向的转变，影响着越南经济革新路线的发展。越南需要深化市场化方向改革，但这需要越南的社会主义民主和法治来保障。因此，越共及国家权力机关势必受到挑战。在面临挑战的过程中，唯有推进民主化，才能融入东南亚。

二是改善与以美国为首的西方国家的关系，越南需要推进民主化。从冷战结束前的一段时间开始，东方和西方两大集团之间的对峙日趋缓和。以美国为首的西方发达国家利用其经济优势，在与发展中国家经济合作时通常附加政治条件，不断地对发展中国家施加压力，企图把自己的意识形态、政治制度强加于人，迫使发展中国家接受。冷战后初期，越南要改善与西方国家的关系，获得西方国家的经济援助，不得不推进本国的民主化。

基于以上分析，冷战后初期，越南开启民主化道路绝非偶然。可以说，苏联解体、东欧剧变，是越南民主化道路开启的重要因素。但是在苏联解体、东欧剧变之前，戈尔巴乔夫的新思维改革以及中国的改革开放，使得越南开始反思传统社会主义模式，并且开始了越南自身对民主化的思考。因此，尽管苏联解体、东欧剧变对越共领导层产生了强烈震撼，但是不能夸大国际因素给越南带来的影响。由于越南政治经济改革发生在 20 世纪 80 年代末及 90 年代初，就是欧洲共产主义混乱事件之前，因此显示出“国内动态过程”因素在解释上的重要角色。[①] 可以说，苏东剧变是越南民主化道路开启的催化剂。当然，这一历史事件是不可再现的。20 世纪 80 年代末 90 年代初，在来自越共内部、国内民众和国外因素的三重压力下，越共开启本国民主化道路是一个明智的选择。

---

①〔英〕大卫·波特等：《最新民主化的历程》，王谦等译，韦伯文化国际出版有限公司 2003 年版，第 623 页。

第二节　冷战后越南民主化道路始于传统社会主义政治体制

1976年越南统一后，越南以苏联模式为模板在本国建立起了传统社会主义制度。在苏联模式的指引下，越南制定了违背本国国情和时代要求的内外政策，期望高涨的革命变成了失望高涨的革命。[①] 现代化建设遭遇重大挫折，越共需要对社会主义建设进行新的探索。在陷入严重的经济社会危机后，1986年越共开始实行市场取向革新。至20世纪80年代末90年代初，越南的政体类型接近传统的社会主义政治体制，这成为冷战后初期越南民主化道路的逻辑起点。

一、冷战后初期越南的传统社会主义政治体制

越南的统一，为越南民主化奠定了先决条件。然而，长期的战争使越共没有条件从理论和实践方面系统地探索本国民主化问题。越南依据苏联模式建立起高度集中的政治体制。在传统社会主义政治体制下，越南宪法规定了越南的政权组织形式，建立了民主制度的基本架构，但宪法的生命在于实施，民主制度的正常运转既需要运行机制的支持和保障，也需要相关条件的支撑。日本学者白石昌也指出，革新开放以前，越共从制定国家的路线、政策到日常实践活动，频频干涉所有领域。在国家权力机关中，行政机关的权力非常大，议会机构往往只是名义上存在的机构而已。从生产、流通到消费等环节，

① 〔美〕威廉·内斯特：《国际关系：21世纪的政治与经济》，姚远、汪恒译，北京大学出版社2005年版，第430页。

各类社会活动都被严格置于越共与国家的领导、管理之下。[①] 在陷入严重的经济社会危机后，1986 年越共开始实行市场取向革新。但至 20 世纪 80 年代末 90年代初，越南的政体类型接近传统社会主义政治体制。越共七大强调："党坚决克服独断、专权、对国家和人民团体的事务包办代替的弊病。"[②]

（一）实行党政合一的政治体制

1976 年越南统一后，需要选出新的国家机构。为适应国内的新形势，越南于 1976 年 4 月在全国举行了统一后的第一次国会选举。在这次选举活动中，98.77% 的选民参与了投票，最终选举产生了 492 名国会代表。这些国会代表组成了越南统一后的新一届国会（第六届国会）。1981 年 4 月，越南全国人民选举产生了第七届国会代表。1981 年 6 月，越南第七届国会通过了 4 部关于组织国家最高机构的法律，选举了国家领导人，并依据苏联模式建立起社会主义政治制度。[③]

1976 年 12 月，越共四大形成以亲苏派黎笋等人为核心的中央领导层，同时将持不同政见的 27 名中央委员、69 名候补委员清除出中央。当时倾向于革新主张的阮文灵和杜梅进入了越共中央政治局。以这次会议形成的人事安排、指导思想为基础，越南在越共四大后逐步确立起传统社会主义政治体制模式，基本特征就是党政不分、以党代政。越南于 1980 年颁布了第三部宪法。该宪法规定，国会是越南的最高权力机关，有权任免国家领导人，拥有立宪权和立法权，制定基本国策并行使最高监督权。尽管第三部宪法强调国会在经济、政治以及社会中的作用，但是实际上作为越南唯一执政党的越共绝对地领导着国会和政府以及司法机关，控制着法律政策制定的全过程。[④]

---

①〔日〕白石昌也：《越南政治、经济制度研究》，毕世鸿译，云南大学出版社 2006 年版，第 1 页。

②《阮文灵在越共"七大"的总报告〈沿着社会主义道路继续把改革事业推向前进〉》，《参考资料》1991 年第 23824 期。

③ 齐欢：《二战后越南现代化进程研究（1945—2010 年）》，博士论文，云南大学，2008，第 86—87 页。

④ 齐欢：《二战后越南现代化进程研究（1945—2010 年）》，博士论文，云南大学，2008，第 86—87 页。

（二）社会团体比较弱小

越南在革新开放以前的传统社会主义政治体制下，社会是高度一元化的。社会团体主要是在越共的主导下建立的，并由党政机关领导人组建、改建、兼职社会负责人，因而具有高度行政化的特点。而国家对社会组织的管理也是依据行政管理的方式，只要领导人没有重大失误，基本可以长期任职。1986 年开始的市场经济取向的革新，使得在经济领域开始出现一些社会组织，在政治领域基本上仍然是传统社会主义政治体制。这一时期，越南几乎没有具有相对自主性的社会组织。

（三）意识形态领域坚持社会主义基本因素

政党的意识形态是政党凝聚人心的基础。1976 年 12 月，越共四大作出关于越南社会主义经济路线的决议，制定了两个“五年计划”（1976—1985 年），其建设目的在于解决越南约 30 年战争造成的严重后果，以及重新发展经济，在全国范围内实现社会主义大生产，从而为国家的工业化奠定基础。越南 1980 年通过的宪法高度肯定了越南的国内外政策，决定大力实行传统社会主义模式，明确提出继续坚持计划经济体制、全民所有制以及集体所有制。1986 年，越南启动革新开放。越共六大对于传统社会主义建设模式进行了深刻反思，指出“党的四大由于没有充分认识到社会主义过渡时期是一个相当长的历史过程，必须经过许多阶段；加上指导思想上犯了主观、急躁的毛病，想省去必要的步骤，未能确定好初期阶段的目标”[①]，以此为鉴，做出了越南还处于“向社会主义过渡阶段的初期”的判断。越共六大后，越共开始摒弃以教条主义的态度看问题，而是从越南实际出发，通过革新开放，不断完善越南的社会主义制度。

---

① 吴彬康等:《八十年代世界共产党代表大会重要文件选编》（上），中国广播电视出版社 1989 年版，第 224—225 页。

（四）实行政治动员性的社会发展方式

统一以来，越南实行的是一种“政治动员型”的社会发展方式。国家通过越共的意识形态、组织结构以及干部队伍实现了对社会生活方方面面的渗透与组织。越南统一后，越南的社会动员在程度和范围上都是空前的。这种方式固然取得过成功，但也出现动员过度的问题，几乎在所有的领域，如政治、经济、社会等都曾进行过社会动员。社会动员都是全民动员、全国动员。到革新开放前，社会动员没有中断过。这种极化的社会动员对现代化产生了很大的负面影响，例如，造成了经济效益的相对低下，增加了再动员的困难等。

二、传统社会主义政治体制对冷战后越南民主化道路的影响

冷战后初期越南政体类型是冷战后越南民主化道路的逻辑起点。这时越南的市场化取向改革刚刚启动，又面临严重的经济社会危机。越共“保证一切权力属于人民”的价值追求及其在国家和社会中的领导地位，使得越共能够绘制越南政治发展的蓝图，将本国社会主义民主理论和实践推向前进。越共领导下的民主化是渐进式变革，即依据越南的宪法，一方面在原有民主制度基本框架基础上发展完善民主运行机制；另一方面，培育民主政体正常运转的条件。然而，建基于传统社会主义政治体制基础的民主化，其任务是艰巨的。越南不仅需要发展完善社会主义民主制度，还需要建立起越南民主制度运转的维持条件。这些条件包括社会组织、政党制度、法治、有效政府以及市场经济。当然，这些任务的具体排列组合取决于越共对主客观因素的综合考量。

（一）发展完善国会制度

越南宪法文本一直规定，国会是越南最高代表机关和最高国家权力机关。然而，国会的地位和职权在现实中难以充分实现。国会制度作为越南的政权

组织形式，是越南民主制度的主要实现形式，是越南民主化的核心内容。越南国会制度发展完善的原则是既要保障人民当家作主的权利，又要保障越共对国会的领导。国会制度主要由国会代表选举制度和国会运行机制构成。因此，国会制度的发展完善，要以国会代表选举制度和国会运行机制的发展完善为核心内容，使国会充分履行法定职权。

（二）培育社会组织

越南社会组织是市场经济发展的必然产物。随着民主制度的发展、政府职能的重新定位、法治的日益健全，越南社会组织的兴起壮大成为必然趋势。然而，社会组织的发展，对越共和国家而言，是一把双刃剑。社会组织相对于越共和国家的独立性，要求越共和国家必须保障社会组织的发展，为社会组织的发展创造条件。同时，社会组织的发展具有一定的风险，要求党和国家对其进行法律规范，保障其健康运作。其中，社会组织对越共和社会主义政治制度最为重要的挑战是政治参与意识和政治参与能力的扩大。这要求越共和国家必须为社会组织的利益表达提供制度化的参与渠道。

（三）建设法治国家

稳定的民主政体一般具备相对完善的法制条件。宪法、法律拥有自身的内在逻辑，这些法律、规范有助于创造并且维护法治的相对自主性。此外，公正的司法体系对国家法律的执行具有至关重要的作用。越南统一后，在高度集权的政治体制下，实质上没有法律制度对权利进行约束或者限制，党和国家领导人可以不受约束地行使权力。越共六大指出："在经济和社会各个领域中没有充分运用无产阶级专政的综合威力去建立并维护社会主义秩序，致使触犯国家法律和违反规章制度的现象日益普遍。"[①] 为改变这一问题，越共提出"要依靠法律，而不仅仅靠讲道理去管理国家"，而"遵守法律就是执

---

① 吴彬康等:《八十年代世界共产党代表大会重要文件选编》(上)，中国广播电视出版社1989年版，第226页。

行党的路线、主张"[1]。越南的法治建设，不仅要求法律能够约束全体公民，而且要求法律足以对越共和国家权力机关进行约束。对越共而言，作为领导国家和社会的力量，必须依法执政，保证国家权力机关能够行使法定权力，并且在宪法和法律范围内活动。同时，要保证立法机关、行政机关与司法机关依照宪法、法律规定履行其职权，并相互配合与监督。

（四）建设有效政府

越南革新之前的行政管理体制是官僚集权模式。在这种高度集中的政治体制下，政府集中了一切权力，政府和公民之间的关系、政府内部上级与下级之间的关系基本上是命令和依附关系。尽管这种行政管理体制在一段时期内可以发挥调动人民积极性的有利作用，但随着国内外条件的变化，其弊端就日益显现出来了。越共六大指出，必须"反对各级领导和管理机构中的官僚主义、衙门作风和欺压群众的恶习"[2]。市场经济取向改革，需要行政改革与之配套。建立有效的政府，需要实行行政程序改革、政府机构改革以及干部公务员队伍建设等措施。

（五）推进政党制度建设

冷战后，越南是实行一党制的典型国家。越南政党制度的主要特征是越南共产党是执政党，领导国家和社会。在越南民主政治发展成为人民诉求的条件下，越共要能够有效设计越南民主化蓝图，进而推进越南民主政治理论与实践的发展。然而，要推动越南民主化，越共必须优化党和国家的关系以及党和社会的关系，即发展完善越南的一党制。越共七大指出："党坚决克服独断、专权、对国家和人民团体的事务包办代替的弊病。"[3] 首先，理顺

---

① 吴彬康等:《八十年代世界共产党代表大会重要文件选编》(上)，中国广播电视出版社1989年版，第245页。

② 吴彬康等:《八十年代世界共产党代表大会重要文件选编》(上)，中国广播电视出版社1989年版，第268页。

③《阮文灵在越共"七大"的总报告〈沿着社会主义道路继续把改革事业推向前进〉》,《参考资料》1991年第23824期。

党政关系，保障国家权力机关的相对自主性。党政关系问题是马克思主义执政党面临的一个重大理论和现实问题。越共六大提出：“把‘党领导，人民作主，国家管理’的关系确定为管理整个社会的机制。”[①] 越共七大强调，为了保证党的领导地位和党与人民群众之间的关系，首先就要解决好党与国家政权之间的关系。政府由人民授予权力并向人民负责，管理各方面的社会生活。执政党必须保证发挥国家政权的主动、创造作用。政权机关的效力和威力正是党的领导效果的体现。[②] 其次，在一党制条件下，作为利益表达和整合的唯一政党，要求越共能够为社会组织的政治参与提供制度化的渠道，增强党的利益整合功能。再次，要求越共加强自身建设，增强党的意识形态的灵活性、可实现性以及发展党内民主，为党的领导提供理论和组织支撑。

（六）建立健全社会主义定向市场经济体制

市场取向的革新是越南社会和国家建设的先决条件。市场经济不是机械地设计出来，也不是自然而然形成的。市场经济的建构需要生产要素商品化、经济关系市场化、产权关系独立化、生产经营自主化、经济行为规范化等一系列条件。

---

① 吴彬康等：《八十年代世界共产党代表大会重要文件选编》（上），中国广播电视出版社1989年版，第243页。

②《阮文灵在越共“七大”的总报告〈沿着社会主义道路继续把改革事业推向前进〉》，《参考资料》1991年第23824期。

第三章　冷战后越南民主化道路的政治主导

在政党政治时代，政党组织是民主架构的重要内容，政党民主是民主内容的重要部分，政党力量是民主化的重要推动。对社会主义国家来讲，政治发展的民主取向及发展质量，关键在共产党。越共作为越南民主化的领导力量，既是越南历史和人民的郑重选择，也是越南社会发展的现实需求。历史和现实赋予越共的领导地位和实现民主发展的庄严使命，要求越共具有与民主化相匹配的民主发展谋划能力、民主政体完善能力、社会组织培育能力、法治信仰确立能力、有效政府建设能力以及政党制度建设能力。这些基本内容和实践要求，既是越南民主政治的构成要素，也是其健康发展的能力支撑。民主政治方向决定民主化道路，民主化道路决定民主政治命运。

第一节　越南共产党在民主化道路中的领导地位

越南共产党在国家和社会中的领导地位不是与生俱来的，是由越南具体的历史和现实条件决定的。越共执政合法性的主要来源有历史合法性、意识形态合法性、经济绩效合法性以及民主合法性等。然而，从时间上看，越共执政的历史合法性、意识形态合法性以及经济绩效合法性各有其局限性。越共只有领导越南的民主化，保障政治权力的合法性，保障自身基本功能的正常履行，才能巩固其执政地位。

一、越南共产党的领导地位是历史和人民的选择

越共在国家和社会中的领导地位不是与生俱来的，是由越南具体的历史和现实条件决定的。政党自产生以来，不同历史时代的社会结构状况决定了政党不同的历史使命。[①] 恰如恩格斯在《共产党宣言》1883年德文版序言中所指出的，每一历史时代的经济生产以及必然由其产生的社会结构，是该时代政治的以及精神的历史的基础。[②] 它由越共的性质和宗旨决定，是越共领导人民在进行革命和建设的实践中形成的。从政党产生的根源及其运作的基础来说，社会是政党的来源与根基。[③] 政党执政地位的获得来自社会的选择和认同。社会决定政党，政党引领社会。因此，越共领导地位的取得是历史和人民的选择。

（一）越南共产党的领导地位是由党的性质和宗旨决定的

政党具有阶级性，尽管政党有千差万别的纲领政策，但是所有的政党都代表一定的阶级利益，这是政党赖以存在和发展的基础。越共自建立之日起，就是越南工人阶级的政党，始终坚持工人阶级先锋队的性质。越共是越南工人阶级的先锋队，是工人阶级、劳动人民和全民族利益的忠实代表。2006年4月，越共十大通过的《越南共产党章程》对越共的性质有了新的阐释："党是越南工人阶级的先锋队，同时也是越南劳动人民和越南民族的先锋队，是工人阶级、劳动人民和民族利益的忠实代表。党的宗旨是把越南建设成为独立、民主、富强、社会公平文明的国家，消灭剥削，成功实现社会主义，最

---

① 王韶兴：《政党政治论》，山东人民出版社2011年版，第472页。

②《马克思恩格斯选集》第1卷，人民出版社2012年版，第380页。

③ 王韶兴：《政党政治论》，山东人民出版社2011年版，第473页。

终达到共产主义。党以马克思列宁主义和胡志明思想为思想基础和行动指南。”[①] 这从阶级性、人民性、宗旨以及在国家和社会中的作用等方面阐明了越共的性质。

越共以马克思列宁主义和胡志明思想为思想基础和行动指南。越共领导的越南革命和社会主义建设运动，属于社会主义政党政治实践。越共是按照马克思列宁主义建党原则建立起来的无产阶级政党，它有科学理论的指导，以全心全意为人民服务为宗旨，代表越南最广大人民的利益，是走越南特色革命道路和社会主义建设道路的政党，是与时俱进的政党。越共集中了越南众多先进分子，组织严密；并且同人民群众保持着密切的联系，为越南民族解放做出了巨大的牺牲和贡献，在前进中善于总结经验，已形成正确的理论和路线。

越共是越南劳动人民和越南民族的先锋队。马克思主义认为，无产阶级只有解放全人类，才能最后解放自己。马克思早在 19 世纪 40 年代就指出，无产阶级“若不从其他一切社会领域解放出来从而解放其他一切社会领域就不能解放自己”[②]。越共一经成立就肩负着国家独立和民族解放的双重使命。越共成立以来，始终代表着越南工人阶级的根本利益，代表越南人民和越南民族的根本利益，站在越南革命和解放的最前列。共产党人“没有任何同整个无产阶级的利益不同的利益。他们不提出任何特殊的原则，用以塑造无产阶级的运动”[③]。因而，越共能得到广大人民群众的拥护和支持，领导越南人民和民族取得了革命、建设和革新的胜利。

（二）越共的领导核心地位是越南近代历史发展的选择

1858 年，越南沦为法国殖民地，成为殖民地半封建国家。越南与帝国主义的矛盾、越南工人和农民与资产阶级及封建地主之间的矛盾成为越南社会

---

① 刘洪才：《当代世界共产党党章党纲选编》，当代世界出版社 2009 年版，第 307 页。

②《马克思恩格斯选集》第 1 卷，人民出版社 2012 年版，第 15 页。

③《马克思恩格斯选集》第 1 卷，人民出版社 2012 年版，第 413 页。

的两个突出矛盾。而越南与帝国主义的矛盾是最主要的矛盾，必须解决这个矛盾，越南社会才有可能取得进步、发展。对外没有民族独立，对内没有民主，深受帝国主义、封建主义以及资产阶级压迫的越南人民，一代又一代地进行了不懈斗争。从 19 世纪下半叶到 1930 年，越南人民反对帝国主义的斗争在越南北部、中部和南部一直没有停止过。这包括早期的以“勤王攘夷”为目标的民族解放运动，中期的爱国运动，以及越南国民党领导的要求建立独立的资产阶级共和国的资产阶级革命。国民党领导的资产阶级革命，由于缺乏明确的革命纲领、正确的组织原则，再加上群众基础薄弱，最终宣告失败。由此可见，越南资产阶级无法领导越南取得民族独立和解放。若要实现此目标，必须有一个新的阶级来领导，这个新的阶级就是与先进生产力相联系的、具有远大前途的、富有组织纪律性的、革命最彻底的阶级，即越南无产阶级。而越南无产阶级要实现自身的历史使命，必须建立本阶级的政党。

1917 年俄国爆发了十月革命，开辟了世界无产阶级社会主义革命的新时代。十月革命给越南人民带来了新的希望。越南最早接触马列主义的革命先驱是胡志明。胡志明在研究东西方各国不同的革命道路后，认为无产阶级革命道路是工人运动与爱国主义相结合，社会主义与民族独立相结合的道路。之后，胡志明积极地投入无产阶级革命中。1930 年 1 月 6 日至 2 月初，在共产国际代表胡志明的召集下，印度支那共产党、安南共产党等在中国香港九龙召开会议。会议一致决定，合并成立统一的共产主义组织，命名为越南共产党；通过了党的政治纲领。1930 年 2 月 24 日，印度支那共产主义联盟加入越南共产党。越南三个共产主义组织完整地合并成越南唯一的共产党：越南共产党。越南共产党的成立，使越南革命事业有了新的领导力量、科学的指导思想、坚强的组织保障以及正确的革命道路。1930 年 10 月，越共临时中央委员会第一次全体会议在中国香港召开。越共自成立以来就肩负着实现国家独立和民族解放的双重使命。越共把马克思主义基本原理运用到越南革命实践中，制定了革命纲领，并依据不同历史时期革命形势的变化，及时地提出了每个阶段的奋斗目标和正确的纲领、路线、方针、政策，领导团结全国各族人民争取民族独立与解放斗争。从 1930 年成立至 1976 年，越共组织、动员和领导人民取得了一个又一个胜利。1945 年，越共领导了“八月革命”，推翻了封建统治，建立越南民主共和国。在越共的领导下，经过 9 年的艰苦抗战，1954 年取得抗法战争的胜利，解放了越南北方。1954—1975 年，越共领导了北方的社会主义建设和全国的抗美救国战争，统一了全国。

正如越南在《社会主义过渡时期建设纲领》中所阐述的，进入 20 世纪，越南仍处于法国殖民主义的统治下，在无数次争取独立的斗争由于没有正确路线领导而相继失败的情况下，胡志明创造性地把马列主义学说运用到越南，组织共产党，并且提出了解放民族与解放社会的纲领，进行了民族民主革命，使国家走上了社会主义道路。[①] 越共领导了民族独立和解放斗争，最终建立了统一的越南社会主义国家政权。这确立了越共在国家和社会中的领导地位。

二、越南共产党领导越南民主化的必要性

越南共产党领导越南民主化，既是作为马克思主义政党的价值追求，也是巩固和增强党执政合法性的内在要求。合法性指“政治系统使人们产生和坚持现存政治制度是社会的最适宜制度之信仰的能力”[②]。政党执政的合法性是政党为争取或巩固执政地位而获得广大人民支持的能力。正因为有了人民的选择和支持，政党才能取得执政地位，才能继续保持执政地位。历史实践表明，“执政党合法性的取得、高低与维系，最根本的决定力量在于人民，最内在的密码在于民心”[③]。执政党合法性的基础和来源是多元的、历史的，不同历史时期各有侧重。

---

① 古小松:《越南的社会主义》，人民出版社 1995 年版，第 1 页。

②〔美〕西摩·马丁·李普塞特:《政治人——政治的社会基础》，张绍宗译，上海人民出版社 2011 年版，第 47 页。

③ 刘世军:《民心是最大的政治——中国共产党执政的合法性基础》,《光明日报》2017 年 1 月 23 日。

（一）越共执政的历史合法性的局限性

政党执政的历史合法性是人民对政党既往推动国家和社会发展进步的认可和支持。越共自成立后，1945 年领导了“八月革命”，建立了越南民主共和国；1954 年领导了抗法战争的胜利，解放了越南北方；1954—1975 年，领导了越南北方的社会主义建设与全国的抗美战争，统一了越南。这一系列历史成就，使越共获得了人民的支持和认可，确立了党在国家和社会中的领导地位。越共在革命时期积聚的合法性资源，成为和平年代党重要的合法性资源，并在执政过程中继续发挥作用。但历史合法性具有时效性，因为“它表征的毕竟只是执政者的既往业绩，属于‘过去时’，只出不进”[①]。越南社会主义共和国已成立，越南民族民主革命时期的基本问题即建立主权国家已得到解决，党需要根据国家独立后新的社会需求，创建新的现实的合法性，以便持续获得民众的支持和认可。从政党产生以来，“不同历史时代的社会结构状况，决定了政党不同的历史使命；不同的政党使命，又将社会引领到不同的历史方位”[②]。亨廷顿也指出，一旦民族斗争或革命斗争取得胜利，在斗争中产生的那个强大的政党会建立一党制，而这个体制之后就会消除掉曾经使其成功的社会状况。[③] 可见，越共需要创建新的合法性，丰富党的合法性来源。

埃蒙德・马莱斯基对越共执政的历史合法性进行了分析。他指出，武元甲将军的逝世不仅使越南失去了一位民族英雄，而且使越南的政治精英丧失了与越南独立的联系。“三驾马车”的现任领导人，即党的总书记阮富仲、政府总理阮晋勇、国家主席张晋创，在参加反对法国独立战争或反抗美国战争时都太年轻，因而不可能担任领导职务。不过，阮晋勇可以夸耀他曾是战地医生，张晋创可以称在越南南部从事政治活动时被捕入狱。预计在 2015—2016 年就职的下一代领导人，与越南建国时的联系则更为间接。因此，这些领导人将发现

---

① 刘京希、李泽华：《论中国特色“党社关系”建构的政治合法性逻辑——以历史合法性与现实合法性为视角》，《理论与改革》2021 年第 4 期。

② 王韶兴：《政党政治论》，山东人民出版社 2011 年版，第 472 页。

③〔美〕塞缪尔・P. 亨廷顿：《变化社会中的政治秩序》，王冠华、刘为等译，上海人民出版社 2008 年版，第 354 页。

很难挖掘传统的爱国主义资源作为他们的合法性来源。相反，领导人将由他们的政绩来判断：拨正2008年金融危机以来偏离航道的经济航船，为因腐败和不平等而感到愈加沮丧的人们提供公共服务。关于宪法和信任投票的争论恰好明确了政治合法性的至关重要性以及领导层需要走多远来实现它。①

（二）越共执政的意识形态合法性的局限性

意识形态提供了未来社会的理想蓝图。越共以马克思主义为指导思想。马克思主义揭示了人类社会发展规律，是科学的理论。而理论只要彻底就能说服人。因此，马克思主义必然会赢得人民的信仰和认同。“人民对马克思主义的信仰、对社会主义的信念和对社会主义道路的追求成了共产党执政合法性的主要源泉。”② 然而，只有把意识形态为民众所提供的未来社会的理想蓝图一步一步转化为现实，切实维护人民的根本利益，不断获得人们的认可和支持，意识形态的合法性才能得到维持。共产主义意识形态是“一种基于实质合理性的诉求，它天然要求政绩的支撑”③。政绩，特别是经济绩效出现滑坡，尤其是长时期的滑坡，就会影响意识形态在民众中的影响力。20世纪80年代越南僵化的政治体制、恶化的经济，加之东欧剧变苏联解体，使越共在意识形态上的号召力空前下降。

（三）越共执政的经济绩效合法性的局限性

经济绩效是政权合法性的一个主要源泉。如前所述，难以保持连续性是经济绩效的一个特性。因为在经济全球化背景下，经济发展并不完全取决于主观愿望，而是受到多重因素的影响。经济绩效长期不佳，政权就易于丧失合法性。④ 越共作为越南社会主义国家政权的领导力量，对本国政权的经济绩

---

① Edmund J. Malesky, Vietnam in 2013: Single-Party Politics in the Internet Age, *Asian Survey*, Vol. 54, No.1, 2014, pp. 30-38.

② 郑曙村:《中国共产党执政合法性的转型及其路径选择》,《文史哲》2005年第1期。

③ 张健:《合法性与中国政治》,《战略与管理》2000年第5期。

④〔美〕塞缪尔·P. 亨廷顿:《第三波：20世纪后期的民主化浪潮》，欧阳景根译，中国人民大学出版社2013年版，第51页。

效负责，若经济绩效长期不佳，则会减弱其执政的合法性。

（四）越共执政的民主合法性更具持久性

民主是人类普遍的价值追求，是政治权力的合法性基础。而政党是民主政治运转和发展的工具，民主政治的有效运转是政党履行自身功能的必要条件。越共基本功能的正常履行是其执政的合法性基础。越共需要履行的基本功能：一是利益表达功能，包括利益表达、综合和政策制定；二是各种程序性或制度性功能，包括录用政治领导人以及组建国会和政府。其中，越共的制度性功能必须通过国会制度才能有效履行。可以说，一方面，国会制度的正常运转是越共有效履行基本功能的前提条件；另一方面，国会制度是国家法律政策符合民意的根本制度保障。

总而言之，社会主义国家执政党执政地位的巩固需要领导本国的民主化。尽管越共有自身的特殊性，但是需要遵循政党政治的普遍规律，即必须领导越南的民主化。这就意味着，越共或早或晚必须领导越南的民主化。而冷战后初期，在越南经济社会出现危机，党内部分领导人批评越共，部分党员干部信仰日益衰退，越南面临外交困境以及苏联解体、东欧剧变引起的国际共产主义危机等因素的综合作用下，越南民主化的时机出现。此时，领导越南的民主化，不仅是越共保持执政地位的应有之意，更是巩固其执政地位的现实需要。因为如果作为国家领导力量的越共不能发挥越南民主化的领导作用，这便给其他一些政治组织通过领导越南民主化来反对现存政治制度提供了潜在的可能性。"身处正在实现现代化之中的当今世界，谁能组织政治，谁就能掌握未来。"①事实上，冷战后初期，越共正是为了巩固党的执政地位，启动了越南的民主化进程，顺应了时代潮流。

---

①〔美〕塞缪尔·P. 亨廷顿：《变化社会中的政治秩序》，王冠华、刘为等译，上海人民出版社2008年版，第382页。

第二节　冷战后越南共产党为越南民主化道路提供了发展谋划

越共在国家和社会的领导地位，决定了越共是越南民主化的主导力量，是影响越南民主化道路的关键因素。2011 年 1 月，越南国会主席阮富仲强调，保证、加强越共的领导是决定越南国会成为人民最高代表机关、国家最高权力机关和完成人民委托重任的因素。[①] 一方面，基于社会决定政党。当越南民主化时机出现时，越共需要领导越南民主化，以确立社会主义政治制度的合法性，从而巩固党的执政地位。另一方面，基于政党引领社会。越共作为越南民主化的设计者，需要为越南民主化提供有效的理论和实践引导。越共主要通过纲领、路线、方针、政策领导国家，其领导越南民主化的主要途径就是党内制定关于民主化的理论和政策。政党的先进性主要指政党在推动历史前进中所具有的理论自觉性和实践引导性。[②] 冷战后，越共积极适应人民对民主发展的需求，将建设高质量的民主作为政治体制改革的目标。冷战后初期，越共七大指出，改革、健全越南政治体制的实质是建设社会主义民主。[③] 越南民主化道路主要由民主化战略目标与民主化策略（手段）组成，是二者的有机统一。越共为越南的民主化提供了目标和策略。

① 张喆:《越南国会主席强调党的领导》,《东方早报》2011 年 1 月 12 日。

② 王韶兴:《社会主义政党政治视阈下的政党能力论》,《学习与探索》2012 年第 11 期。

③《阮文灵在越共“七大”的总报告〈沿着社会主义道路继续把改革事业推向前进〉》,《参考资料》1991 年第 23824 期。

一、越南民主化的战略目标

一般来说，选举、政党制度以及议会制等，是民主国家普遍采取的民主形式。尽管这三个要素不能代表一个国家民主制度的全部内容，但基本呈现了一个国家的民主制度外观。本书中，这三个变量也是界定越南民主形式的关键要素。此外，是否实行法治也是区分民主类型的一个指标。正如俞可平所说，进入20世纪以后，民主才日益由非常规政体转变为常规政体，成为人类政治进步的方向和世界历史的潮流。法治是促使这种转变的一个重要条件，而植入法治的基因后，民主才成为人类迄今最理想的国家制度。① 根据上述四项指标，越南的政权组织形式是国会制度，政党制度是一党制，国家的管理方式是法治。简而言之，越南的民主形式是越共领导下的人民当家作主的法治国家。

（一）国会制度

国会制度是越南人民行使当家作主权利的最主要制度。1992年4月，越南社会主义共和国第八届国会第十一次会议通过了修改的《越南社会主义共和国宪法》（以下简称1992年《宪法》），规定了冷战后越南的国家政权组织形式。其一，国家权力源于人民。该《宪法》规定，一切国家权力属于以工人阶级、农民阶级和知识分子联盟为基础的人民。其二，人民行使当家作主权利的主要途径是选举国会代表。该《宪法》规定，人民通过人民选举出的国会和各级人民代表会议行使国家权力，国会和各级人民代表会议向人民负责。其三，实行议行合一制。该《宪法》规定，国会是越南的最高代表机关和最高权力机关，集中了立宪、立法、行政、审判以及检察等权力。政府、最高法院、最高检察院由国会产生，对国会负责。其中，政府负责行政管理工作，最高法院负责审判工作，最高检察院负责检察法律的执行。

① 俞可平：《没有法治的民主是残缺的民主——纠正在民主与法治关系上的偏见》，《北京日报》2014年12月29日。

（二）法治国家

1991 年越共七大正式提出了建设越南社会主义法权国家问题。大会文件指出，建设法权国家，要按照民主集中原则来组织和管理。法权国家要从三个方面全面建设，即立法、执法和司法。1992 年《宪法》，将建设法权国家写入宪法。《宪法》规定，越南社会主义共和国是民有、民治、民享的社会主义法治国家。越南法权国家的主要内容包括：其一，国家尊重和保障人权与公民权。1992 年《宪法》规定了人权保障。2013 年《宪法》又将公民权写入宪法，其中第 3 条规定，国家承认、尊重、保护和保障人权、公民权。其二，国家要依照宪法和法律管理社会。1992 年《宪法》第 12 条规定，国家按照法律管理社会，不断加强社会主义法制。第 4 条规定，所有政党组织都应在宪法和法律的范围内活动。其三，宪法至上，为立法机关、行政机关、司法机关有分工、配合和监督提供法律武器。1992 年《宪法》第 146 条规定，《越南社会主义共和国宪法》是国家的根本法，具有最高法律效力。其他一切法律文件必须符合宪法。在此基础上，2013 年《宪法》第 119 条规定，国会、国会各个机关、国家主席、政府、人民法院、人民检察院、国家的其他各个机关和人民团体具有捍卫宪法的职责。捍卫宪法的机制由法律规定。

（三）党的领导

越共对国家和社会的领导是越南民主制度的一个鲜明特点。2011 年越共十一大通过的《越南社会主义过渡时期国家建设纲领（2011 年修订版）》中规定了党领导国家政权的内容、方式、方法。党对国家政权的领导主要是“通过纲领、战略、政策方向和大的方针”的领导；实现党的领导的主要手段是，“党通过党组织和在各政治系统组织工作的党员进行领导，加强个人负责制，特别是牵头人负责制”；实施上述手段的方法是，“党统一领导干部工作和管理干部队伍，介绍充分具备能力和品质的优秀党员进入政治系统的领导机关工作”，然后“党通过宣传、说服、动员、组织和检查、监督工作”[①]，确保党员特别是党员领导干部在政治上、思想上与党的路线方针政策保持一致。这样，既保证了党的领导，也保证了人民当家作主的权利，还保障了国会的权力。

简而言之，越南所要建设的民主国家，是人民选举代表组成的国会行使最高权力的国家，是法权的国家，是党领导下的国家。正如中国学者陈元中等指出的，“完善一党领导政治生态中的民主实现形式，彰显越南民主在世界多样性民主模式中的科学价值，是越南社会主义民主建设中面临的重大而艰巨的任务”[②]。民主政治方向决定了民主化道路。

二、越南民主化的策略选择

民主制度的正常运转不仅包括民主制度，还包括民主制度的维持条件。民主制度主要涉及选举制度和代议制度，民主制度维持条件主要涉及社会组织、法治、政党制度、有效政府以及市场经济。基于此，冷战后越南民主化的基本内容包括民主制度建设、市场经济建设、政党制度建设、法权国家建设、有效政府建设和社会组织培育。越南民主化的进程，就是对这六个方面内容不断发展完善的过程。然而，这些任务彼此不是严丝合缝的，甚至有些任务不能够同时展开，需要国家的组织安排。而且在政治发展中选择恰当的时机是至关重要的，在民主化过程中尤为重要。[③]民主化的顺序是非常重要的，为了更好地理解越南民主化的顺序，我们发现将民主化过程中的政党制度、法治以及有效政府三个民主制度维持条件建设不单列出来是有益的。因为政党制度建设、法权国家建设以及有效政府建设都是国会制度发展完善的副产品，国会制度发展完善的过程，在一定程度上也是政党制度建设、法治

① 吕余生:《越南国情报告 2011》，社会科学文献出版社 2011 年版，第 223—224 页。

② 陈元中、周岑银:《越南社会主义民主建设的成就、经验与困境》,《当代世界与社会主义》2012 年第 5 期。

③〔美〕胡安·J. 林茨、阿尔弗莱德·斯泰潘:《民主转型与巩固的问题：南欧、南美和后共产主义欧洲》，孙龙等译，浙江人民出版社 2008 年版，第 409 页。

建设以及有效政府建设的过程。由此，我们认为，冷战后越共实行的民主化道路，先进行了市场经济体制改革和国会制度完善，后进行社会组织建设，但始终以市场经济体制改革为中心（如图 3-1）。当然，民主化策略中的这种先后顺序的划分不是绝对的，有时是彼此交叉的。

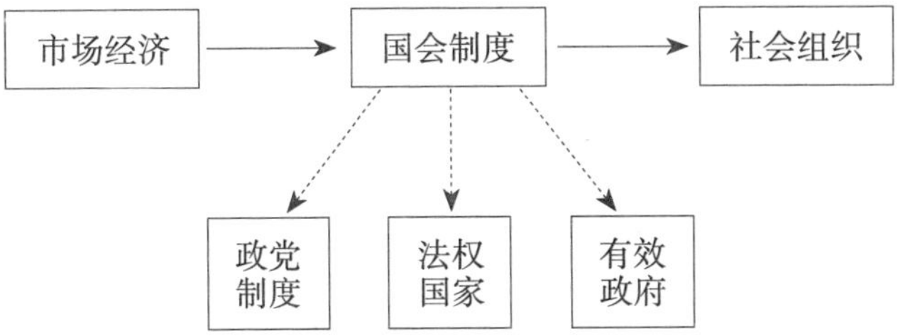

图 3-1　越南民主化的策略选择

（一）市场经济改革优于国会制度发展完善

1991 年，越共七大向全党和全民阐述了越南的民主化策略，这构成冷战后越南民主化策略的基本内容。这一策略强调以市场取向革新为中心，与此同时逐步进行政治革新。越共七大政治报告指出："我们懂得政治体制改革的重要性。问题是必须找到改革的内容、形式和适当的步骤。在第一阶段，党把经济改革作为重点，发挥一切潜在能量解放生产力、创造大量的商品，满足人民生活的迫切需求。""进行经济改革的同时，我们逐步实现政治体制改革。"[①] 其二，明确政治体制改革的本质是建设社会主义民主。现实中，越共七大后，越南一方面继续推进市场经济取向的改革，另一方面开始发展完善国会制度，其标志性事件是 1992 年国会直选的实行。

越共同步进行了经济革新和国会制度革新，但以经济革新为中心。任何国家政权都需要促进经济发展，因为有效性一再丧失或者长期丧失，会危及一个合法系统的稳定性。而有效性在现代世界主要指连续不断的经济发展。[②]

---

①《阮文灵在越共"七大"的总报告〈沿着社会主义道路继续把改革事业推向前进〉》，《参考资料》1991 年第 23824 期。

②〔美〕西摩·马丁·李普赛特：《政治人——政治的社会基础》，张绍宗译，上海人民出版社 2011 年版，第 49、51 页。

社会主义国家不仅面临着民主化的重大任务，还面临着通过市场化改革实现经济增长的重大任务。[①]20 世纪 80 年代的经济危机，在一定程度上削弱了人民对越南政治体制的支持。摆脱经济危机对于越共来说是一件紧迫之事。更为重要的是，马克思主义政党的根本任务是发展生产力。“无产阶级将利用自己的政治统治，一步一步地夺取资产阶级的全部资本，把一切生产工具集中在国家即组织成为统治阶级的无产阶级手里，并且尽可能快地增加生产力的总量。”[②] 列宁在十月革命胜利后指出：“现在的任务是要把无产阶级所能集中的一切力量，把无产阶级的绝对统一的力量都投到经济建设这一和平任务上去，都投到恢复被破坏了的生产这一任务上去。”[③] 因为马克思主义政党所要实现的奋斗目标——共产主义，就是建立在生产力高度发达基础上的“自由人联合体”。

社会主义定向市场经济的实行，确实推动了越南经济的快速发展。例如，1991—2019 年越南的 GDP 年平均增长率为 6.7%，排在大多数东南亚国家的前面。越南人均 GDP 从 1991 年的 140.6 美元增长至 2022 年的 4163.5 美元。[④]快速的经济增长，增强了正在发展完善的社会主义民主制度的有效性和合法性。更为重要的是，越南市场经济的实行，孕育了越南的社会组织，而这是越南国会制度进一步发展完善所需要的。因为社会组织不仅是越南民主制度正常运转的必要条件，而且是越南民主化的动力资源。

国会制度的发展完善，一方面为社会主义定向市场经济体制的健康运作提供了保障。市场经济所需要的平等竞争、私有财产保障以及经济自由等环境必须由法治来保障。国会制度的发展完善，促进了良法的产生，同时保障了良法的执行。因为政府和司法机关的职能是由宪法和法律确认的，这些机

① Claus Offe，Pierre Adler，Capitalism by Democratic Design? Democratic Theory Facing the Triple Transition in East Central Europe，*Social Research*，Vol. 58，No. 4，1991，pp. 865-892.

②《马克思恩格斯选集》第 1 卷，人民出版社 2012 年版，第 421 页。

③《列宁选集》第 4 卷，人民出版社 2012 年版，第 121 页。

④ 世界银行网，访问时间 2023 年 3 月 14 日，https://data.worldbank.org.cn/indicator/NY.GDP.MKTP.KD.ZG?locations=VN&view=chart；世界银行网，访问时间 2023 年 3 月 14 日，https://data.worldbank.org.cn/indicator/NY.GDP.PCAP.CD?locations=VN。

关由国会产生，对国会负责并向国会报告工作。因此，国会是政府、司法机关有效执行法律的保证。另一方面，国会为越南的社会公平提供了保障。市场经济体制的一个重要负面效应是引起社会贫富两极分化。国会制度是集体价值的形成机制。国会制度的发展完善，保证了公民的选举权利，使得国会代表必须制定符合公共利益的法律政策，否则在下一届国会代表选举中将难以再次当选。符合人民利益的法律政策必然使得经济发展成果惠及人民。“有能力竞选公职和参加公职人员选举的行为者数量越多，就会限制经济上的不平等，因为当围绕经济政策决策建立联盟时，更多数量的行为者的利益就必须考虑在内。”① 事实也是如此，1992 年越南的基尼系数为 0.357，2020 年基尼系数为 0.368。数据表明，近 30 年越南的基尼系数仅表现了适度的上升，而且低于国际公认的警戒线 0.4。②

（二）国会制度发展完善优于社会组织的发展

冷战后，越南市场经济的实行，国会制度的发展以及法治水平的提高推动了社会组织的产生。然而，由于在 20 世纪 80 年代末的东欧“颜色革命”中社会组织发挥了重要作用，因此冷战后初期越南党和政府将社会组织看作负面的东西，对其发展采取了谨慎的控制措施。2005 年是越南社会组织发展的里程碑。2005 年，在联合国发展计划署、全球公民参与联盟、荷兰发展组织的参与赞助下，越南学者在国内首次就社会组织问题召开了一次国际研讨会。这成为越南社会组织发展的一个转折点。2006 年越共十大后，越南社会组织发展问题在越南受到热议。越共不仅没有阻止这一研讨热潮，而且在某种程度上给予了支持。与此同时，越共加强了对社会组织的研究与方向引导。③2013 年将公民权写入《宪法》，而公民权的核心是政治权利，这为越南的公民政治参与以及

① 〔美〕雷影娜·阿布拉米等：《一党执政政权内的问责与不平等——中国与越南的比较分析》，云南师范大学马克思主义理论研究中心译，《国外理论动态》2011 年第 5 期。

② 世界银行网站，访问时间 2023 年 3 月 15 日，https://data.worldbank.org.cn/indicator/SI.POV.GINI?locations=VN。

③ 潘金娥：《越南学者谈越南革新》，《东方早报》2013 年 11 月 5 日。

社会组织的发展提供了重要的法律保障。

中国学者房宁对冷战后越南社会组织的发展进行了分析。他指出，由于实行革新开放的时间尚短，越南总体上还处于工业化的初级阶段，与之相对应，越南经济社会结构、社会分化属于初期，没有出现多数东亚国家工业化过程中产生的社会结构性变动，且在工业化过程中出现的新兴社会集团还不稳定，集团意识和集团组织性均处于萌芽状态。在社会结构变动、新兴社会集团发育程度远不及其他国家的情况下，越南出现了明显的以扩大竞争性选举为特征的“民主化”改革。[①] 尽管冷战后处于萌芽状态的社会组织没有在越南民主化的开启中扮演重要角色，然而，毋庸置疑的是，随着越南对社会组织由限制转为支持，社会组织的发展壮大必然能够为国会制度的进一步发展完善提供源源不断的动力。

对于实行有序、渐进的民主化的国家而言，政治稳定是非常必要的。对于越共领导下的越南民主化而言，政治稳定亦是其贯穿始终的目标。越共多次强调要保持政治稳定。越共七大指出，政治是极为复杂的领域，而在必要的前提还没准备就绪就匆忙地加速政治革新或者革新不对头，将会引起政治不稳定，而政治不稳定，全部的革新工作就会遇到诸多困难与挫折。[②] 越共八大指出，在政治体制的革新方面，越南必须步子稳妥慎重，从解决最急迫以及已经成熟的问题开始，而这是非常必要却又极其复杂和敏感的事，倘若匆匆忙忙而犯了错误，那么将会付出十分昂贵的代价。[③]2021 年越共十三大提出要把握和处理好“实行民主、加强法制与保障社会秩序之间的关系”[④]。越南政治稳定是必要的，然而，政治稳定依赖于制度化与政治参与之间的比

① 房宁:《亚洲政治发展比较研究的理论性发现》,《中国社会科学》2014 年第 2 期。

②《阮文灵在越共“七大”的总报告〈沿着社会主义道路继续把改革事业推向前进〉》,《参考资料》1991 年第 23824 期。

③ 转引自陈明凡:《越南政治革新研究》，社会科学文献出版社 2012 年版，第 238 页。

④〔越〕武文福:《越南共产党第十三次全国代表大会文件的核心和新内容》,《世界社会主义研究》2021 年第 2 期。

率。[1] 这意味着当政治参与程度提高时，政治体系的制度化也必须随之提高。社会组织的一个特征就是通过政治参与实现本组织成员的利益。因此，在社会组织兴起、发展的条件下，要保证政治稳定，必须提高政治体系的制度化水平。

冷战后，越南社会主义定向市场经济的实行必然导致社会组织的出现，国家只能选择加速或延缓社会组织的发展壮大。可以预料，如果社会组织成长起来，政治参与也会随之扩大。越共选择的是先发展国会制度，后发展社会组织，这将会达成以下政治效果：其一，国会制度的发展完善，保障人民的选举权利，增强人民对政治制度的认同感，为其在政治制度框架内进行政治参与奠定基础。其二，国会制度的发展完善，提高政治体系的制度化水平，拓展政治制度吸纳政治参与的潜能和空间。民主体制通常比专制制度的制度化水平高；反过来说，一个国家政治体制的制度化水平越高，那么它的民主化程度越高。[2] 国会制度的发展完善先于社会组织发展的顺序，在延缓社会组织发展的同时，提高了政治体系的制度化水平，这很有可能使越南在民主化的道路上稳步前进。

第三节　越南共产党领导越南民主化道路的能力建设

革新开放以来，越共强调，党的建设是关键，决定着党和社会主义制度的生死存亡。2021 年越共中央总书记阮富仲在《社会主义和越南走向社会主义道路的理论与实践若干问题》一文中强调："我们格外重视建党、整党

---

① 〔美〕塞缪尔 · P. 亨廷顿：《变化社会中的政治秩序》，王冠华、刘为等译，上海人民出版社 2008 年版，第 60 页。

② 李路曲：《关于民主化、制度化与发展水平关系的思考》，《晋阳学刊》2008 年第 1 期。

工作，视之为对党和社会主义制度具有生死存亡意义的关键任务。”[①]2006年4月，越共十大政治报告提出了2006—2010年党建的总体目标和方向，即改革和整顿党，“发扬党的革命传统、工人阶级本质和先锋性”，“提高党的领导能力和战斗力”。2006年7月，越共十届三中全会指出，优先集中加强党建工作，以进一步提高党的领导能力和战斗力，是本届政府任期的首要任务。2011年1月，越共十一大报告提出：“提高党的领导能力和战斗力是关键性的任务，对党和当前我国人民的革命事业具有至关重要的意义。”[②]2016年越共十二大政治报告强调，加快建设廉洁、稳健的党组织。2021年越共十三大政治报告提出，要“加强建设和整顿廉洁、强大的党”[③]。

一、加强政治建设

正确制定和严格执行政治路线是马克思主义政治建设的主要内容。越共强调，党的政治路线正确与否关系着社会主义事业的成败。党的政治路线的正确制定，既要以马克思列宁主义和胡志明思想为指导，也要从本国实际出发，还要把握时代特征，吸收借鉴人类文明成果。在此基础上，越共强调要及时、正确地落实党的主张、路线和国家的政策、法律。政治路线确定以后，干部是决定性因素。为此，要提高党员尤其是领导干部的“立场、政治本事、水平、智慧、战斗性”[④]。

---

① 阮富仲：《社会主义和越南走向社会主义道路的理论与实践若干问题》，越南人民报网，访问时间2021年8月15日，https://cn.nhandan.vn/社会主义和越南走向社会主义道路的理论与实践若干问题-post89172.html。

② 潘金娥：《越南政治经济与中越关系前沿》，社会科学文献出版社2011年版，第242页。

③《越南共产党第十二届委员会向第十三次全国代表大会作的政治报告》，《南洋资料译丛》2021年第4期。

④《越南共产党第十二届中央委员会向第十三次全国代表大会作的政治报告》，《南洋资料译丛》2021年第4期。

（一）坚持并不断创造性运用、发展符合越南各个阶段实践的马克思列宁主义、胡志明思想

坚持并不断创造性运用、发展符合越南各个阶段实践的马克思列宁主义、胡志明思想①，是党加强政治建设必须坚持的基本原则。1991年越共七大提出，胡志明思想是在越南具体国情条件下，创造性运用马克思列宁主义取得的成果，是党和整个民族的宝贵财富。越共九大对胡志明思想的丰富内涵、历史地位和指导意义作出了系统概括。胡志明思想主要由九个方面的内容构成：关于民族解放、阶级解放和人类解放的思想，关于民族独立与社会主义紧密联系、民族力量与时代力量相结合的思想，关于人民力量和民族大团结的综合力量的思想，关于人民当家作主和建设真正属于人民、人民作主和为了人民的国家的思想，关于全民国防和建设人民武装力量的思想，关于经济和文化发展以及不断改善人民物质和精神生活的思想，关于革命道德、勤奋、节俭、诚恳、正直、为公和无私的思想，关于培养未来革命接班人的思想，关于建设廉洁和强大的党以及把党的干部和党员锻炼成为既是领导者又是真正忠于人民的公仆的思想。② 越共强调，胡志明思想为越南的革命事业指明了正确道路，是党和国家的伟大精神遗产。

（二）坚定民族独立和社会主义的目标

越共对党的目标和越南要实现的社会主义社会作了阐述。关于党的宗旨，越共十大党章规定："党的宗旨是把越南建设成为独立、民主、富强、社会公平文明的国家，消灭剥削，成功实现社会主义，最终达到共产主义。"③ 在越南要实现的社会主义社会的目标上，越共十大政治报告指出，越南所要建设的社会主义社会是一个民富国强、社会公平、民主、文明的社会。越共十一大

①《越南共产党第十二届中央委员会向第十三次全国代表大会作的政治报告》，《南洋资料译丛》2021年第4期。

② 许宝友：《越共九大政治报告的新特点》，《国外理论动态》2001年第7期。

③ 刘洪才：《当代世界共产党党章党纲选编》，当代世界出版社2009年版，第307页。

通过的《越南社会主义过渡时期国家建设纲领（2011年修订版）》中，将上述越南社会主义价值追求的顺序修改为“民富、国强、民主、公平、文明”[①]。民主价值的提前表明了民主是越南社会主义建设的重点。越共十三大继续强调，“坚定以民富、国强、民主、公平、文明为目标的改革路线”[②]。

（三）坚持实事求是地制定党的政治路线

党的政治路线是党的纲领在具体历史时期的具体体现，是一定历史时期党的奋斗目标。政治路线的制定必须依据本国的国情和时代特点。从资本主义社会进入社会主义社会，要经历一个过渡时期，而过渡时期的长短是由具体民族国家的国情决定的。在领导社会主义建设的实践中，越共深刻认识到越南的过渡时期必然是一个长期且充满困难的过程，因为它要创造社会生活方方面面的深刻质变。越南是从小生产起步，跨越资本主义发展阶段直接向社会主义过渡的，又遭受了几十年战争的严重影响，再加上敌对势力始终想方设法加以破坏，形势更为严峻复杂，必将要经历很多发展阶段。[③]为把社会主义事业不断推向前进，越共及时根据越南的实际和时代特点制定各个阶段的政治路线。其中，1976—1996年，越南处于社会主义过渡时期的初级阶段，基本任务是为越南的工业化创造必要的前提，这一阶段至1996年已经结束。1996—2020年，越南处于推进工业化、现代化的阶段，基本任务是到2020年把越南基本建设成为一个工业化国家，这一阶段至2020年已经结束。2021年1月26日召开的越共十三大，明确了接下来的三个阶段及各阶段的目标：到2025年，成为工业朝着现代化方向和脱离中等偏下收入国家行列的发展中国家；到2030年，成为一个拥有现代化工业的发展中国家，进入中高等收入国

① 吕余生：《越南国情报告2011》，社会科学文献出版社2011年版，第217页。

②《越南共产党第十二届中央委员会向第十三次全国代表大会作的政治报告》，《南洋资料译丛》2021年第4期。

③ 阮富仲：《社会主义和越南走向社会主义道路的理论与实践若干问题》，越南人民报网，访问时间2021年8月15日，https://cn.nhandan.vn/社会主义和越南走向社会主义道路的理论与实践若干问题-post89172.html。

家行列；到 2045 年，成为高收入的发达国家。[①] 越共强调，要“提高党制定符合越南实际和时代发展趋势的政策、路线的本领和预测能力”[②]。越共提出了社会主义过渡时期结束时所应达到的总体目标：“基本建立起社会主义经济基础和与之相符合的政治、思想和文化等上层建筑，为把我国建设成为一个日益繁荣、幸福的社会主义国家奠定基础。”[③]

二、加强思想建设

越共指出，思想建设对于坚定党员干部的理想信念具有特别重要的意义，党的建设要“注重思想建设”[④]。

越共加强思想建设的主要举措有：一是重视思想政治教育。越共思想政治教育的主要内容是加强对“马克思列宁主义、胡志明思想、党的观点、路线、国家的政策、法律”[⑤] 的宣传和学习，不断提高干部、党员的政治理论水平。二是加强对干部队伍的教育培训。越共特别重视发挥胡志明国家政治学院、越南国家行政学院在提升干部的政治理论素养和专业能力方面的作用。两所学校各有侧重、相互衔接，旨在培养和提升领导干部的领导能力。其中，胡志明国家政治学院的基本任务是对干部进行马列主义和胡志明思想、党的路线方针政策的教育培训，开展对马列主义和胡志明思想的创造性发展研究，加强对重大理论问题和现实问题的研究。越南国家行政学院的基本任务是对干部进行具体业务培训和管理技能培训。三是高度重视理论建设。越共重视

---

①〔越〕武文福：《越南共产党第十三次全国代表大会文件的核心和新内容》，韦丽春、幕潮译，《世界社会主义研究》2021 年第 2 期。

②《越南共产党第十二届中央委员会向第十三次全国代表大会作的政治报告》，《南洋资料译丛》2021 年第 4 期。

③ 吕余生：《越南国情报告（2011）》，社会科学文献出版社 2011 年版，第 217—218 页。

④《越南共产党第十二届中央委员会向第十三次全国代表大会作的政治报告》，《南洋资料译丛》2021 年第 4 期。

⑤《越南共产党第十二届中央委员会向第十三次全国代表大会作的政治报告》，《南洋资料译丛》2021 年第 4 期。

创造性地运用并发展马克思列宁主义和胡志明思想。第一，始终坚持由实践、认识、再实践、再认识构成的实践逻辑与理论逻辑的有机统一。“推动关于革新路线、越南社会主义和走上社会主义道路的理论体系的实践总结、理论研究，并加以完善”[①]，为党和国家的科学决策提供理论依据。第二，弘扬社会主义建设的理论成就、批判地继承越南优秀传统文化，开放性地吸收人类创造的文明成果，“逐步将越南党与一些国家的执政党、参政党进行理论交流的活动引向深入、有效”[②]。第三，成立中央理论委员会，指导党的理论建设。1996年越共中央政治局成立了中央理论委员会，“参与指导全国的思想理论建设工作，同时直接承担重大研究课题，为中央决策提供咨询服务和理论支持”[③]。在此基础上，2013年6月，越共成立了以阮富仲总书记为主任的中央理论委员会。中央理论委员会成立后，对党的建设和国家建设中的重要理论问题和现实问题展开研究，已经、正在以及未来都将为越南的革新事业和社会主义现代化事业提供理论指导。四是对于错误、敌对的观点进行经常而坚决的斗争。

三、开展道德建设

越共强调，干部思想滑坡问题、腐败问题非常严重，已影响到党的形象和党的权威，甚至危及社会主义国家政权的稳定。为此，要开展道德建设，使领导干部彻底领悟和牢固树立立党为公、执政为民的理念。一要加强革命道德教育，要结合向胡志明思想、道德、品质学习和工作运动加强道德建设，从而有效防范党组织内部政治思想、道德、作风蜕化变质的现象和“自我

---

①《越南共产党第十二届中央委员会向第十三次全国代表大会作的政治报告》，《南洋资料译丛》2021年4期。

②《越南共产党第十二届中央委员会向第十三次全国代表大会作的政治报告》，《南洋资料译丛》2021年4期。

③ 靳义亭：《越南共产党在革新开放中思想政治理论建设的探索》，《当代世界与社会主义》2008年第5期。

演变”“自我转化”的现象。二是严格执行树立好榜样责任的各项规定。党员干部，尤其是高级领导干部要发挥先锋模范作用，“职务越高越要成为榜样”[①]。三是加强对党员干部的监督。既要重视党内的监督，也要重视发挥各级民选机关、祖国阵线、新闻舆论以及人民对干部、党员执行树立好榜样规定的监督作用。[②]

四、加强组织建设

冷战后，越南组织建设集中体现在党员队伍建设和党内民主建设两个方面。党员队伍建设方面，优秀的私营企业主和优秀的信教人士都可以入党。党内民主建设方面，越共将党的中央领导体制的革新作为党内民主发展的着力点。

（一）允许党员从事私营经济与信教，促进党员成分多元化

在计划经济条件下，越南社会结构相对单一，整体上利益分化不是很明显，人民的权利意识也不强，越共的利益代表性尚能满足社会需求。而越南社会主义定向市场经济的实行，造就了社会的多元化和权利意识的增强。各个阶层或集团都希望国家的法律或政策对自身有利，因而努力通过政治过程影响立法者和决策者。由于政党是特定阶级、阶层或集团维护自身利益的工具，作为越南唯一的政党，越共必然成为各个阶层维护自身利益的工具选择。一个阶层或集团的利益难以由其他阶层或集团充分代表，只能由自己的阶层或集团所代表。因此，加入越共，是力图通过政治体制进行利益表达的阶层

---

①《越南共产党第十二届中央委员会向第十三次全国代表大会作的政治报告》,《南洋资料译丛》2021 年 4 期。

②《越南共产党第十二届中央委员会向第十三次全国代表大会作的政治报告》,《南洋资料译丛》2021 年 4 期。

或集团的诉求。“一党体制下，一个新集团要进入该制度首先必须进入党。”[①]而对越共来讲，只有使党员成分多元化，才能充分代表越南全体人民的利益。

冷战后，越共的党员招募主要向两个以前被排除在外的阶层和群体进行了开放。一是允许党员从事私营经济。越共十大政治报告指出：“党员从事私营经济，要模范遵守法律，执行国家的政策，严格遵守党章和中央的具体规定。”报告指出，越共将尽快制定规定和指导执行，既要发挥党员从事经济的能力，又要保持党员资格和党的本质。这一规定，表面上看是党员可以从事私营经济，实质上则预示着那些优秀的私营企业主可以入党。二是允许党员信仰宗教。至2011年，越南总人口约为9000万，公开表明自己宗教信仰身份的人口约2000万，其中佛教徒约1000万，天主教徒约700万，其他教派信徒约300万。但大多数研究人员相信，越南的广义教徒占越南人口的3/4以上[②]。1990年越共中央政治局通过了《关于在新时期增强宗教实践》的第24号决议。该决议成为越共允许党员信仰宗教的意识形态依据。允许党员信仰宗教实质上预示着优秀的信教人士可以入党。可以说，如果不使被排除在外的阶层或集团的积极分子入党，事实上就无法实现越共代表全体人民利益的承诺。但是，党员成分多元化若起到应有作用，还需要另一个条件支撑，即平等的党员权利。

（二）健全党的中央领导体制，推动组织运行机制的民主化

20世纪90年代以来，越南民主制度的发展、社会组织的成长客观上要求越共提升整合社会、领导国家的能力。越共领导国家与社会的权威性主要取决于制定反映全体人民利益的纲领、战略、方针、政策，而最能够反映全体人民利益的纲领、战略、方针、政策的形成机制是越共党内民主。与此同时，党的干部队伍直接决定党的领导能力，而党内民主还是党吸引、培养、

---

①〔美〕塞缪尔·P.亨廷顿：《变化社会中的政治秩序》，王冠华、刘为等译，上海人民出版社2008年版，第355页。

② 赖海榕、冯瑾：《越南共产党的宗教政策》，《学习时报》2013年5月27日。

选拔人才的重要手段。在临近越共十大召开之际，2006 年 1 月召开的九届十三中全会，“主要为十大进行筹备工作：一是吸收各级党委、部门的意见，继续完善越共十大的各项文件；二是做好越共十大的人事安排”[①]。在人事安排方面，越共指出，“为越共十大中央委员会推选干部是非常重要的工作，对党代会成功与否具有直接的决定意义，对越共革命事业和越南国家的命运具有重大的深远意义”[②]。可以说，党内民主是越共执政可资利用的重要政治资源。在实践中，越共非常重视党内民主建设。越共的组织原则是民主集中制，其党内民主的实质是全体党员选举代表组成党的全国代表大会，行使党内权力。计划经济时期，越共党内的民主集中制事实上变成了党内家长制，但也是在那时越共建立起了党内民主制度框架。这就决定了越共党内民主建设的基本任务是完善运行机制，丰富民主内容与形式。与国家民主的发展相适应，越共将党的中央领导体制的革新作为党内民主发展的着力点。这对尊重党章权威、保障党的各项制度的有效落实和运作具有决定性意义。

一是党的全国代表大会代表选举实行差额直选制度，保障党员权利。党内选举制度是党内民主的必要环节，越共将其作为党内民主发展的重要内容。越共十大，从乡至省的各级代表，都必须有 10% ~ 15% 的差额选举名额。越共十一大，将这一比例提升为 15% ~ 20%。差额选举党代表既是党员权利保障、党员意愿表达以及党员代表素质提高的保障机制，也是党代会有效履行其职能的权力基础。

二是健全党的全国代表大会运行机制，保障党代会职能落实。党的全国代表大会是越共的最高权力机关，是党员意志的集中表现。为使党的全国代表大会有效履行职权，越共完善了党代会的运行机制。首先，党的六大开始提前向全党公布党代会政治报告草案，以公开征求意见，从党的九大开始由全党扩展到全民，并一直延续至今。例如，2020 年 10 月 19 日，越共“通过越南通讯社、越南之声广播电台等官方媒体，全文公布《越共十三大政治报

---

① 古小松：《2006 年越南国情报告》，社会科学文献出版社 2006 年版，第 36 页。
② 古小松：《2006 年越南国情报告》，社会科学文献出版社 2006 年版，第 36 页。

告》《2011—2020年经济社会发展战略落实情况总结暨制定2021—2030年经济社会发展战略报告》《十二届中央任期党的建设和党章履行工作总结报告》等主要政治文件草案。……十三大政治文件筹备小组根据收集到的意见建议对文件草案进行修改，并提交大会审议”[①]。其次，差额选举中央委员和中央候补委员。越共十大上，中央委员和中央候补委员选举的差额率分别达到29.4%和119%。越共十一大，中央委员和候补委员差额比例分别达到24.57%和144%。再次，越共十大上，还强化了中央委员会向代表大会负责并汇报工作的机制。越共十一大上，提案的最终决定权在代表手中，由代表决定。

三是健全中央委员会运行机制，保障中央委员会的职能落实。越共中央委员会作为党的代表大会闭会期间的常设领导机关，是中央各机构的领导核心，在保证党的集体领导的各个环节中扮演着重要角色。在实践中，它也是越共党内民主建设的重要内容。为使中央委员会有效履行职权，越共完善了中央委员会的运行机制。2001年越共制定和通过了党的各级领导机关新的工作制度，其中规定中央委员在履行职责时，要将集体领导和个人分工负责紧密相结合。2002年越共九届五中全会开始实施质询制度。2006年在越共十大上，对新一届政治局、书记处人选实行半数票否决淘汰制。2014年越共修订了《党的选举规制》，规定：新一届政治局委员、书记处书记候选人名单必须由上一届中央委员会推举，并经新一届中央委员会投票表决后产生；中央委员有资格参选政治局委员，政治局委员有资格参选总书记。2015年1月，在越共十一届十中全会上，越共中央政治局委员、书记处常务书记黎鸿英阐述了中央政治局关于越共中央委员会对第十一届中央政治局委员、中央书记处成员投信任票的呈文。随后，越共中央委员会对他们进行了投信任票。

此外，在党的地方各级党组织中，越共开始试点差额直选党的主要领导人。2010年党的地方换届选举中，越南全国有10%~15%的党委书记、副书记、常委人选都由基层党员以10%~15%的差额直选产生。其次，越共开始在各地方实行党委书记由党代表直选产生的试点，且已在8个省进行由

① 冯寅奇：《从越共十三大看越南社会主义革新事业新发展》，《当代世界》2021年第5期。

党代表直接选举产生省委书记的选举试点，省委书记和所有省级干部的产生须至少有 10% 的差额比例，并且这种直接差额选举将逐渐过渡到党内高层中来。

党代会代表差额直选产生，党代会运行机制的完善，强化了党的全国代表大会的权力和能力；中央委员和候补委员由全代会差额选举产生，中央委员会运行机制的完善，强化了中央委员会的权力。例如，美国学者雷影娜·阿布拉米等认为，自 1991 年以来，越共中央委员会就具有了一种更加制度化的存在，并且在国家政策的讨论中扮演了一个更加具有决定性的角色。作者从三个方面证明了上述观点：第一，中央委员会拥有否决政治局在全体会议间隙所做决定的权力。1996 年党的中央委员会拒绝了将政治局常务委员会建设成党的“最高领导核心”的计划。2001 年越共否决了政治局推荐黎可漂继续担任党的总书记的建议。第二，中央委员会举行全体会议或者正规化会议的数量大大超过党章的规定。依据越共党章第 16 条，中央委员会必须一年至少召开两次会议，而实际开会的次数远远超过规定的数量。第三，越南的法律直接引用中央委员会规定的立法文件。越南的政府法律包括一个解释性序言，该序言引用了原始的党的文件，这些文件要么是对当前的法律进行授权，要么是为当前的法律建立基础。越南领导人为了某些重要的决定会重新召集中央委员会。当总书记杜梅在 1997 年任期结束之前退休时，他的接替者黎可漂就是在中央委员会重新召集的一次全体会议上选出来的。[①] 总之，冷战后越共中央领导体制的发展完善，事实上使越共形成了以党的中央委员会为中心的决策体系。

五、坚持不懈地开展反腐败斗争

革新开放后，越共深刻认识到腐败问题是党执政后的最大敌人之一，关

---

①〔美〕雷影娜·阿布拉米等：《一党执政政权内的问责与不平等——中国与越南的比较分析》，云南师范大学马克思主义理论研究中心译，《国外理论动态》2011 年第 5 期。

系到人心向背，关系到党的前途命运。越共把贪污腐败称为“国难”，并将贪污腐败危机和经济发展滞后危机、和平演变危机、偏离社会主义方向危机共同列为越南面临的“四大危机”。越共指出，反腐败是一场长期、艰难的斗争，必须紧抓不放，强调查处腐败行为没有禁区，无例外，零容忍。为此，越南共产党制定了多项措施来遏制并逐步消除腐败。这些措施有效地遏制了越南腐败势头的蔓延。

（一）加强反腐败机构建设，为反腐败提供组织保障

2006 年 8 月，越南国会常委会批准成立了中央防治腐败指导委员会。2006 年 10 月，越南成立了由政府总理阮晋勇担任主任的中央反贪污指导委员会。该委员会有权对任何涉嫌贪污腐败的官员展开调查。随后，越南各省和直辖市相继建立了地方反贪污指导委员会。2012 年 5 月，越共中央十一届五中全会决定成立由中央总书记任主任、中央政治局直接领导的中央防治腐败指导委员会。该委员会于 2013 年 2 月 1 日开始全面指导反腐工作。由越共总书记直接领导中央防治腐败指导委员会治理腐败，体现了越共反腐败的力度和决心。2022 年越南 63 个省市成立了省级反腐败反消极工作指导委员会，以克服存在已久的“上热下冷”局面。

（二）完善党规和国家法律，构筑不能腐的保障机制

一是完善党规党纪。2011 年 11 月，越共十一届中央委员会颁发了有关党员禁令的第 47 号规定（47–QĐ/TW），明确了党员不得从事的 19 条事项。为了更好地规范党员的行为，2021 年 11 月，越共中央委员会颁布了关于党员禁令的第 37 号规定（37–QĐ/TW）。越共颁布党员禁令规定，旨在加强党的纪律建设，提升党员的政治素质、道德修养，促使党员以身作则并发挥先锋模范作用，进而提升党组织的领导能力、战斗力。第 37 号规定仍然规定了 19 条党员禁令，其中，第 14 条是涉及反腐问题的规定。第 14 条要求党员不得贪腐、行贿、受贿、充当贿赂中介或利用职务之便进行贿赂或充当贿赂中介；

不得组织、参加或包庇洗钱、违法违规贷款或放贷等活动。[①] 二是建立健全法律法规。法律是有效防治腐败的有力武器。1998 年 3 月，越南国会颁布了三项法律：《反贪污法》《厉行节约、反对浪费法》《干部、公务员法》。这三项法律的颁布，为越南依法开展反腐败提供了法律武器。2005 年越南国会通过了《反腐败法》，这是越南专门的反腐败立法。《反腐败法》对腐败的内涵、种类、调查与处理等都作了规定。2012 年 11 月，越南国会通过了《反腐败法（修正案）》，这次修订增加了公职人员个人财产申报等内容。该法从 2013 年 1 月开始实施。2018 年 11 月，越南国会通过了再次修订的《反腐败法》。这次修订，扩大了财产和收入申报的对象，增加了财产和收入申报的种类，调整了财产申报的时间和方式，明确规定了对腐败官员的责任追究，加强了对腐败案件的问责制等。[②] 2019 年 7 月，该次修订后的《反腐败法》正式实施。《反腐败法》经过两次修订，内容更为全面、明确、具体和严密。

（三）提高公职人员的工资待遇，构筑不需腐的政策制度

越南政府认为，越南公职人员工资水平低，难以满足日常生活需要，是造成干部公务员贪污腐败的重要因素之一。为了杜绝贪腐和减少这些现象，越南多次改革了公职人员的工资制度，以使公务员的工资待遇与国家一定时期的物价变动相适应。2003 年越南政府将国家公务员的工资由原来的 21 万越南盾（合 13.7 美元）提高到 29 万越南盾（合 19 美元）。这次调整大幅度提高了国家公务员的工资。2008 年越南政府又将国家公务员的最低工资上调了 20%。为了提高国家公务员的待遇，越南政府还对有能力的公务人员实行考试晋升工资制度。[③] 2018 年 5 月，越共十二届七中全会通过了《关于工资改革

---

①《党建和政治体系建设：越共中央总书记阮富仲签发关于党员禁令的第 37 号规定》，越南通讯社，访问时间 2021 年 11 月 15 日，https://zh.vietnamplus.vn/timkiem/ 党建和政治体系建设：越共中央总书记阮富仲签发关于党员禁令的第 37 号规定 .vnp。

② 徐秦法、秦艺菲：《越共十二大以来政治革新的进展及态势研究》，《当代世界社会主义问题》2021 年第 1 期。

③ 陈明凡：《越南政治革新研究》，社会科学文献出版社 2012 年版，第 198—199 页。

的决议》。该项决议提出实行工资改革的目标是建立一个与国家实际情况相适应的公开透明的国家薪酬政策体系。新的薪酬政策对基本工资、津贴和奖金之间比例的规定更合理。越共尤其强调工资在薪酬政策中的重要地位，指出工资必须成为公职人员的主要收入来源，使他们依靠工资就能够满足自身的生活需要。这样，公职人员就既不必贪污腐败，也不必从事兼职，能够安心投入到本职工作中去。根据提案，最低级干部、公务员的工资（中级水平）为 414 万越南盾（约合 1227 元人民币），部级干部的工资可以达到 3300 万越南盾（约合 9780 元人民币）。① 越南政府的上述措施，对于缓解国内严重的贪污腐败问题起到了一定作用。

（四）严厉惩处违规违纪违法干部，构筑不敢腐的政策制度

越共的党规党纪严于国家法律。违反党规党纪不一定违反国家的法律，但违反国家的法律一定违反了党规党纪。为严厉惩处违规违纪违法干部，越共对纪律处分坚持无禁区、无空区、无例外、无特区、无平安着陆。② 这反映了越共反腐败的政治决心。无论是在职还是退休干部，也无论是高级干部、基层干部还是武装力量干部，党员干部违规违纪违法都会受到严格的处分。例如，2012 年至 2022 年，越共各级党委、各级监察委员会对 2700 多个党组织、近 16.8 万名党员予以纪律处分，其中因腐败问题被纪律处分的有 7390 多名党员。中央管理的 170 名高级干部被越共中央、政治局、书记处、中央监察委员会给予违纪处分，其中有 33 名越共中央委员和原越共中央委员、3 名政治局委员、1 名原政治局委员以及武装力量 50 余名将军级军官。仅越共第十三届任期内，就对包括 8 名越共中央委员、原越共中央委员，20 名武装力量将级军官在内的 50 名中央干部予以纪律处分。③

① 潘金娥：《越共反腐的实践成效与借鉴意义》，《人民论坛 · 学术前沿》2018 年第 20 期。

②《打击“内部敌人”——永不妥协的斗争（第一期）》，访问时间 2023 年 3 月 17 日，https://zh.vietnamplus.vn/ 打击内部敌人永不妥协的斗争第一期 /190609.vnp。

③《加强反腐倡廉捍卫制度》，越南之声广播电台 - 对外部，访问时间 2023 年 3 月 24 日，https://vovworld.vn/zh-CN/ 时事评论 / 加强反腐倡廉捍卫制度 -1113532.vov。

实践表明，这些反腐败措施，逐步遏制了越南的腐败现象，为越共党的建设、党的形象、经济社会发展、社会稳定作出了重要贡献。1993 年成立的“透明国际”是一个旨在推动全球反腐败运动的国际性非政府组织。该组织的腐败指数采用100分制①，分值越高越清廉，分值越低越腐败。越南2006年至2022 年的清廉指数由 26 分提升到 42 分，排名由第 111 位上升为第 77 位。值得指出的是，2022 年越南得分首次超过 40 分，在 180 个国家和地区中位列第 77 位，居于中等偏上位置。越南得分和排名总体上呈上升趋势，说明越南反腐败斗争效果明显。

表 3–1　2006—2022 年越南的清廉指数及排名

年份	廉洁指数	排名	总国家数
2006	26	111	163
2007	26	123	180
2008	27	121	180
2009	27	120	180
2010	27	116	178
2011	29	112	183
2012	31	122	176
2013	31	115	177
2014	31	118	175
2015	31	111	168
2016	33	113	177
2017	35	107	180
2018	33	117	180

① 1995—2011 年，实行的是 10 分制，2012 年至今实行的是百分制。100 分表示最廉洁，80.0—100.0 分表示非常廉洁，50.0—80.0 分表示轻微腐败，25.0—50.0 分表示腐败比较严重，0—25.0 分表示极端腐败。

（续表）

年份	廉洁指数	排名	总国家数
2019	37	96	180
2020	36	104	180
2021	39	87	180
2022	42	77	180

注：表中数据根据透明国际网站发布的数据整理，网址：https://tikenya.org/。

第四章　冷战后越南民主化道路的制度支撑

越南国会既是越南的最高代表机关，也是国家的最高权力机关，行使立宪权、立法权，决定国家的各种重大事项，对国家活动进行最高监督。它是人民行使当家作主权利的最主要形式，是越南民主制度的集中体现。国会制度的发展完善是越南民主化的核心内容，选举制度的发展则是国会制度发展完善的关键所在。越南把选举制度和国会运行机制作为民主制度发展完善的核心内容。国会是最高权力机关和最高民意机关，国会制度的发展完善能够在国家层面和地方层面释放出政治效应。就地方层面而言，国会制度的发展完善促进了人民议会制度的发展完善；就国家层面而言，国会制度的发展完善为越共的自我更新提供了动力机制，为有效政府建设提供了前提条件，为法治国家建设提供了制度支撑。

第一节　革新选举制度

代议制民主是现代民主政体唯一可行的制度选择。选举制度是代议制民主的逻辑起点和必要条件。选举是人民行使当家作主权利的最主要形式。马克思指出，“选举是市民社会对政治国家的非间接的、直接的、不是单纯想象的而是实际存在的关系”。因此，选举构成现实市民社会最根本的政治利益。[①] 美国政治学者萨托利指出，民主过程集中体现在选举以及选举行为中。选举证实了共识，同时赶走了冒充的或者骗来的共识。[②] 选举制度同样是越南民主制度的基础，也是越南民主化的重要内容。胡志明强调：“选民的选票有着十分崇高的价值，是人民真正成为国家主人的证明。”[③] 冷战后越南民主化道路的起点便是选举制度的革新。1991 年越共七大通过的《社会主义过渡时期建设纲领》中，对人民当家作主进行了重新阐释：政治领域中的民主，体现于选举、被选举以及罢免民选机关中的代表及选民机关选出的干部的公民权。[④] 越南统一后，建立起选举制度的基本框架，冷战后选举制度的发展完善主要指选举制度运行机制的建立健全。1992 年越南国会颁布了《越南社会主义共和国国会代表选举法》，为越南选举制度的发展完善提供了法律依据。自此，越南的选举制度在理论与实践的互动发展中不断趋于完善。

一、选举制度发展完善的主要内容

冷战后，越南选举制度的发展完善集中体现在选举方式革新和国会代表候选人提名程序革新两个方面。选举方式的革新方面，国会代表选举由间接选举改为直接选举，并且实行了差额竞选；候选人提名程序方面，国会代表候选人的产生需要经过五个环节的考验，旨在选出德才兼备、代表人民意志的代表。

---

①《马克思恩格斯全集》第 3 卷，人民出版社 2002 年版，第 150 页。

②〔美〕乔万尼·萨托利：《民主新论》，冯克利、阎克文译，上海人民出版社 2009 年版，第 102 页。

③《通过每一张选票充分发挥公民的做主权》，越南通讯社，访问时间 2016 年 6 月 7 日，https://zh.vietnamplus.vn/ 通过每一张选票充分发挥公民的做主权 /50586.vnp.

④ 陈明凡：《越南社会主义民主建设的理论与实践》，《科学社会主义》2007 年第 1 期。

（一）革新选举方式

选举方式决定性地影响了人民当家作主权利实现的方式和质量。因此，选举方式的革新是越南选举制度发展完善的重要内容。

其一，由间接选举转变为直接选举。冷战后之初，为革新选举制度，越南国会于 1992 年颁布了《越南社会主义共和国国会代表选举法》。从此，越南国会代表的产生方式由间接选举改为直接选举。直接选举相对于间接选举而言，是一种更为民主的方式，具有间接选举所没有的优点。正如密尔所言，间接选举所能得到的好处在直接选举下均能获得；直接选举下不能得到的好处在间接选举下同样不能获得；另一方面，间接选举还有它自身特有的相当大的缺点。[①] 例如，间接选举条件下，选民选举产生上一级代表，再由上一级代表选举产生更上一级的代表，直到最终选举出正式代表。代表与选民之间的联系相对来说较为间接、疏远，可能会出现代表对选民责任感不强的现象。此外，相对少数人最后掌握着代表的选举，很可能为符合选举人身份的各种形式的舞弊大开方便之门。[②] 与之相对，直接选举更能体现人民的意志和保障人民当家作主的权利。因为在直接选举下，代表直接对选区人民负责并接受选区人民的监督，这必然会使代表在反映民意上更具有责任感。

其二，实行差额竞选。选举的首要含义是多个候选者的竞争。第一，越南国会代表选举采取了较大的差额比例。如表 4 1 所示，较大的差额比例，不仅为国会代表正式候选人提供了竞争压力，也为选民提供了较多的选择余地。第二，实行竞选。没有竞选，就没有候选人的承诺，选民就很难了解、监督和制约候选人。越南 2007 年开始实行竞选制度。每个国会代表正式候选人都要听取所在选区选民的意见，接受选民质询，并陈述本人当选后的“行动纲领”，例如第十四届国会代表候选人接触选民展开的竞选。2016 年 5 月，广宁省越南祖国阵线主要在横蒲县、夏龙以及锦谱市三个市组织了广宁省 1 号选举单位的 5 位第十四届国会代表候选人与选民的接触会议。这 5 位国会

---

①〔英〕J.S. 密尔：《代议制政府》，汪瑄译，商务印书馆 1982 年版，第 146 页。

②〔英〕J.S. 密尔：《代议制政府》，汪瑄译，商务印书馆 1982 年版，第 146 页。

表 4–1　第十二至十五届国会代表选举差额比例

国会代表换届选举	正式候选人	当选国会代表	差额比例
第十二届国会代表选举	875 名	493 名	77.5%
第十三届国会代表选举	827 名	500 名	65.4%
第十四届国会代表选举	870 名	496 名	75.4%
第十五届国会代表选举	866 名	499 名	73.5%

代表候选人分别是：越南煤炭矿产工业集团（Vinacomin）党委委员、煤矿急救中心主任兼党委常委黄白藤，越共中央委员会委员、广宁省省委副书记武宏青，越共中央政治局委员、中央委员会委员、中央组织部部长范明正，广宁省省委宣教部副部长武春富，越南煤炭矿产工业集团董事长兼党委书记、中央企业党委委员、越南矿产科技协会副主席黎明准。这 5 位国会代表候选人的竞选计划主要围绕着以下中心内容展开：一是经常和选民保持联系，倾听选民的声音，了解选民的愿望，把人民的利益、愿望、要求带到国会；二是提高公务员、干部队伍的工作质量，旨在建成一个现代的行政体系；三是坚决进行行政改革；四是积极向国会建言献策，从而推动越南宪法以及各国法律法规的完善。这 5 位国会代表候选人都承诺，如果能够当选第十四届国会代表，那么他们会不断学习，提升自己的能力，以胜任国会代表的职责要求。① 又例如，越南政府总理阮春福和海防市第三选举单位的第十四届国会代表候选人于 2016 年 5 月 7 日和 8 日与图山郡、安老县、仙浪县、永保县选民进行接触，开展选举活动。阮春福在接触选民中介绍了自己行动计划中必须实施的重点任务，“如制定解放生产力的政策机制；为企业发展创造便利条件；控制公共债务，处理坏账；坚决反腐败反浪费，建设廉洁政府；保障国

①《第十四届国会代表候选人接触广宁省选民》，越共电子报，访问时间 2017 年 1 月 10 日，http://cn.dangcongsan.vn/news/ 第十四届国会代表候选人接触广宁省选民 -386887.html。

防安全；维护国家主权；有力推进新农村建设”[①]。庚斯博罗（Gainsborough）的研究显示，选民在这些会议中会问一系列的问题，有些问题很有挑战性。他指出，这是政党获得选民不满意问题的重要渠道。[②]

（二）完善候选人提名程序

埃蒙德·马莱斯基、保罗·舒尔梳理了越南国会代表的产生程序。他们指出，国会代表正式候选人的产生需要经过三轮协商以及单位同事和居住地居民的两次会议，这些步骤有时被称为“五道关”。

步骤一，第一轮协商。在中央，由祖国阵线召集和主持会议讨论国会常务委员会提出的关于国会代表结构、组成以及每个组织国会代表候选人数量的提案。会议实质上确定了候选人的数量，这些数量在后面的过程中会继续补充。在省级，省级祖国阵线召集一个会议，通常由省级选举委员会主席出席。在这次会议上，参会者实质上认可了由中央已经决定的国会代表结构。

步骤二，召开与同事的见面会。根据第一轮协商决定的名额，党、政府以及军事机构依据第一轮协商分配给本部门的名额，选择本部门的候选人。这在中央和地方同时进行。这时候选人的同事可以投票决定是否支持被提名的候选人。因大部分候选人来自党和政府机关，提名和召开与同事的见面会在同一时间进行。

步骤三，第二轮协商产生候选人初步名单。在第二轮协商中，祖国阵线常务委员会汇集所有的候选人，并向中央选举委员会和国务常务委员会呈交候选人的初步名单。同样的过程也发生在地方，除向省级选举委员会呈交名单外，其额外的责任就是调查自荐候选人。

步骤四，召开与居住地居民的见面会。由相关的地方人民委员会和祖国

① 《阮春福与海防市选民接触开展竞选活动》，越南之声广播电台，访问时间 2017 年 1 月 10 日，http://vovworld.vn/zh-CN/2016 越南国会选举 / 阮春福与海防市选民接触开展竞选活动 /434601.vov（VOVworld）。

② Edmund Malesky，Paul Schuler，Paint-by-Numbers Democracy: The Stakes，Structure，and Results of the 2007 Vietnamese National Assembly Election，*Journal of Vietnamese Studies*，Vol. 4，No. 1，2009，pp. 1–48.

阵线组织候选人与居住地的选民会面，以判断候选人是否符合政府规定的标准。会议一般包括 30 ~ 70 名选民，同样由选民投票或举手决定候选人是否应该被提名。参与会议的是选区总数的一小部分，选区一般有 30 万选民。与此同时，地方祖国阵线访问自荐候选人工作地，组织自荐候选人的同事对其进行投票。

步骤五，第三轮协商，产生正式选票。在第三轮协商中，中央和省级官员最终确定候选人名单。在考虑居住地居民和候选人同事的意见，即步骤二和步骤四信息的基础上，讨论名单上的候选人。然后，创建最后候选人名单，呈交给中央选举委员会。①

下面以第十五届国会代表选举正式候选人的产生为例予以说明。

步骤一，第一轮协商。2021 年 2 月 4 日，第十五届国会代表候选人推荐协商会第一次会议召开，主要任务是对第十五届国会代表侯选人的结构、成分和名额等进行协商。国会常委会预计，中央代表 207 名，地方国会代表 293 名，党外人士代表 25 ~ 50 名，40 岁以下的代表约 50 名，再次参选的代表约 160 名。少数民族代表至少占 18%，女性代表至少占 35%。②

步骤二，召开与同事的见面会，同时推举本单位候选人。例如，2021 年 3 月 11 日，越南外交部举行第十五届国会代表候选人推荐会议，推荐提名了 2 名候选人。③

步骤三，举行第二轮协商会议。中央层面，2021 年 3 月 18 日，越南祖国阵线中央委员会主席团举行第二轮协商会议，100% 的与会代表通过了由中央直属机关、组织及单位提名的 205 位候选人。第二轮协商会议在地方同步

① Edmund Malesky，Paul Schuler，Paint-by-Numbers Democracy: The Stakes，Structure，and Results of the 2007 Vietnamese National Assembly Election，*Journal of Vietnamese Studies*，Vol. 4，No. 1，2009，pp. 1–48.

②《第十五届国会代表候选人推荐协商会第一次会议召开》，越南通讯社，访问时间 2023 年 4 月 1 日，https://zh.vietnamplus.vn/ 第十五届国会代表候选人推荐协商会第一次会议召开 /134964.vnp。

③《外交部推荐提名第十五届国会代表候选人》，越南通讯社，访问时间 2023 年 4 月 1 日，https://zh.vietnamplus.vn/ 外交部推荐提名第十五届国会代表候选人 /136419.vnp。

进行，地方提名候选人共 888 人（其中自荐候选人 75 人）。[①]

步骤四，举行与居住地居民的见面会。例如，2021 年 3 月 21 日至 4 月 13 日，胡志明市祖国阵线委员会举行了 219 场会议，征集当地选民对第十五届国会和 2021—2026 年任期胡志明市人民议会代表候选人的意见。其中，国会代表 50 名候选人中，有 39 人信任票的比例超过 50%，有 11 人信任票的比例在 50% 以下。[②]

步骤五，举行第三轮协商会议。中央层面，2021 年 4 月 16 日，越南祖国阵线中央委员会主席团召开第三轮协商会议，依据国会代表的标准和每个候选人在其居住地的民意调查结果来确定中央级国会代表合格候选人名单。100% 的与会代表表决通过了 205 人的第十五届国会代表候选人提名名单。[③] 第三轮协商会议在地方同步进行。例如，2021 年 4 月 17 日，胡志明市祖国阵线委员会举行第三轮协商会议，一方面，赞同胡志明市祖国阵线委员会关于不推荐在征集选民意见环节获得信任票比例在 50% 以下的 11 人参加国会代表选举的意见；另一方面，从信任票比例达 50% 以上的 39 名候选人中选举产生了 38 名合格候选人参加第十五届国会代表选举。[④]

（三）允许自荐候选人参选

2002 年越南首次允许自荐候选人参加国会代表选举。分析人士称，这些参选者往往是商人或学者，是越共党员或与政府关系密切，需要经过复杂的审查才能获得参选资格。2007 年越南第十二届国会代表选举，30 名自荐候选

---

①《国会代表和人民议会代表换届选举：通过中央各直属机关第十五届国会代表正式候选人名单》，越南人民报网，访问时间 2023 年 4 月 1 日，https://cn.nhandan.vn/ 国会代表和人民议会代表换届选举通过中央各直属机关第十五届国会代表正式候选人名单 -post87299.html。

②《国会与人民议会换届选举：胡志明市第三轮协商会推荐 38 名国会代表候选人》，越南通讯社，访问时间 2023 年 4 月 1 日，https://zh.vietnamplus.vn/ 国会与人民议会换届选举胡志明市第三轮协商会推荐 38 名国会代表候选人 /138148.vnp。

③《越南祖国阵线中央委员会通过国会代表候选人名单》，越南通讯社，访问时间 2023 年 4 月 1 日，https://link.gov.vn/tOtrNfp1。

④《国会与人民议会换届选举：胡志明市第三轮协商会推荐 38 名国会代表候选人》，越南通讯社，访问时间 2023 年 4 月 1 日，https://link.gov.vn/Q0s04USj。

人中有1人当选。2011年越南第十三届国会选举，15名自荐候选人中有4人当选。2016年越南第十四届国会选举，11名自荐候选人中有2人当选。2021年越南第十五届国会选举，9名自荐候选人中有4人当选。

二、完善选举制度的价值意义

选举制度的发展完善，是冷战后越南民主化启动的主要标志，是越南国会运行机制发展完善的基础，是越共获得执政合法性的关键所在，是人民增强政治参与意识、提升政治参与能力的重要途径。

（一）增强了社会主义政治制度的合法性

选举制度的发展完善，保证了人民的选举权利，增强了社会主义政治制度的合法性。选举的重要性主要体现在工具性意义和象征性意义两个方面。①国会制度是保障人民当家作主的根本制度。越南2013年《宪法》第2条规定，越南社会主义共和国是属于人民的、由人民组成的以及一切为了人民的法治国家，由人民当家作主。越南的政治体系设计中，政治关系中最为根本的是人民与国会的关系，这一政治关系的根本要求是保证人民当家作主。而保障这一政治关系的基本制度就是选举制度。2013年《宪法》第6条规定，人民通过直接民主、国会代表民主以及人民议会代表民主的方式，通过国家其他各个机关行使国家权力。该宪法第7条规定，国会代表以及人民议会代表的选举原则是普遍、平等、直接选举以及无记名投票。选举制度的发展完善还可以向全世界传达，越南的政治制度符合民主的基本要求。

（二）增强了越共的执政合法性

冷战后，选举制度的革新，使得国会代表必须通过越共党员之间进行竞争或者越共党员与党外人士之间进行竞争而产生。这为人民提供了有效的选

① 王绍光：《民主四讲》，生活·读书·新知三联书店2014年版，第138—139页。

择范围。越共在国会代表选举中的主要功能是发挥人才保障职能。也就是说，为国家政治与社会生活发现和培养所需要的各类人才；组织、参与以及影响国家政治生活中各级各类的政治推荐以及选举，争取使越共推荐的候选人当选为国家权力机关的公职人员。这样，既保障了人民的选举权利，也保障了党管理干部的职能，提高了越共执政的合法性。这在一定程度上表明越共接受了民主游戏规则，既包括如何参加选举，也包括如何执政。

（三）选举制度为党和国家提供了获取信息的机制

埃蒙德·马莱斯基、保罗·舒尔从党和国家获取信息的角度探讨了越南完善选举制度的意义。他们指出，通过选举，越共能够了解他们对下级官员的控制水平，了解地方官员以及其他地方著名人士的情况。此外，通过代表们向国会传递选民的意见及批评，越共能够了解中央政策的普及情况。具体体现在以下两个方面：

第一，通过选举可以反映候选人的质量和受欢迎程度。选举能够提供党员和政府成员在名望、正直和能力方面的信息以及不在党政系统内任职的地方著名人士受欢迎程度的信息。这方面的信息对于反腐败是有用的。党政领导人关心的是中央和地方政府的无能和腐败，而提供可接受的政府能力是政权保持长期稳定所必需的，也是促使公民支持政府所必需的。此外，通过选举还可以使党政领导人辨别地方名人，挑选地方领导人，将他们吸纳进国会进而分享权力，使他们表达政策倾向。这些有助于化解地方的不满和矛盾。例如，2011 年第十三届国会代表选举产生的 827 名国会代表候选人，其中，中央推荐的国会代表候选人比例为 22%，地方推荐的国会代表候选人比例为 76.2%；而在最终当选的 500 名代表中，中央推荐的代表比例为 33.4%，地方推荐的国会代表比例为 66.6%。中央推荐的候选人与地方推荐的候选人都会落选，但相比而言，地方代表候选人竞争更加激烈。

第二，反映中央对于地方的控制程度。选举可以提供中央控制地方政治各方面的信息，具体来说，可以提供中央权力在各个地方有效程度的信息。一般来说，地方官员必须落实中央政府的政策以及维护中央权威。选举可以说是一种检测中央政府与地方官员委托代理关系问题的方法。以 2007 年第十二届国会选举结果为例，在此次选举中，中央推荐的候选人落选的有 12 人，其中 10 人是在富有的南部省份落选的。而在越南的 64 个省中，在中央财政转移支付[①]相当于当地财政收入 200% 的 22 个省中则没有中央推荐的候选人落选。通过中央推荐的候选人的当选情况，中央可以获得更多的信息：哪些省份更抵抗中央权威的控制，以及在这种情况下，中央财政转移支付在恢复地方支持方面的有用性。这样的信息对中央来说是非常有用的。例如，越南中央可以向落实中央政策有阻力的地方选派更加忠诚的地方官员。简而言之，选举制度可以衡量越南中央权威在地方的整体渗透程度。[②]

（四）提高了人民的政治参与意识和能力

越南选举制度的实行，能够提升人民的政治参与意识和政治参与能力。列宁指出："人民需要共和国，为的是教育群众实行民主。不仅仅需要民主形式的代表机构，而且需要建立由群众自己从下面来全面管理国家的制度，让群众有效地参加各方面的生活，让群众在管理国家中起积极的作用。"[③]越南通过多种多样的论坛和媒体向选民传播有关选举信息。其中有召开选民教育会议的形式，参会的人员包括政府官员和选民成员。马丁·盖恩斯伯勒（Martin Gainsborough）以 2002 年越南第十一届国会选举为例，介绍了越南国家对于选举的宣传活动。他首先介绍了官方会议这种形式。根据官方宣称，似乎有相当多的选民参加。西宁政府宣布，约 50% 的选民参加了一些形式的选民教育。除了官方会议，越南政府还试图通过广播和电视传播选举信息，例如西宁省 4 月每天 30 至 60 分钟的广播和通过省级新闻定期播报选举准备工作报告。在 2002 年国会选举前，选举法律和中央准备的有关选举的提问和

---

① 越南的税率是累进制，就是说，越穷的省份越穷的人得到的财政支出越多。越南财政转移收入的分配对减少贫困起到了关键性的作用。

② Edmund Malesky, Paul Schuler, The Single-Party Dictator's Dilemma Information in Elections without Opposition, *Legislative Studies Quarterly*, Vol. 36, No. 4, 2011, pp. 491–530.

③《列宁全集》第 29 卷，人民出版社 1985 年版，第 287 页。

回答栏目被大量连载。除了新闻，政府还组织出版了大量与选举相关的文献，另外，在主要道路路口和电力柱上张贴和展示标语。在2002年的国会选举中，越南第一次试图把网络作为其传播选举信息的一种途径。国会办公室信息中心创建选举网站（www.baucuquocboi.gov.vn），使人们无论是在国内还是在国外，都可以了解选举程序。网站被誉为21世纪初现代通信的缩影。选举开始后，很多网站及时公布选举信息，包括有关选举的法律和候选人的信息等。越南提供选举方面信息的目的似乎更少地告知公众本身，而更多的是维护法律和程序基础以使其无可指责。① 选举宣传活动与选举实践，能够帮助人们了解选举意义与选举程序，有助于培养民主意识、民主能力和责任心。在国会代表换届选举中，越南选民参与投票的积极性非常高。在第十五届国会代表选举中，共有超过6920万名选民投票，投票率高达99.6%。

第二节　完善国会运行机制

国会是越南人民的最高代表机关，是越南的最高权力机关。国会行使立宪权、立法权，决定国家的重大问题，对国家的活动进行最高监督。越南完善国会运行机制的目标，就是落实国会职权，使国会成为越南事实上的最高代表机关与最高权力机关。为落实国会职权，冷战后，越南把国会专职代表比例的提高、质询制度和信任投票制度的建立健全作为国会运行机制革新的重要内容。2016年越共中央总书记阮富仲在第十四届国会第一次会议开幕式上致辞时强调，第十四届国会应完善立法，加强对国会以及其他国家机关的

① Martin Gainsborough, Party Control: Electoral Campaigning in Vietnam in the Run-up to the May 2002 National Assembly Elections, *Pacific Affairs*, Vol. 78, No. 1, 2005, pp. 57–75.

监督，在决定国家重大事项上担负更多责任，进而更好地履行其职责。①

一、提高国会专职代表比例

越南国会代表包括兼职代表和专职代表两种，其中大部分是兼职代表，而专职代表所占的比例较小。兼职代表在立法中具有以下局限性：其一，兼职代表没有足够的时间和精力去了解民情、谈判、妥协、起草商议并审定立法。现代社会是高度复杂的，而法治国家中的立法必须及时调整社会关系，议员是一项非常繁忙的专门职业，因此不容许从事"第二职业"。② 其二，兼职代表薪资低，并且对其来说是第二职业，职业荣誉感低。代表的专职化和工薪化无法避免，否则很多有能力的人会缺乏积极性去做这种事情。③ 与之相对，专职代表则更有时间、精力去基层进行调研，有更多的时间与人民联系，并且能够增强国会代表的责任感以及荣誉感，更好地充当人民和国家联系的桥梁和纽带，反映民意以及监督政府。也就是说，专职代表相对有能力、有动机切实履行国会代表职责。国会代表质量是影响国会能否有效履职的重要因素。正因为如此，越南将增加专职代表比例作为国会制度发展完善的一项重要内容。

1992 年《宪法》颁布后，国会引入了专职代表机制，以使国会更好地制定专业领域的法律政策。根据 1997 年 3 月 10 日在越南国会办公厅对外局采访时所获得的信息，1997 年越南国会代表中专职代表占代表总数的近 15%。2001 年国会颁布的《国会组织法》第 45 条修正案规定，专职代表应至少占国会代表人数的 25%。④2006 年越共十大明确提出，进一步革新国会的组织

---

①《越南第十四届国会第一次会议召开》，人民网，访问时间 2016 年 7 月 30 日，http://world.people.com.cn/n1/2016/0720/c1002-28570688.html。

② 张千帆：《宪政原理》，法律出版社 2011 年版，第 138 页。

③ 何鹏程：《专职代表制与我国人民代表大会制度的完善》，《人大研究》2001 年第 11 期。

④〔日〕白石昌也：《越南政治、经济制度研究》，毕世鸿译，云南大学出版社 2006 年版，第 64 页。

与活动，完善选举机制，合理增加国会专职代表。[①]2007 年越南第十二届国会代表选举中，把专职代表的比例提高至 28%。2011 年越共十一大重申，提高国会代表的素质，适当提高专职代表的人数。[②]2011 年越南第十三届国会代表中专职代表占总数的 33%。2016 年越南祖国阵线中央委员会副主席阮文玻指出，为提高国会工作绩效，第十四届国会专职代表将增加 15 人，达到 114 人。未来的国会代表选举，国会专职代表将逐渐增至 250 人，占国会代表总数的 50%。未来将努力建设一支强大、充满智慧的国会代表队伍，以满足国家发展的要求。[③]2021 年越共十三大继续强调，要"合理增加专职代表的人数"[④]。2021 年第十五届国会代表中专职代表 193 人，占总数的 39%。国会专职代表在国会活动中发挥了重要作用。

二、强化国会监督职能

代议机关的一项重要职能是监督和控制政府。越南国会对遵守宪法、法律、国会决议的工作行使最高监督权。[⑤] 越南国会监督政府的重要机制是质询制度和信任投票制度。为保障国会的质询和信任投票权力，越南将国会代表的质询权和信任投票权写入宪法。2013 年《宪法》第 80 条第 1 款规定，国会代表拥有对国会主席、国家主席、政府总理、部长及政府的其他组成人员、最高人民检察院检察长、最高人民法院院长、国家审计署审计长提出质询的权力。第 70 条第 8 款规定，"对由国会选举或者批准的任职人员投信

---

① 梁炳猛：《革新开放后的越南共产党（1986—2010 年）——以全国党代表大会为视角》，社会科学文献出版社 2015 年版，第 230 页。

② 于洪君：《当代世界政党文献（2011）》，党建读物出版社 2012 年版，第 380 页。

③《越南第十四届国会代表和人民议会代表换届选举：致力建设强大的国会代表队伍》，越南通讯社，访问时间 2016 年 6 月 4 日，http://zh.vietnamplus.vn/ 越南第十四届国会代表和人民议会代表换届选举致力建设强大的国会代表队伍 /48312.vnp。

④《越南共产党第十二届中央委员会向第十三次全国代表大会作的政治报告》，《南洋资料译丛》2021 年第 4 期。

⑤《越南社会主义共和国宪法（2013）》，米良译，《南洋资料译丛》2014 年第 1 期。

任票”[①]。

（一）实行质询制度

2002 年越南国会开始实行质询制度。国会代表有权在国会会议上向包括国家主席、国会主席、总理在内的政府官员就其职责范围内的事项提出质询，质询过程向全国人民全程直播，且已制度化。[②]2015 年 11 月 16 日，越南 13 届国会 10 次会议开始为期两天半的质询活动。这是本届国会的最后一次质询活动，具有总结性质。这次会议采用了新的方式进行质询。以往历次会议都是相关部长和部门首长依据一定类别的问题回答质询，但是本次会议不指定具体质询对象，所有政府成员都要就自己负责的领域接受质询。[③]

（二）定期实行信任投票制度

2001 年 12 月，越南国会通过的《国会组织法》规定，如果 1/5 的国会代表或者某个专门委员会提出议案，即可启动对国家主席、国会主席、政府总理等高级官员的不信任投票，一旦 2/3 以上的国会代表赞成即可罢免。为了增强监督力度，2012 年 11 月，国会又通过《信任投票法案》。该法案规定国会每年对选举产生或任命的政府高官进行信任投票，选票分为“高信任票”“信任票”“低信任票”。如果官员“低信任”票数超过三分之二，或连续两年超过二分之一，将进入不信任投票程序，而如果“不信任”票数超过二分之一，官员将被迫辞职或被解职。

2013 年 6 月，越南第十三届国会第五次会议期间，476 名国会代表对 47 名国家领导人进行了第一次信任投票。越南总理阮晋勇因处理经济和腐败问题不力而获得了 160 名代表的“低信任票”，此次投票没有使任何官员陷入

---

①《越南社会主义共和国宪法（2013）》，米良译，《南洋资料译丛》2014 年第 1 期。

②《国会采用新方式进行质询》，越南共产党电子报，访问时间 2023 年 4 月 12 日，http://cn.cpv.org.vn/Modules/News_China/News_Detail_C.aspx?cn_id=743420&co_id=25754194。

③《越南 13 届国会开始质询与回答质询活动》，越南之声广播电台－对外部，访问时间 2023 年 4 月 12 日，https://vovworld.vn/zh-CN/ 新闻 / 越南 13 届国会开始质询与回答质询活动 –385032.vov。

“危险状况”，所有官员的“低信任”票数都未超过1/2。[①]2014年11月，越南第十三届国会第八次会议期间，485名国会代表第二次以无记名方式对包括国会主席在内的50名官员进行信任投票，50名官员全部通过。这一制度的实行，是国会代表行使对政府监督权的直接体现，也是建立政府向国会负责制的重大步骤。越南第十四届国会制定了首次信任投票得票率的基准，高于这个基准则免于任期内每年度的信任投票，而低于这个基准则需要继续进行信任投票。首次信任投票得票率以72%为基准，信任投票的整个过程都要接受国会监督。[②]2023年6月23日，越南第十五届国会第五次会议期间，国会表决通过了《关于国会和人民议会选举获批准的任职人员进行信任投票的决议（修正案）》，其中规定：“获得‘低信任’票总数一半以上至三分之二以下的信任票的人可以辞职；若拒绝辞职的话，由国会常务委员会提交国会，人民议会常务委员会提交人民议会在当届会议或者最近的会议上进行信任表决。获得信任票的人占总票数三分之二以上为‘低信任’或以上，由推荐该人参加选举或国会或人民议会批准的工作单位或负责人有责任提交国会或人民议会在当届会议或最近的会议上罢免其职务。”[③]

第三节 国会党员代表的角色定位

越南国会中，国会党员代表主要以国会代表的身份还是以党员身份决策，或者说主要依据民意还是党的意愿为基础决策？之所以提出这一问题，是因

---

① 竹翊：《越南国会的刚性监督》，《中国人大》2013年第12期。

② 徐秦法、秦艺菲：《越共十二大以来政治革新的进展及态势研究》，《当代世界社会主义问题》2021年第1期。

③《第十五届国会第五次会议：通过关于信任投票的决议》，越南通讯社，访问时间2023年6月24日，https://link.gov.vn/Q3QnCSqz。

为越南国会代表中虽然有党外人士，但目前来看绝大多数是越共党员，如表4–2所示。对这一问题的回答关系着越南民主制度质量高低的判断。越南前国会主席阮文安也提出这个问题，作为党员必须对党的领导负责，并且必须有效地监督政府官员。阮文安指出，国会代表有两个平行的责任，支持越共和监督政府。他认为，这两种角色不存在根本的不一致。① 对于上述问题，本书认为，国会党员代表有双重身份，但主要以国会代表的身份作出决策。

表4–2 第十二—第十五届国会代表结构②

国会代表换届选举	国会代表	党员代表	党员代表比例
第十二届国会代表选举	493名	450名	91.3%
第十三届国会代表选举	500名	458名	91.6%
第十四届国会代表选举	496名	475名	95.8%
第十五届国会代表选举	499名	485名	97.2%

一、"预期反应原则"使党员代表必须反映民意

预期反应原则是"把投票行为与代议过程联系和协调起来的原理。领导者由于受到因定期选举而可能丢掉职位的制约，会留心投票者如何看待他的行为，假如确实如此——大多数时候的确如此——他就会受制于对这种反应

① Edmund Malesky，Paul Schuler，Paint-by-Numbers Democracy: The Stakes，Structure，and Results of the 2007 Vietnamese National Assembly Election，*Journal of Vietnamese Studies*，Vol. 4，No. 1，2009，pp. 1–48.

② 第十二届国会代表选举，有以上几个数据来源。许家康、古小松：《中国－东盟年鉴2008》，线装书局2008年版，第119页。第十三届国会代表选举，数据源自吕余生、王士威：《中国－东盟年鉴2012》，线装书局2012年版，第47页。第十四届国会代表选举，数据源自《选举产生十四届国会代表和各级人民议会代表（2016—2021年任期）》，共产主义杂志网，访问时间2023年4月1日，https://tapchicongsan.org.vn/web/chinese/tin–tuc/–/–/asset_publisher/WhSQ0Ru2f6Li/content/268–89913#。第十五届国会代表选举，数据源自《图表新闻第十五届国会代表选举结果出炉－449名当选国会代表》，越南通讯社，访问时间2023年4月1日，https://zh.vietnamplus.vn/图表新闻第十五届国会代表选举结果出炉－449名当选国会代表/140759.vnp。

会是什么——无论是积极的还是消极的——的预测”[①]。也就是说，通过公正选举产生的国会党员代表需要以民意为基础进行决策，否则很难再次当选。比如，2007年第十二届国会代表选举中，大批不受民众欢迎的高官落选，其中包括当时已在党内排名第二、预定将出任国家主席的现任国家主席张晋创。张晋创的意外落选给当时越南政坛带来很大震动，不仅打乱了当时高层的部分安排，更为重要的是对原来只唯“党意”、不重“民心”的官员和代表以极大的震撼。[②] 再比如，栋多郡选民范辉受指出：“想知道代表的能力，我们会听他们的工作计划，看他们如何做，如何参与所属地方建设。现在，大家常了解代表过去的活动，同时评估代表的水平和资格是否胜任人民代表，并以投票形式决定。”[③] 公正的选举制度是国会党员代表以民意为基础进行决策的关键性制约。

二、恰适性的逻辑使党员代表必然依据国会的制度规则进行决策

制度的基本要素是规则，而规则是通过身份、群体中的成员意识以及角色认同联系起来并得到维持的。规则和整套惯例体现了历史经验，使规范、期待和手段稳定下来。而且制度具有恰适性的逻辑，“我们把恰适性的逻辑看作一个政治行为的基本逻辑。行为要依据身份观念中的恰适性而符合当时的情景。其次，我们把行为看作其在规则和惯例框架中制度化的结果，包括那些在政治上重要而新鲜的行为”[④]。吉登斯等学者也认为：“如果制度并不塑造

---

①〔美〕乔万尼·萨托利：《民主新论》，冯克利、阎克文译，上海人民出版社2009年版，第173页。

② 赵卫华、金东黎：《民主的扩展与阶层的固化——十一大以来越南政治革新的成就及挑战》，《重庆交通大学学报》2015年第4期。

③《通过每一张选票充分发挥公民的作主权》，越南通讯社，访问时间2016年6月18日，https://zh.vietnamplus.vn/通过每一张选票充分发挥公民的做主权/50586.vnp。

④〔美〕詹姆斯·G.马奇、〔挪〕约翰·奥尔森：《重新发现制度：政治的组织基础》，张伟译，生活·读书·新知三联书店2011年版，第36页。

其内部的个人行为的话，那么它很明显就不是制度。”[①] 国会的制度规则设置的目标和价值意义是代表人民的利益和意志。因而，国会制度必然塑造国会党员代表的行为，使其以民意为基础进行决策。“第十四届国会的任务十分繁重，这迫不及待要求国会、国会各机构和每位国会代表充分意识到对全国人民、选民的责任，锤炼和提升专业能力和本领，进而根据宪法和法律的规定积极、主动、创新且有效地实现任务、履行职责。”[②]

三、越共保障党员代表以民意为基础决策的必要性

越共保障党员代表以民意为基础决策的必要性，主要表现在：

一是党员代表以民意为基础对国家的法律、政策作出决策，依据国会制度规则能够为其所做的事情提供解释和合法性。因为越共虽然是执政党，但也要遵守国家的宪法、法律。越南 2013 年颁布的《宪法》第 4 条规定，党应当在宪法和法律范围内从事活动。[③] 二是国会是越南社会主义民主制度的主要标志，保障国会正常运作，是越共取得执政合法性的关键，而国会代表权利的保障是国会正常运作的关键。因此，党需要保障国会党员代表的权利。三是代表人民的利益是党对自身的定位，“党是越南工人阶级的先锋队，同时也是越南劳动人民和越南民族的先锋队，是工人阶级、劳动人民和民族利益的忠实代表”[④]。国会党员代表以民意为基础作出决策与党的根本目的是一致的，从长远来看，这有助于越共获得人民的支持，保持党的生命力。

---

①〔美〕B. 盖伊·彼得斯：《政治科学中的制度理论：“新制度主义”》，王向民、段红伟译，上海人民出版社 2011 年版，第 117 页。

②《国家权力机关实现革新，提高工作效益和实现好任务》，人民报网，访问时间 2023 年 4 月 1 日，https://cn.nhandan.vn/ 国家权力机关实现革新提高工作效益和实现好任务 -post43779.html。

③《越南社会主义共和国宪法（2013）》，米良译，《南洋资料译丛》2014 年第 1 期。

④ 刘洪才：《当代世界共产党党章党纲选编》，当代世界出版社 2009 年版，第 307 页。

四、越南共产党主要通过国家权力机关的高级领导干部实现党的意图

越南国会是最高权力机关和最高民意机关，国会拥有对国家一切事项的最终控制权。越南 2013 年《宪法》第 84 条规定，越南立法提案主体有：一是国家主席、国会常务委员会、民族委员会、国会专门委员会、政府、最高人民法院院长、最高人民检察院检察长、国家审计署审计长、越南祖国阵线中央委员会及其阵线成员组织的中央机关在国会会议期间有权提交法律草案、在国会常务委员会会议期间有权提交法令草案；二是国会代表在国会会议期间、国会常务委员会会议期间有权提交有关法律、法令的建议和法律草案、法令草案。[①] 从中可以看出，有权提交法律草案的主体大都是国家机关的领导人。尽管国会代表有权提交法律、法令草案，但是法律草案在提交国会讨论前须经专门委员会审查，并由国会常委会决定任期立法计划和年度立法计划。也就是说，提交国会表决的议案，或来自国家机关领导人，或通过国会委员会的最终审核，这些国家权力机关的领导人大都是越共党员。

越共对这些担任国家领导人的党员拥有提名权。越共强调"党统一领导干部工作，管理干部队伍，推荐德才兼备的优秀党员走上党政领导岗位"，然后"通过政治体系中的党组织和党员实行领导，实行个人负责，特别是一把手负责制"。也就是说，越共通过控制国家权力机关领导人的提名权，能够保障党的政策主张的落实。在这种政治体系安排中，越共主要通过国家权力机关的高级领导人贯彻落实党的政治主张，保持党的领导，而国会党员代表则拥有最后的决定权。例如，2016 年 3 月 12 日，越共第十二届中央委员会第二次全体会议就国家机关高层领导职位候选人推荐名单达成一致。越共中央委员会在此次会议上强调，应尽快健全国家权力机关领导班子，及时落实越共十二大决议提出的要求。越共中央委员会同意在第十三届国会第十一次会议完成国家机关高层领导职位候选人推荐工作，并按工作规程，选举产生

---

①《越南社会主义共和国宪法（2013）》，米良译，《南洋资料译丛》2014 年第 1 期。

国家主席、政府总理、国会主席等国家主要领导人。越共中央总书记阮富仲在会议闭幕式上指出，中央政治局将根据中央委员会投票表决的结果，进一步完善国家机关高层领导职位候选人提名方案，并提交国会审议通过，确保遵守党统一指导干部工作原则，同时保证遵守《宪法》和法律相关规定。①

从上述分析可以看出，这与越南的政体设置并不矛盾。密尔在《代议制政府》中对代议机关的职能进行了讨论，并区分了代议机关对政府事务控制和管理的区别。他指出，对政府事务的控制和实际去做这些事务，其间有根本的区别，“尽管国家中的实际最高权应归于人民的代表这一点对代议制政府是根本必要的，但是代议团体应直接并亲自承担何种实际职能，在政府机器中起何种明确作用，则是个未解决的问题。在这方面的多种多样性是和代议制政体的本质不矛盾的，只要该项职能为代议团体保证对一切事情的最后的控制”②。例如，在2012年越南第十三届国会第四次会议上，越南总理阮晋勇在回答国会代表的质询时声称，是党让他仍然担任政府总理的，总理职位并不是他游说来的，不是他求来的，他不会拒绝接受这个职位。他服从越共和国家对他做出的所有工作安排。③

简而言之，在越南政治体系设置中，国会代表必须而且能够以民意为基础进行决策。亚洲开发银行越南代表处首席代表小西步说，大多数国会代表是越共党员，然而这些党员代表首先服从的是各自选区选民的利益诉求，而不是越共中央或政府的政策。这是非常有意思的一点。④

---

①《越共中央就国家领导职位候选人推荐名单达成一致》，新华网，访问时间2016年7月3日，http://news.xinhuanet.com/world/2016-03/12/c_1118312593.htm.

②〔英〕J. S. 密尔：《代议制政府》，汪瑄译，商务印书馆1982年版，第67页。

③ 张喆：《越南国会议员建议总理辞职》，《东方早报》2012年11月15日。

④ 张喆：《越南国会主席强调党的领导》，《东方早报》2011年1月12日。

第四节　国会职权增强的案例分析

越南国会代表差额直选的实行，国会运行机制的发展完善，党权、军权、立法权和行政权的配置相对均衡等，强化了国会的权力。国会作为最高民意机关和最高权力机关的地位和职权日渐恢复。越南国会制度革新，获得了国内外的广泛认可。例如，从越南国内来说，倘若你问“你能说出你选出的国会议员姓名”，许多越南人都会被这一问题难住。而倘若你问“你觉得越南国会怎么样”，越南民众会竖起大拇指。[①]2008 年美国总统布什称赞越南政府为国家民主建设的“显著”进步所作出的努力。[②] 国会拥有多项职能，下面从国会有效履行不同职能的角度说明国会职权的日益增强。

一、国会否决总理提名——国会对政府领导人的任免权

1997 年 9 月 29 日，越南第十届国会第一次会议上，新任政府总理潘文凯提名高士兼继续担任中央银行行长。而 450 名国会代表中仅有 195 名代表赞成这一提名，高士兼未获得连任。而高士兼未获得连任的原因在于，国会代表提出他之前对中央银行管理不善。路透社说，越南国会过去被认为是一个橡皮图章，这次拒绝总理提出的人选是一个非同寻常的行为。路透社引用越南银行官员的话说，国会代表拒绝高士兼，可能是代表对中央银行管理不善作出的反应。新任第一副总理阮晋勇在回答记者所提问题时说，金融系统明显存在弱点与错误，而担任中央银行行长的高士兼理应对此负责。

---

① 张喆:《越南国会主席强调党的领导》,《东方早报》2011 年 1 月 12 日。

② 方晓:《布什赞越南民主建设显著进步》,《东方早报》2008 年 6 月 26 日。

二、国会否决“梦工程”——国会对政府议案的决策权

2010 年 6 月 19 日，越南国会否决了政府关于建设连接越南北部首都河内到南部商业城市胡志明市的高铁议案。依据这份议案，高铁全长 1570 公里，耗资 560 亿美元，计划于 2035 年建成。建成后，这条贯穿越南南北的高铁耗时会大大缩小，将由目前的 30 个小时缩短至 6 小时左右。越南法律规定，政府工程预算若超过 19 亿美元，则必须获得国会的批准。2009 年 8 月，越南政府通过越南国家铁路公司与日本新干线公司达成了初步合作意向，历经近一年的准备，于 2010 年 5 月正式把此案提交给越南国会审议。在此期间，越南国内民众对此议案的反对之声此起彼伏。然而，负责此议案的越南常务副总理阮生雄根据以往的经验，对此并不十分担忧。再者，之前国会常委会也进行了摸底调查，调查显示至少 60% 的国会代表愿意投赞成票。但是，在第十二届国会第七次会议上，除了不能与会的国会代表，到会的 427 名国会代表对议案进行了投票表决，结果如下：有 185 名代表投了赞成票，占与会代表总数的 37.53%；208 名代表投了反对票，占与会代表总数的 42.19%；34 名代表投了弃权票，占与会代表总数的 7.96%。议案没有获得半数以上与会代表的赞同，被否决了。[①] 这是国会第一次否决政府提案，在国内外引起了广泛关注。国会代表（Nguyen Minh Thuyet）说，这次表决是立法机构的转折点。此后，国会变得越来越独立，也更加认真严肃地履行自身的职责。河内（Investconsult）集团董事长（Nguyen Tran Bat）说，今后向国会递交项目计划前，部长们需要更加谨慎地准备。[②]

---

① 数据来自钱镜：《越南国会何以否决“梦工程”》，《南方周末》2010 年 8 月 4 日。（此组数据由作者特意与越南司法部官员及国会议员核实）

② 马特 · 斯坦格拉斯：《越南国会否决 560 亿美元高铁项目》，《金融时报》2010 年 6 月 22 日，转引自 FT 中文网，访问时间 2023 年 5 月 2 日，http://www.ftchinese.org/story/001033195?archive。

三、越南西原铝土矿开发风波——国会捍卫自身权力

越南有着丰富的铝矿资源，其中 91% 集中在欠发达的西原地区，越南希望国外资本来当地开发。2006 年中国铝业股份有限公司中标，并与越南煤炭矿产工业集团签署了合作开发越南多农省、林同省铝土矿项目的合作协议。尽管合作在有序进行，但在越南国内招来反对之声。由于铝土开采在越南国内引起热议，民众都很关心此事。国会代表作为选民的代表，也关注了此事的进展，有些国会代表要求国会为此召开全体会议，但是国会并没有同意召开国会全体代表会议。因为政府拥有制定铝土开采政策的权力，国会委员会则无权调查或审查此事。根据 2006 年越南发布的第 66 号决议，国会有权批准投资总额在 1.1 亿美元以上的发展项目，这意味着投资总额在 1.1 亿美元以下的项目批准不在国会职权范围内。而越南的铝土开采项目也确实被划分为若干个小项目。不过，国会专门留出一天让代表们对此事进行讨论，并且指派对铝土项目开展研究和审查的委员会进行汇报。对此，国会代表们的意见并不相同。一些国会代表表示支持铝土开采，因为这能够为越南带来巨大的经济利益；而一些国会代表表示反对开采铝土，认为开采铝土会引起环境污染，还会危害国家安全；还有一些代表认为开采铝土应该交由国会审查，因为依据第 66 号决议，铝土开采项目属于大型投资，在审查的范围内。越南国内不清楚西原铝矿开采项目实情的民众对此项目有着深深的担忧。直至 2006 年 5 月 26 日，越南政府向国会提交了关于在西原地区进行铝矿开采的项目说明报告，民众的过度担忧才在一定程度上得到缓解。然而，越南国内有关西原地区铝矿开采的争论仍然没有完全平息。①

四、国会质询总理——国会对政府工作的监督权

根据越南媒体的报道，国会实行质询制度以后，政府的官员再也不敢

①《中铝参与越铝土矿开发麻烦不断，越政府出面降温》，搜狐新闻，访问时间 2016 年 3 月 2 日，http://news.sohu.com/20090702/n264914437.shtml。

小看国会了，国会代表不再是举手表决机器，国会的职权明显加强。例如，2010年11月24日，在越南第十二届国会第八次会议上，就越南船舶工业集团的管理层涉嫌违规经营引起的重大损失，越南政府总理阮晋勇接受国会质询。阮晋勇坦承监管不力，致使政府没有及时发现、解决问题。作为政府总理，他为此负责。阮晋勇、副总理以及相关政府成员正在检讨，明确相关责任，检讨最终结果和具体责任会向公众公开。[①]2012年11月14日，在越南第十三届国会第四次会议上，四名国会代表对政府总理阮晋勇提出了质询，其中有两名国会代表在提问中要求总理阮晋勇对近年来越南经济发展不力承担领导责任。国会代表杨仲国建议担任总理的阮晋勇辞职，他说，（政府官员）应启动（主动）引咎辞职的政治文化。[②] 质询制度的实行，使人民在了解官员是否熟悉本职工作的同时，也对国会代表是否为民办事有了充分的认识。

第五节　国会制度发展完善的政治效应

将国会制度置于越南民主化道路进程中加以考察，从整体上衡量这一制度在冷战后越南民主化道路中发挥的功能，有利于全面客观地分析国会的地位、作用和发展前景。正如越共指出的，“社会主义民主是越南国家制度的本质，既是国家发展的目标，又是国家发展的动力”[③]。国会在越南政治体系中的地位和作用，使得国会制度的发展完善能够在国家层面和地方层面释放出其应有的政治效应。就地方层面而言，国会制度的发展完善促进了人民议会制度的发展。“如果一级实体——政体——不是民主政体，次级实体也绝少有

① 刘刚：《越南力推船业重组计划》，《人民日报》2010年11月28日。
② 张喆：《越南国会议员建议总理辞职》，《东方早报》2012年11月15日。
③ 吕余生：《越南国情报告2011》，社会科学文献出版社2011年版，第222页。

机会以民主方式存在和繁荣”，“政治民主是我们可能珍爱的无论什么民主或民主目标的必要条件、必要手段”。[①] 就国家层面而言，国会制度的发展完善，为越共的自我更新提供了动力机制，为法治国家建设提供了必要的制度支撑，为有效政府建设提供了前提条件。没有国会制度的发展完善，就没有真正的法治国家和有效政府。“民主的政治方法的重要性主要在于它的非政治的副产品。”[②] 但这不是说在国会制度发展之前这些运转条件没有存在和发展，它们都有自身基本的组织原理，都有不同程度的发展，也不是说国会制度发展完善后就会自动带来法治国家和有效政府建设，而是说，国会制度的发展完善是他们发展良好的必要条件。

一、为越南共产党的自我更新提供动力机制

政党是民主政治的产物，也是民主政治运转和发展的工具。政党的基本功能、功能角色和体系地位确立了“政党所赖以存在的理由”。但是“政党所赖以存在的理由”并不代表只要是政党就具有，在实践中，对一个社会发展过程产生影响的不是“政党”这个抽象的概念，而是一个社会中的具体政党体制。[③] 那么，什么样的政党体制能够促进或能够更好地促进政党履行自身功能呢？西方学者往往认为，一党制缺乏党派竞争，不能保持政党活力，是不民主的，只有多党制才是民主的。例如，亨廷顿指出，与一党制或者多党制相比，两党制与主从政党制更能够促进一个国家的长治久安，其原因在于它们具有更加有效的党派竞争[④]，“政党间的竞选趋向于扩大政治参与同时

---

①〔美〕乔万尼·萨托利:《民主新论》，冯克利、阎克文译，上海人民出版社 2009 年版，第 23 页。

② 转引自〔美〕乔万尼·萨托利:《民主新论》，冯克利、阎克文译，上海人民出版社 2009 年版，第 23 页。

③ 王长江:《政党政治原理》，中共中央党校出版 2009 年版，第 172 页。

④〔美〕塞缪尔·P. 亨廷顿:《变化社会中的政治秩序》，王冠华、刘为等译，上海世纪出版集团 2008 年版，第 353 页。

又加强党的组织”[①]，而一党制的弱点则在于“政治体系内部缺乏制度化的竞争”[②]。虽然西方学者关于政党体制的研究充满浓厚的意识形态色彩，但从学术研究的视角看，他们关于各种类型政党体制特性的研究开阔了人们的视野，具有一定的合理性。从现实来看，兴起于20世纪的一党制，至20世纪80年代末开始出现衰落或解体的浪潮。例如，20世纪80年代末开始的苏联东欧国家共产党政体的解体，20世纪90年代开始的非洲国家一党制向多党制的转变。一党制政体的出现有其历史必然性，它往往存在于刚独立或解放的民族主义国家，而“现代化水平低，则一党制既可能是强大的也可能是弱小的，但多党制则无一例外都是弱小的”[③]。但在新生政权巩固后，一党制确实遇到了国家建设与发展的困境。如苏联这种一党制形式，在取得一定效率的同时，往往由于沟通机制不灵而积累了大量的弊端，积重难返。经济上不足以取得证明社会主义制度优越性的发展，政治上则缺乏民主，党群关系严重疏远，为20世纪80年代末90年代初的制度性剧变埋下了伏笔。[④]一党制沟通机制不灵的根源在于执政党自我更新的动力不足。在一党制条件下，执政党往往没有进行制度建设的内外动力，既不能使执政党处理自身的蜕化、衰变乃至腐朽，也无法使执政党进行自我调适，积极面对环境的变化以及反对者的挑战，从而导致执政党的衰落或终结。[⑤]“处于现代化之中的政治体系，其稳定取决于其政党的力量”[⑥]，而政党的自我更新是增强政党力量的保障。上述现象给一党制研究提出了一个重要问题：一党制具有推动执政党自我更新的动

①〔美〕塞缪尔·P. 亨廷顿：《变化社会中的政治秩序》，王冠华、刘为等译，上海世纪出版集团2008年版，第357页。

②〔美〕塞缪尔·P. 亨廷顿：《变化社会中的政治秩序》，王冠华、刘为等译，上海世纪出版集团2008年版，第356页。

③〔美〕塞缪尔·P. 亨廷顿：《变化社会中的政治秩序》，王冠华、刘为等译，上海世纪出版集团2008年版，第351页。

④ 王长江：《政党政治原理》，中共中央党校出版社2009年版，第177页。

⑤ 陈家喜、黄卫平：《一党体制衰落的制度探源——文献述评与框架建构》，《社会科学》2012年第7期。

⑥〔美〕塞缪尔·P. 亨廷顿：《变化社会中的政治秩序》，王冠华、刘为等译，上海世纪出版集团2008年版，第341页。

力机制吗？如果有，那么这种机制是什么？本书选择越南一党制为分析对象，尝试以国会制度的发展完善为关键因素解释为什么越南共产党能够不断地自我更新。

越共十一大通过的《社会主义过渡时期国家纲领（2011 年补充发展版）》中，规定了党对国家领导的内容、方式。越共对国家的领导是纲领、战略、大政方针的领导，这是其最基本的职能。上述目标的实现手段是：首先，越共要通过法定程序完成向国家权力机关输送优秀党员的过程。“党统一领导干部工作，管理干部队伍，推荐德才兼备的优秀党员走上党政领导岗位。”① 其次，通过进入国家机关的党的官员的活动，在政府决策以及执行中体现党的政策主张。“党通过政治体系中的党组织和党员实行领导，实行个人负责，特别是一把手负责制。”② 最后，通过宣传、教育、动员、组织、检查、监督工作，确保党员，特别是党员领导干部在政治上、思想上与党的政策主张保持一致。国会是越南最高代表机关和最高国家权力机关，行使立宪权、立法权，决定国家的各种重大事项和对国家的活动进行最高监督。尽管国会和越共要运行良好，都有其自身基本的组织原理，但是党对国家领导的内容、方式以及国会在政治体系中的地位和作用，决定了国会制度的发展完善不仅能够保证党履行自身功能，而且能够使党更好地履行自身功能，从而为党不断的自我更新提供动力。“政党自身建设是政党发展的先决条件，是政党实现价值功能的基础性工程。”③

（一）国会制度的发展完善能够保证党履行自身功能，使党保持自我更新

“政党所赖以存在的理由”是政党发挥其应有功能。政党的各种功能可以简单地归为两类：一是政党履行的各种代表性功能，包括利益表达、综合

① 于洪君：《当代世界政党文献（2011）》，党建读物出版社 2012 年版，第 395 页。
② 于洪君：《当代世界政党文献（2011）》，党建读物出版社 2012 年版，第 395 页
③ 王韶兴：《社会主义政党政治视阈下的政党能力论》，《学习与探索》2012 年第 11 期。

和政策制定；二是政党也发挥各种程序性或制度性功能，包括录用政治领导人以及组建议会和政府。[①] 对党的代表性功能而言，利益表达、综合和政策制定等职能主要通过越共的组织体系予以完成。而对党的程序性功能而言，国会制度的有效运转是越共履行程序性功能的前提条件。越共履行程序性功能与通过国会执政是一个问题的两个方面，两者互为表里、相辅相成。通过国会制度履行程序性功能，是政党执政的基本原则和路径。党的基本功能的正常履行，则需要党不断地自我更新。

（二）国会制度的发展完善能够促使党更好地履行自身功能，强化党自我更新的力度

国会与越共是相互关联的两个政治结构。这种联结机制就是国家法律、政策的制定和国家政治领导人的任免。越共推荐的优秀党员必须经过国会同意才能进入国家机关工作，并接受国会对他们的法律监督和权力监督；越共的政策主张也必须经过国会同意才能成为国家的法律和政策。国会在越共供给的政策主张、政治领导人这两个方面的决策权和监督权，客观上促使越共不断提高政策和人才的供给质量。在对象范围、价值指向以及内容特征方面，马克思主义执政党治国理政与自身建设的不同，决定了二者在执政党的工作体系中不是平行并列的关系，而是党的治国理政要求党的自身建设，而党的自身建设又服务于党的治国理政的关系。[②] 例如，2012 年 11 月 14 日，在越南第十三届国会第四次会议上，国会代表阮百船在国会质询环节中批评政府总理没有能制定出一个使越南脱离经济危机的方案，这降低了越南人民对越共的信任。[③] 政党本身并非合法性的来源，其合法性则来自其对这个社会体制

①〔美〕拉里·戴蒙德、理查德·冈瑟：《政党与民主》，徐琳译，上海人民出版社 2012 年版，第 356 页。

② 王韶兴：《关于中国共产党治国理政与自身建设科学化的思考》，《理论探讨》2010 年第 4 期。

③ 张喆：《越南国会议员建议总理辞职》，《东方早报》2012 年 11 月 15 日。

作出的贡献。[1] 也就是说，越共必须加强党的自我更新，提升党对国家的领导能力。

总之，国会制度的发展完善能够为党的自我更新提供动力，并且这种制度性动力具有可靠性、稳定性、长期性。尽管并不十分清楚国会职权发展完善的时间跨度到底有多长，但是，目前能够看到的是，国会制度的发展完善已经积聚起了相当大的能量，使越共能够不断地自我更新。与此同时，基于越共是民主政治运转的工具，是民主政治发展的工具，也基于越共领导国家就是“尊重和发挥人民当家作主的权利”，可以认为民主是贯穿越共党内活动和党外活动始终的主线。由此决定了越共的自我更新能够为越南民主化提供有效的理论指导和力量支持。

二、为有效政府建设提供前提条件

政府是越南的最高行政机关，拥有执法权，是国会的执行机关。越南政府对国会负责，向国会和国会常务委员会报告工作；而国会行使立宪权和立法权，决定国家的重大问题，对国家的活动行使最高监督。这决定了国会是支撑越南有效政府建立的根本政治制度，是越南有效政府建立的必要条件。美国学者派伊（Lucian W. Pye）强调代议制的建立健全在政府建设方面发挥着必不可少的作用。他认为，如果不同时加强代议政治的诸过程，那么公共行政的巨大改善是不可能的。事实上，过多地注重加强行政力量可能是自欺欺人的，原因在于这可能导致行政与政治之间更大的不平衡，进而导致领袖们更加需要从政治上利用行政力量。[2] 越南国会制度的发展完善对有效政府建设的影响如下：

---

①〔美〕塞缪尔·P. 亨廷顿：《变化社会中的政治秩序》，王冠华、刘为等译，上海人民出版社2008年版，第69页。

②〔美〕鲁恂·W. 派伊：《政治发展面面观》，任晓、王元译，天津人民出版社2009年版，第36页。

（一）通过对政府提案的决策权保障政府公共政策的民意性

政府是一个国家重要的决策机构。一般情况下，由政府提出新的公共政策，并且随着行政机构和立法机构权力分立的变化，行政机构在采纳新的公共政策中发挥着重要的作用。公共政策符合公共利益的保障机制就是代议机关。越南国会行使立宪权和立法权并决定国家的重大问题。而越南政府的法律、政策等议案需要交由国会表决。不符合民意的议案会被否决。国会通过对政府议案的否决权，客观上要求政府提交给国会的议案符合公共利益。对政府来讲，就要求政府提高议案质量。

（二）通过人事任免和监督机制保证政府官员切实履行职责

政府官员切实履行职责，是有效政府的重要保障。然而，在权力不受监督的条件下，官员可能会出现以权谋私、贪污腐败行为。在民主制度条件下，代议机关的代表能够通过人事任免和监督机制来约束政府官员的行为。对于越南来讲，国会代表通过周期性的选举接受选民监督，政府则需要接受来自越南国会的监督。具体来说，越南由政府总理来领导政府的工作，领导制定政策以及组织落实法律的工作；政府总理为政府首脑，在政府的活动中以及安排任务方面对国会负责。[①] 从越南政府总理在政府中的地位以及政府总理与国会的关系可以看出，国会监督政府的重要方式就是控制政府总理人选。越南 2013 年《宪法》规定，国会的职权包括选举、任命以及罢免政府总理。而政府总理则要求下属切实履行职责。美国政治学者阿尔蒙德（Gabriel A. Almond）、鲍威尔（Bingham G. Powell）在著作《比较政治学——体系、过程和政策》中指出，行政机构的领导部门还监督政策的实施，并且要求下属官员对自己的作为负责。[②] 除了人事任免权，越南国会的监督形式还包括质询和信任投票，通过质询和信任投票对政府官员施加压力，以使他们有效地

---

①《越南社会主义共和国宪法（2013）》，米良译，《南洋资料译丛》2014 年第 1 期。

②〔美〕加布里埃尔·A. 阿尔蒙德、小 G. 宾厄姆·鲍威尔：《比较政治学——体系、过程和政策》，曹沛霖等译，东方出版社 2007 年版，第 276 页。

履行自身职责：国会代表有权对政府总理、部长和政府的其他成员提出质询，国会代表有权对选举产生或任命的政府高官举行信任投票。因此，国会是保证政府领导人对其行为向人民负责的制度。

（三）通过使政府实施法律、政策的行动合法化，提高行政效率

越南国会制度的发展完善保障了国会职权的落实。在越南的政治体系设计中，国会是政府对公民要求作出反映的根本制度保障，是使政府行动合法化的机关。然而，法律、政策只有实施和执行才能对人民产生实际效力。政府则是落实和实施法律、政策的国家机关。经越南国会通过的法律、政策，能够保障法律、政策的公共性，因而，能够使执行和实施法律、政策的行动合法化。也就是说，国会职权的有效履行保证了法律、政策符合人民的根本利益。这样的法律、政策，人民易于接受，能够顺利实施。阿尔蒙德、鲍威尔指出，如果大部分公民均相信权威的合法性，那么法律就能够比较容易地以及有效地实施，而且为落实法律所需要的人力以及物力的耗费也会减少。另外，倘若存在某种合法性基础的话，那么权威人物在困难的处境中也将有时间、有能力处理社会与经济问题。① 与此同时，公民获得政府提供的良好服务，通过纳税给予政府经济支持。阿尔蒙德、鲍威尔认为，一个政治体系汲取资源、管制行为以及分配产品和服务的能力受制于当局的合法性程度与性质。通常来说，倘若合法性下降，那么即使政府可以用强制手段强迫许多民众服从，政府开展的活动也会受到阻碍。② 政府顺利实施法律、政策是行政效率的重要表现，而行政效率是衡量有效政府的重要指标。

---

①〔美〕加布里埃尔·A. 阿尔蒙德、小 G. 宾厄姆·鲍威尔：《比较政治学——体系、过程和政策》，曹沛霖等译，东方出版社 2007 年版，第 32 页。

②〔美〕加布里埃尔·A. 阿尔蒙德、小 G. 宾厄姆·鲍威尔：《比较政治学——体系、过程和政策》，曹沛霖等译，东方出版社 2007 年版，第 33 页。

三、为法治国家建设提供制度支撑

越南国会是越南的最高民意机关和最高权力机关，是越南保证良法形成以及保障良法实施的制度机制。亚里士多德作了经典的阐述："法治应包含两重意义：已成立的法律获得普遍的服从，而大家所服从的法律又应该本身是制订得良好的法律。"[①] 中国学者张千帆、蔡克蒙也指出，缺少配套的政治体制改革，法治改革必定举步维艰。[②] 因此，国会制度发展完善是法治国家建设的重要制度保证。

（一）国会是保证良法产生的制度机制

科学立法、建立完备的国家法制体系是建设法治国家的基础。例如，北宋政治家和思想家王安石说过："立善法于天下则天下治，立善法于一国则一国治。"[③] 但是善法的理想不等于善法的现实，问题是如何产生善法。现代民主制度则解决了善法的产生问题。人类生存的共同体需要建立一种共同遵守的秩序以维护个人共享的集体价值。法律规则是体现共同体价值秩序的一种方式，国家是参与制定且负责实施法律的力量，而民主制度是集体价值的形成机制。[④] 越南国会是人民实现当家作主权利的国家机关，人们通过选举控制国会代表制定符合人民利益和价值的法律。因此，国会是越南进行科学立法、建立完善法制的核心权力机关，是建立完善的国家法制体系的根本保障。

（二）国会是保证越共依法执政的制度机制

国会制度的发展完善，要求越共必须依法执政。这是由国会在越南政治体系中的地位以及作用所决定的：越共举荐的本党党员需要经过国会的同意才能进入国家机关工作，并且需要接受国会对他们的法律监督以及权力监督；

---

①〔古希腊〕亚里士多德：《政治学》，吴寿彭译，商务印书馆 1965 年版，第 202 页。

② 张千帆、蔡克蒙：《政改与经改不可分割》，《领导文萃》2014 年第 6 期。

③ 司马迁：《史记全本（下）》，万卷出版公司 2009 年版，第 772 页。

④ 张千帆：《宪政原理》，法律出版社 2011 年版，第 76 页。

越共的纲领、路线、方针、政策也需要经过国会的同意才能转为国家的法律与政策。国家政权组织形式是由宪法安排的，国会制度的正常运转，需要越共依法领导国家。从这个意义来说，国会制度的发展完善、国会职权的正常履行是保证越共对国家政权领导方式民主化、法治化的必要条件。同时，国会制度的发展完善，要求在国家机关任职的党员领导人依法在国家机关内开展活动。越南为保障越共切实依法领导国家，将越共活动的法治化写入宪法。1992 年《宪法》规定，所有政党组织都应在宪法和法律的范围内活动。2013 年《宪法》继续强调，所有党组织以及越共党员应在宪法与法律范围内从事活动。①

（三）国会是监督司法机关和行政机关的法律实施和执行的制度机制

越南国会通过符合人民利益的法律之后，接下来就是通过法治落实法律。法治国家建设，关键是依法行政和公正司法。越南国会制度是依据人民主权原则设置的，目的就是保证人民真正掌握国家权力。人民通过这一制度渠道能够对行政机关和司法机关的法律实施活动进行监督和制约，从而维护自己的合法权利。一方面，政府是执行法律的机关，而国会有效履行职权则是保证政府依据宪法、法律履行职权的基础。在越南，由国会选举产生政府，而政府则需要对国会负责，接受国会对其权力行使过程的监督，从而保证政府的民主性。另一方面，法院、检察院由国会选举产生，对国会负责，同时接受国会的监督。国会的职权和法院的职权、检察院的职权是由宪法、法律规定的。国会制度的发展完善保证了国会职权的正常履行，这在一定程度上保证了法院、检察院职权的正常履行。而法院、检察院有权依据宪法、法律对政府实施法律的行为进行监督，从而也成为推动政府依据宪法、法律开展活动的重要力量。法治的一个特征就是权力监督与制约。国会行使对国家活动的最高监督，因此，国会是权力监督制约的根本制度支撑。

总而言之，越南国会制度的发展完善与越共的自我更新、法治国家建设、

---

①《越南社会主义共和国宪法（2013）》，米良译，《南洋资料译丛》2014 年第 1 期。

有效政府建设具有互补性。美国学者保罗·皮尔逊（P. Pierson）在著作《时间中的政治：历史、制度与社会分析》中指出，不同制度之间可能存在非常多的互补性，即两个或者两个以上的制度设置是彼此强化的。制度之间互补性的存在，对制度发展的模式产生了一些重要影响。当制度间的互补性大量出现时，我们可以预期观察到制度设置中的不同聚类。在其他条件相同的情形下，倘若制度 x 出现，我们更有可能看到制度 y 的发展。[①] 因而，落实国会职权的制度机制的出现，使我们看到了并且很可能仍会看到越共的自我更新，以及法治国家建设、有效政府建设的推进。同时，这些条件的发展完善又能够推动国会制度的发展。也是从这一意义来说，国会制度的发展完善与这些条件的发展是相互强化的。

---

①〔美〕保罗·皮尔逊：《时间中的政治：历史、制度与社会分析》，黎汉基、黄佩璇译，江苏人民出版社 2014 年版，第 190 页。

第五章 冷战后越南民主化道路的维持条件

越南的民主化道路是一项复杂的系统工程。它涉及目标指向、力量汇集、领导主体、内容架构、制度安排以及条件保障等方面的内容，是一场深层次、全方位的政治文明提升和再造过程。越南民主化实践表明，促进越南民主化道路开端的因素未必能够维持民主运转，但影响民主维持的因素必然是越南民主化的动力资源，同时，越南民主制度的发展完善也能够为这些条件的孕育成长创造有利条件。这些支持要素集中体现在市场经济确立、有效政府建立、政党制度建设、法治国家建设、社会组织培育五个方面。

第一节 社会主义定向市场经济体制的建立健全

越南社会主义定向市场经济体制的建立，不仅有利于解放和发展生产力，为越南民主制度的建立健全提供物质基础，而且为越南的民主化提供了源源不断的动力资源。尽管长期以来人们对民主制度正常运转所需要的经济条件各执一词，然而，历史事实证明，经济发展确实能够为民主制度的正常运转提供必要的条件。如若达不到相对稳定、成熟的经济发展水平，民主制度则难以正常运转。可以说，市场经济的适度发展，为公民的物质生活提供了一定的保障，而一定程度以上的物质财富，使公民负担得起民主制度正常运转所必需的信息成本以及监督成本。

一、建立健全越南社会主义定向市场经济体制

越南统一后，实行了高度集中的计划经济体制，但由于内外政策的失误，越南国内很快陷入经济社会危机，越共因此开始审视商品经济的可行性。越共六大第一次提出了要在越南发展商品经济，越南“从小生产发展为大生产的过程，是从带有很多自给自足的性质的经济发展为商品经济的过程”[①]。越共七大提出，发展社会主义定向的、由国家管理的、按照市场机制运行的多种成分的商品经济。越共九大正式提出“社会主义定向的市场经济”的概念，明确指出社会主义定向的市场经济是越南社会主义过渡时期的总体经济模式。2008 年越共十届六中全会通过了《继续完善社会主义定向的市场经济的决议》，其中提出：“现代市场经济是建设社会职能的手段，是建设社会主义的本质和目标的手段。至此，越南将市场经济与越南社会主义建设相融合，初步形成了越南社会主义定向的市场经济理论。”[②] 此后，建设和完善社会主义定向市场经济体制始终是越南经济体制改革的目标。越共十三大提出了尽早完善社会主义定向市场经济体制的三个方面：一是提升政府宏观经济调控的效力以及服务发展的能力；二是更好地处理政府、市场和社会之间的关系，以及政府、企业和人民群众之间的关系；三是坚决克服机制和政策等方面国家发展的瓶颈。[③]

越南社会主义定向市场经济这一概念“是越南的一大特色”，它既包含市场经济因素，又具有社会主义导向的限定。“（越南）的社会主义市场经济

---

①〔越〕越南共产党《第六次代表大会文件》，越南事实出版社 1987 年版，第 23 页；转引自潘金娥：《越南经济革新的历程及理论探索》，《前线》2020 年第 8 期。

② 潘金娥：《越南经济革新的历程及理论探索》，《前线》2020 年第 8 期。

③〔越〕武文福：《越南共产党第十三次全国代表大会文件的核心和新内容》，韦丽春、慕潮译，《世界社会主义研究》2021 年第 2 期。

是在党和国家的领导和管理下，根据市场机制规律运行的，多种经济成分并存的商品经济。这是一种既遵循市场经济规律，又在社会主义原则本质的支配和引导下发展的市场经济形态。”①

越共总书记阮富仲指出，社会主义定向市场经济是一种既遵守市场经济规律，又依据并在社会主义的原则和性质的引领和支配下运行的经济组织，体现在所有制、管理和分配三个方面。在所有制方面，提出多种经济成分并存，并且强调依法运作的各种经济成分均是国民经济的重要组成部分，它们在法律面前一律平等，共同长期发展、相互合作、良性竞争。其中，国有经济占有主导地位，集体经济与合作经济不断得到巩固和发展，私营经济是经济体的重要动力，鼓励外资经济在符合经济社会发展战略和规划的条件下得以发展。在分配制度方面，提出根据劳动成果和经济效益，同时根据资金和其他资源的贡献率，以及通过社会保障和社会福利制度进行分配。在管理体制方面，国家通过法律、战略、规划、计划、政策和物质力量来管理、调控、推动经济社会发展。②

二、越南社会主义定向市场经济体制的实行对越南民主化的影响

社会主义定向市场经济体制的实行，为越南社会主义民主制度的运转提供了经济、社会、政治条件。市场化是民主化的组成部分。市场化取向的经济改革所实施的措施是对社会有益的，也是民主化所需要的。越南社会主义定向市场经济已经并将继续为越南的民主化创造有利条件。

---

① 于洪君：《当代世界政党文献（2011）》，党建读物出版社 2012 年版，第 368 页。

② 阮富仲：《社会主义和越南走向社会主义道路的理论与实践若干问题》，越南人民报网，访问时间 2021 年 8 月 15 日，https://cn.nhandan.vn/ 社会主义和越南走向社会主义道路的理论与实践若干问题 –post89172.html。

（一）促进经济的快速发展

越南社会主义定向市场经济体制的实施，推动了越南经济的快速发展。根据世界银行公布的数据，1991—2019 年越南的 GDP 年平均增长率为 6.7%，排在大多数东南亚国家的前面。2020—2021 年受新冠肺炎疫情的影响，GDP 增长率均不到 3%，但 2022 年 GDP 增长率提高到 8%。越南人均 GDP 从 1991 年的 140.6 美元增长至 2022 年的 4163.5 美元（参见表 5-1）。越共总书记阮富仲指出："实施革新路线的三十五年来，越南经济持续保持较高的增长和发展速度。"① 简而言之，经济的快速发展是越南取得的巨大成就之一。

经济的快速发展，既保证了当前越南社会主义政治制度的有效性，也提高了人们对越南社会主义民主化道路的信心。与此同时，经济发展的各个方面，也通过社会结构、文化普及、城市化等间接因素促进了民主政治发展。正如亨廷顿所说，从长期来看，经济发展可以为民主制度奠定基础。② 一是改变了越南的社会结构，中产阶级日益发展壮大。例如，毕马威国际主席安茂德指出，越南新兴市场的崛起及其经济实力的增强造就了一个日益强大的中产阶级，到 2008 年，总人口 8600 万的越南，中产阶级人数达 1460 万，预计未来几年内将上升到 2150 万。③ 美国波士顿咨询集团（Boston）顾客及消费者研究中心表示，2014—2020 年，越南中产阶级人数将增至 3300 万人，占全国人口的三分之一；月平均收入达 714 美元。④ 二是推动了社会组织的发展。一个人越富裕，受教育程度越高，就越有可能加入群众性组织。因为社会组织的成立与特定国民收入水平以及空闲时间的多少有关。2011 年越共十一大

---

① 阮富仲：《社会主义和越南走向社会主义道路的理论与实践若干问题》，越南人民报网，访问时间 2021 年 8 月 15 日，https://cn.nhandan.vn/ 社会主义和越南走向社会主义道路的理论与实践若干问题 -post89172.html。

②〔美〕塞缪尔·P·亨廷顿：《第三波：20 世纪后期的民主化浪潮》，欧阳景根译，中国人民大学出版社 2013 年版，第 65 页。

③ 安茂德、彭亚利：《亚洲新兴市场中产阶级的崛起》，FT 中文网，访问时间 2023 年 3 月 7 日，http://www.ftchinese.org/story/001044152?archive。

④ 美国波士顿咨询集团：《越南中产阶层人数蓬勃发展》，越南人民报网，访问时间 2023 年 3 月 7 日，https://cn.nhandan.vn/ 美国波士顿咨询集团 – 越南中产阶层人数蓬勃发展 -post44698.html。

前，越共和国家将社会组织的发展提上了政治议事日程，而此时越南的人均GDP已超过1500美元，越南的识字率也由1989年的87.6%上升到了2009年的93.5%（参见表5–1）。社会组织的日益发展壮大，必然能够增强社会的自治化水平，与此同时，对国家权力向社会的渗透、蔓延予以限制，进而促进越南民主支持者的发展壮大。

表5–1　1989—2022年越南主要经济增长、教育和城市化指标

年份	GDP 增长率（%）	人均 GDP（现价美元）	城镇人口比例（%）	15 岁以上成人识字率
1989	7.4	96.1	19.9	87.6
1990	5.1	96.7	20.3	—
1991	6.0	140.6	20.6	—
1992	8.6	144.4	21.00	—
1993	8.1	185.2	21.4	—
1994	8.8	224.6	21.8	—
1995	9.5	281.1	22.2	—
1996	9.3	329	22.6	—
1997	8.2	352.9	23.0	—
1998	5.8	352.8	23.4	—
1999	4.8	367.2	23.8	90.3
2000	6.8	394.6	24.4	90.2
2001	6.2	409.5	24.9	—
2002	6.3	434.8	25.5	—
2003	6.9	485.5	26.1	—
2004	7.5	551.9	26.7	—
2005	7.5	693.2	27.3	—
2006	7.0	790.6	27.9	—
2007	7.1	913.3	28.5	—
2008	5.7	1158.1	29.1	—
2009	5.4	1225.8	29.8	93.5
2010	6.4	1684	30.4	—

（续表）

年份	GDP 增长率（%）	人均 GDP（现价美元）	城镇人口比例（%）	15 岁以上成人识字率
2011	6.4	1953.6	31.1	—
2012	5.5	2190.2	31.8	—
2013	5.6	2367.5	32.4	—
2014	6.4	2558.8	33.1	—
2015	7.0	2595.2	33.8	—
2016	6.7	2760.7	34.5	—
2017	6.9	2992.1	35.2	—
2018	7.5	3267.2	35.9	—
2019	7.4	3491.1	36.6	95.8
2020	2.9	3586.3	37.3	—
2021	2.6	3756.5	38.1	—
2022	8.0	4163.5	38.8	—

注：表中GDP增长率①、人均GDP②、城镇人口比例③、识字率④依据世界银行网站公布的数据整理而成。

（二）促进有限政府的建立

市场经济体制的建立需要构建与之相配套的政治条件，即有限政府。一方面，市场经济就是保证市场主体在经济领域的自主性，排除对市场行为、企业行为等直接干预的经济管理体制。这就要求政府不直接管理公民的经济事务。没有权力受到限制的政府就没有市场经济。另一方面，市场经济需要

① 世界银行网，访问时间 2023 年 4 月 14 日，https://data.worldbank.org.cn/indicator/NY.GDP.MKTP.KD.ZG?locations=VN&view=chart。

② 世界银行网，访问时间 2023 年 4 月 14 日，https://data.worldbank.org.cn/indicator/NY.GDP.PCAP.CD?locations=VN。

③ 世界银行网，访问时间 2023 年 4 月 14 日，https://data.worldbank.org.cn/indicator/SP.URB.TOTL.IN.ZS?view=chart&locations=VN。

④ 世界银行网，访问时间 2023 年 4 月 14 日，https://data.worldbank.org.cn/indicator/SE.ADT.LITR.ZS?locations=VN&view=chart。

政府的作用，通过有限政府创造市场经济运行的政治环境。越共十大政治报告指出，要通过法律体系来管理国家，最大限度地减少对市场、企业的行政干预。国家的行政管理职能要与企业的经营管理职能分开，废除主管制度。还提出，国家在经济、社会的管理中要明确国会、政府和各部委、省、中央直辖市人民委员会的职能与相互关系。

第二节　建立有效政府

民主政体的正常运转需要有效政府。学者王绍光认为，政府有效性的程度是影响民主强化成果的关键调整参数。政府有效性的程度越高，民主强化的难度就越小。[①] 越南国会制定的法律要落到实处，对人民的权利义务产生实际的效果，就需要建立有效的政府。派伊指出，民主发展不仅包括对大众参与问题的成功解决，还必须有一个政府和有秩序的权威。[②] 有效政府不仅对民主制度建立后的正常运转是必需的，而且对民主制度的建立过程也是必不可少的。正因为如此，越共强调行政改革与立法、司法改革同步进行。在民主制度建立健全的过程中，如果政府能力弱小，政府威信会降低，进而使其失去合法性。

一、越南有效政府建设的目标

对于有效政府的内涵，本书采取王绍光在《有效的政府与民主》一文中

---

① 王绍光：《有效的政府与民主》，《战略与管理》2002 年第 6 期。

②〔美〕鲁恂 · W. 派伊：《政治发展面面观》，任晓、王元译，天津人民出版社 2009 年版，第 107 页。

的界定。王绍光认为，可以通过分析政府的履职能力来测定各种不同政府的有效性，为此列明某些关键的政府职能是有益的。有效的政府通常具有垄断暴力的合法使用权、提取资源、塑造民族统一性和动员群众、调控社会和经济、维持政府机构的内部凝聚力、重新分配资源等六项重要职能。前两项职能适用于任何政府，而后四项职能则是现代统一民族国家所拥有的。如果一个政府能够顺利履行上述所有职能，它就是一个有效的政府；如果一个政府仅能够履行其中的某些职能，它就是一个无能的政府；如果一个政府根本不能履行其中的任何职能，则可以称它为一个失败的政府。①

行政改革是越南有效政府建立的必由之路。行政改革一直是越南国家组织机构革新的重要组成部分。1995 年 1 月，越共七届八中全会通过了《进一步改革国家行政的决议》，决议提出越南行政改革的总目标：建立一个廉洁、有能力正确行使行政权力和逐步走向现代化的政府，能够有力、有效地管理国家事务，促使社会向良好、正确的方向发展，真正为人民服务的政府。②2001 年 9 月 17 日，越南政府颁布了 2001—2010 年国家行政改革总体计划，目标就是建立一个民主、廉洁、坚强、专业、现代化的、活动有效力和高效的国家行政体系；建立一支德才兼备、满足国家建设和发展需要的干部公务员队伍；使国家行政体制的改革基本符合社会主义定向市场经济要求。这十年国家行政改革分为两个阶段：第一阶段是 2001 至 2005 年，第二阶段是 2006 至 2010 年。第一个阶段为起步阶段，主要制订了行政改革的总体计划。③2011 年 11 月 8 日，越南政府颁布了《2011—2020 年国家行政改革总体规划》（第 30c/NQ-CP 号决议）。这十年国家行政改革也分为两个阶段：第一阶段是 2011 至 2015 年，集中于体制建设、行政手续改革、国家行政组织架构、公务、公务员等领域；第二阶段是 2016 至 2020 年，以体制改革，干

① 王绍光：《有效的政府与民主》，《战略与管理》2002 年第 6 期。

② 钱素华：《提高行政效率是越南国家行政改革的核心问题》，《云南行政学院学报》2003 年第 6 期。

③ 梁炳猛：《革新开放后的越南共产党（1986—2010 年）——以全国党代表大会为视角》，社会科学文献出版社 2015 年版，第 219 页。

部、公务员、职员队伍建设及质量优化，注重工资政策改革，优化行政服务质量和公共服务质量为核心任务。[①]2021 年 7 月 15 日，越南政府颁布了《关于颁布 2021—2030 年国家行政改革总体计划的决议》（第 76/NQ-CP 号决议）。这十年国家行政改革以体制改革、行政手续改革、国家行政组织机构改革、公务制度改革、公共财政改革以及发展电子政务和数字政府改革为重点内容。[②] 由此可知，越南行政体制改革主要包括组织机构改革，简化行政程序，公务员和干部队伍改革三个方面。其中，简化行政程序旨在重新界定政府机构和社会之间的关系，组织机构改革旨在重新界定公共管理本身的部门和层级之间的关系，公务员和干部队伍改革旨在保证公务员能够依法履行公职。

二、精简政府机构

越南行政体制革新的重要内容是优化政府结构，精简机构。越南行政组织体系的弊端是机构重叠，官僚主义盛行，人浮于事，以致财政不堪重负。1996 年召开的越共八大指出，政治系统仍存在许多弱点，如党政机关和团体没有得到精简，官僚主义现象非常普遍。2001 年越共九大通过的 2001—2010 年经济社会发展的战略任务之一就是促进行政改革，建立稳健、廉洁的国家行政机构。2006 年越共十大提出，要大力推进行政改革，对政府的组织和活动进行革新，确保组织机构精干而合理。2011 年越共十一大提出，组织机构要合理精简。

1990 年，越南对政府机构进行了大的撤并，将文化部、通信总局、体育总局和旅游局合并为文化体育旅游部，将机械冶金部、地质矿产局、化工局、

① 《加大行政改革力度，建设富有效力和效率、实行一站式服务的纯洁、强大、廉正的国家组织架构，满足服务人民及发展国家的要求》，共产主义杂志网，访问时间 2023 年 4 月 6 日，https://tapchicongsan.org.vn/web/chinese/tieu-diem/-/-/asset_publisher/v13SCZPHJBjW/content/282-89763。

② 《越南发布 2021—2030 年国家行政改革总体计划》，中华人民共和国商务部，访问时间 2023 年 4 月 6 日，http://vn.mofcom.gov.cn/article/jmxw/202107/20210703179701.shtml。

油气总局合并为重工业部，将外经局、商业部、物资部合并为商业部，将教育部、大学中转部合并为教育培训部。到 1996 年，经过四次机构调整，将 37 个部与部级单位精简为 23 个部与部级单位。在 2002 年十一届国会第一次会议上，越南正式宣布改革后的政府组织情况。革新后，越南中央政府机构减少 4 个，变为 23 个；省级政府机构平均减少 10 个，变为 20 个；市级政府机构减少 14 个，变为 24 个；市辖郡区政府机构减少 8 个，变为 10 个；县级政府机构减少 10 个，变为 10 个。平均减少幅度为 10% ~ 15%。与此同时，严格控制人员编制，省、直辖市行政编制总数不超过 3000 人，省属各职能部门人数在 22 到 73 之间，省会城市的行政编制为 145 人左右，县级的行政编制为 70 人左右，县级职能部门人数在 5 到 12 之间。①

2013 年 5 月，越共十一届七中全会在讨论“革新、完善越南政治体系”议案时，越共中央委员、中央民运部常务副部长阮世忠指出，越南政治体系庞大，但活动效果不佳。国家财政收入较低，但从中央至乡坊各级政府人员的编制非常多，这直接拉低了公务员的工资。这是必须要解决的问题。越南政治体系是为人民服务的，为实现这一目标，首先要精简机构，并与提高活动效果、活动质量相结合。2014 年 11 月，越南中央政府会议通过的决议强调，内务部、有关部门及地方政府必须贯彻落实中央政府关于不增加 2015 年公职人员编制和事业单位人员编制的决定，新招聘人员不得超过退休名额的 50%。②

三、简化行政程序

行政审批是政府管理的重要手段，但政府大量采用事前监管、直接管理的方式，会限制市场机制作用的发挥，进而影响社会自由自主地发展。越共

---

① 云南行政学院赴越南考察小组：《越南行政改革及其启示》，《云南行政学院学报》2002 年第 3 期。

②《2014 年 11 月中央政府定期会议决议》，越南社会主义共和国中央政府门户网站，访问时间 2014 年 12 月 15 日，http://cn.news.chinhphu.vn/Utilities/PrintView.aspx? ID=16922。

指出，为方便个人或组织办理有关行政手续，改变行政手续多的现状，必须着力进行简化行政手续的革新。2001—2010年，个人在办理土地、建设、户籍、户口以及企业的投资、注册、海关、税收、仓储、进出口等方面的行政手续环节大为减少，行政手续大为简便、更加便利。例如，居民办理结婚、生育手续，确定贫困户和民族成分，开证明、办理普通护照和经营执照等更加方便了，有关税收、海关、在国内外投资的行政报批手续也减少了很多。胡志明市在投资、建设、招投标方面补充完善了部分行政手续和规程，实行行政手续“三化”，即标准化、格式化、公开化，其中包括71项建设、土地及住房领域的格式化表格。到2010年，越南对5500项行政手续进行了审查，取消了453项，对3749项进行了修改，对288项进行了更换，所有这些占到全部行政手续的81%，大大方便了企业和个人。地方政府执行“一个窗口”和“一条龙”办理行政手续的机制，到2010年，约96%的县、87%的处委局开始实行这一制度。[①] 该制度的实施，大大提高了越南民众对政府的满意度。

另外，越南政府大力推进行政机关的信息应用技术。2009年，越南颁布了《TCVN ISO9001：2008办公质量标准和管理质量标准》。到2010年，越南各级政府中，有1453个行政机关获得了ISO的认证。依据ISO标准建设质量应用体系，各级政府机构具有诸多优点。例如，它简化了机关、地方、企业之间的工作关系程序，保证了各级政府的工作效率。[②] 可以说，越南各级政府通过应用信息技术提高了工作效率，改善了政府的形象，大大提高了人民对政府的满意度。2015年7月，越南政府副总理、政府行政改革指导委员会主任阮春福指出，越南要逐步形成电子政府，在国家行政机关的事务处理流程中大力应用信息技术。

越南还非常重视简化行政手续的革新。2011年2月19日，越南成立了行政手续监管局，主要任务是保证政府落实简化行政手续的所有决议。2013年

---

① 梁炳猛：《革新开放后的越南共产党（1986—2010年）——以全国党代表大会为视角》，社会科学文献出版社2015年版，第221—222页。

② 梁炳猛：《革新开放后的越南共产党（1986—2010年）——以全国党代表大会为视角》，社会科学文献出版社2015年版，第224页。

4月10日，越南成立了行政手续改革咨询委员会，旨在加强国家与企业、人民之间的对话，听取企业和人民对行政改革的意见和建议。

四、公务员和干部队伍改革

冷战后，越共认为政府工作效率低与干部、公职人员素质不高有着极其密切的关系。越共一直坚持，干部是一切工作的根基，工作成功还是失败取决于干部的优劣。越共总书记阮富仲强调：党建是关键任务，而干部工作则是关键任务之关键。越南进行公务员干部队伍建设的主要措施如下：

一是完善公务员干部队伍培训工作。1996年，越南政府在《关于干部和国家公务员的培训和辅导工作》中指出，从1997年开始，每年对从中央部委到地方公务员及基层地方政府的干部进行培训，至少要有20%的人员参加培训。培训内容视培训对象而定。对于国家公务员，主要进行政治理论、路线、政策以及有关管理社会主义定向市场经济所需技能方面的培训；对于基层地方政府的干部，除学习党和国家的理论、方针、政策外，还要进行法律以及行政相关基础知识方面的培训。2005年，在全国干部、公务员培训工作总结会议上，内务部部长杜光仲对每个层面的干部培训给出了指标：专员级干部及公务员，争取100%符合政治理论及国家管理的要求；50岁以下的公务员，必须全部拥有大学学历；县级以上主要干部，必须拥有大学学历、高级政治理论培训证书；每年接受专业培训的公务员至少有10%，接受培训的乡村干部达到20%以上，拥有中级以上专业水平的乡级骨干领导达到25%～50%，所有村长都能得到行政管理方面的培训。①

二是建立公务员选拔、考核、检查制度。在公务员的选拔制度方面，大学生必须通过考试才能被录用为国家公务员；国企和事业单位的主要领导由考核委员会进行考核后确定是否任用。干部考核检查方面，实行定期检查、考核制度。越共和政府制定了对干部、公务员的政治本领、道德素质、工作

① 陈明凡：《越南政治革新研究》，社会科学文献出版社2012年版，第196—197页。

能力以及专业知识和业务水平进行定期全面检查的制度。每年对干部队伍进行考核，内容主要为法律、政策范围内的相关问题，把不符合标准的干部从党和国家机构中清理出去。

三是实行干部轮换制度。1998 年越南国会常务委员会颁布《国家干部、公务员法令》，实行干部轮换制度。2003 年越南国会常务委员会又颁布《干部公务员法（修正案）》，其中规定了乡村公务员界定机制、后备公务员界定机制、行政与事业单位公务员区别机制。

四是建立健全干部、公务员财产登记制度。1998 年，越南政府制定了财产登记制度。财产登记的对象包括干部和公务员。依据该制度，干部和公务员都需要进行财产登记，登记的内容包括地产、房产、近 15 年的商业资产情况以及配偶和子女在国外自费留学的经费来源等。国会选举的时候，越共、国家机关以及群众团体的各级领导候选人，必须如实登记自己的财产，并承担相应的责任；并在国会代表选举前，向祖国阵线、选民公开自己目前的财产和收入，承担相应的法律义务。2007 年 3 月，越南政府又颁布了一项法令。该法令规定必须进行财产登记的人员有国会正式代表和候补代表、高级警官和军官，国家、省、县级政府以及国有企业所有副处级以上的干部。有义务申报财产的人员必须将自己、配偶以及其未成年子女在国外的财产、银行账户进行财产登记。2010 年 3 月，越南政府颁布的法令进一步扩展了申报财产人员的范围。该法令规定，中央、各省机关、各县机关、公立事业单位、政治社会组织以及军队和公安系统的副科长和相当于副科级以上的干部有财产申报的义务。此外，还包括国有经济集团、总公司和公司董事会以及经理部领导成员。①

① 陈明凡:《越南政治革新研究》，社会科学文献出版社 2012 年版，第 199—200 页。

第三节　一党制的形成和巩固

代议制民主是现代民主政治的实现形式。从历史上来说，是代议制民主孕育了政党和政党制度。政党在代议制规则下运转，并在自己的活动中反映代议制所包含的组织和程序原则。代议制的正常运转，是政党制度成熟定型的前提条件；而成熟定型的政党制度既是代议制民主的实践机制，又是促进代议制民主发展完善的制度保障。

一、越南共产党领导的多党合作制向一党制的转变

20 世纪 40 年代末至 1988 年 10 月，越南实行的政党制度是越南共产党领导下的多党合作制。1988 年 10 月，越南民主党和越南社会党自愿宣布停止活动，越南共产党成为越南唯一的政党，越南的政党制度以和平的方式演化为一党制。

（一）越南共产党领导的多党合作制的确立

越南民主党和越南社会党在越南共产党的领导下，先后通过参加越盟、越南国民联合阵线和越南祖国阵线的形式，参与越南革命和社会主义建设事业。

越南民主共和国刚刚成立不久，1945 年 9 月 23 日，法国殖民主义者再次侵略越南。印度支那共产党领导人民自此开始了长达 9 年的抗法战争。1945 年 11 月 11 日，为适应抗法战争的新形势，印度支那共产党宣布自动解散，实际上转为秘密活动，仍然领导人民进行革命斗争。为巩固政权和扩大统一战线，1946 年 5 月，印度支那共产党领导创建了越南国民联合会，吸收由于各种原因没有加入越盟的党派和人士。1946 年 7 月，越南社会党成立，

并加入了越盟。1951 年 2 月，印度支那共产党召开了第二次全国代表大会，会议决定把党的名称更改为越南劳动党，并恢复党的公开活动；提出要使越南抗法战争取得完全胜利。1951 年 3 月，越南成立了由越盟与越南国民联合会合并而成的越南国民联合阵线。它是越南的民族统一战线组织，主要由越南劳动党、越南民主党、越南社会党、越南总工会、越南全国农民联络委员会、越南妇女联合会、越南青年联盟、越南全国学生联合会等团体，以及各民族、各宗教信仰者的代表人物和爱国分子组成，其中越南劳动党是领导力量。1953 年年底，“以国民联合阵线为主要力量的越军在奠边府击败法军”，“为《日内瓦协议》的签订作铺垫”，“越南国民联合阵线此时已演进为反法救国的支柱力量”。[①] 1954 年，法国接受《恢复印度支那和平协定》，越南北方获得解放。1955 年 9 月，全国民族统一大会决定成立越南祖国阵线，旨在“团结一切可以团结的民族民主力量，抵抗美国干涉内政，推动越南北部的社会主义改造，并为南方人民抗美斗争提供援助”[②]。1960 年 9 月，越南劳动党召开第三次全国代表大会，提出党的两大历史任务：一是推进北方走社会主义之路；二是进行南方解放，实现国家统一的斗争。1961 年美国对越南发动侵略战争，越南劳动党带领全国人民进行抗美救国战争。1973 年 1 月，越南与美国正式签署《关于在越南结束战争、恢复和平的协定》，美军从越南南方撤离，至 1975 年 5 月，越南南方全部解放。1976 年越南宣布实现南北统一。1976 年 12 月，越南劳动党召开第四次全国代表大会，会议决定把党的名称由越南劳动党更改为越南共产党，通过了《关于新时期越南社会主义革命和建设总路线》以及新的《越南共产党章程》等项决议。

这一时期，越南民主党和越南社会党都表示接受越共的领导。1954 年越南北方和平恢复后，越南民主党表示支持和拥护越南劳动党的领导，执行越南劳动党的纲领、路线、方针、政策，积极参加越南劳动党在越南北方开展的对私营资本主义工商业的社会主义改造。1958 年时任民主党总书记杨德贤

① 吕晓凤:《越南“祖国阵线”形成与演进探析》,《云南社会主义学院学报》2018 年第 2 期。
② 吕晓凤:《越南“祖国阵线”形成与演进探析》,《云南社会主义学院学报》2018 年第 2 期。

发文说："忠实而坚决地为社会主义而奋斗；坚决拥护劳动党的领导是党的根本政治路线，同时以此作为向小资产阶级、民族资产阶级和知识界进行社会主义教育的基本标准，帮助他们以社会主义精神自我改造。"① 越南社会党党章规定，"它忠诚于马克思列宁主义理想和诚恳地接受越南劳动党的领导"②。越南统一后，越南民主党和越南社会党在动员各自党员和阶层在参加社会主义建设中发挥了积极的作用。

（二）一党制的形成

1988 年 10 月，越南民主党和越南社会党自愿宣布停止活动，越共成为越南唯一的政党，越南的政党制度以和平的方式演化为一党制。

1988 年 10 月，越南民主党在通告中指出："按照越共六大决议提出的改革精神，越南革命已经进入新的发展阶段，民主党'已不再具备适应上述革命任务要求的活动条件'。"③ 越南社会党在通告中指出："自 1975 年起就停止了发展党员，目前党员人数极为有限且均年事已高，因此决定停止活动。"④ 自此，越共成为越南唯一的政党，越南一党制形成。越南一党制的形成，是越南政党力量对比的反映和结果。越南民主党和越南社会党自行宣布解散，是出于对自身现实情况的判断。自越南统一后，越南民主党和越南社会党的力量越来越弱小，"只有几千名党员，而且主要是知识分子，影响的领域较为狭小"⑤。与此同时，至1986年，越南共产党的党员接近200万人，建立起了覆盖全社会的自上而下的组织体系。⑥

---

① 李靖宇：《社会主义政治体制大辞典》，沈阳出版社 1989 年版，第 1037 页。
② 李靖宇：《社会主义政治体制大辞典》，沈阳出版社 1989 年版，第 1036 页。
③ 李金河：《社会主义国家政党制度研究》，九州出版社 2006 年版，第 289 页。
④ 李金河：《社会主义国家政党制度研究》，九州出版社 2006 年版，第 289 页。
⑤ 李金河：《社会主义国家政党制度研究》，九州出版社 2006 年版，第 289 页。
⑥ 李金河：《社会主义国家政党制度研究》，九州出版社 2006 年版，第 289 页。

二、越南一党制的巩固

越共提出，必须坚持一党制，一党制是适合本国国情的政党制度，与民主并不矛盾，必须不断地推动一党制的发展完善。

（一）强调必须坚持一党制

20 世纪 80 年代末 90 年代初，越南国内经济濒临崩溃的边缘，越共党内外思想更是异常混乱，“在共产党人的队伍里也出现了立场动摇的现象”[①]。越共强调，一党制和民主是不矛盾的，“实行一党制还是多党制，与一个国家民主与否并不矛盾”。越共七大全面阐述越南实行一党制的必然性：一个国家实行何种政党制度是阶级力量、政治斗争力量对比的反映和结果，是具体国家历史条件的产物。越南在西贡伪政权时期，实行过多党制，但西贡政权并无多少民主可言。当前，越南客观上没有实行多党制的必要，而承认多党制意味着为反祖国、反人民和反社会主义制度等反革命势力卷土重来创造条件。[②]

在越南的政治体制改革进程中，越共始终强调，越南绝不实行多党制。2010 年 3 月，时任国会主席阮富仲在访问印度期间接受印度媒体的采访时阐述了判断民主的标准。针对记者提问的“越南实行多党制或多党并存的时机是否已经成熟”这一问题，阮富仲的回答是，越南拒绝多党制，越南实行的一党制是最有效的，并对此阐述了自己的理解。他认为，并不是多党制更民主，两党制的民主少些，一党制的民主更少些。各个国家的历史环境均不同。判断民主质量的最重要标准为，社会是否发展，人民的生活是否幸福温饱，国家是否稳定以及是否日益向前发展。[③]2011 年越共十一大前，越共强调不实行多党制。在新闻发布会上，越共中央理论委员会主席丁世兄表示，越南

① 《阮文灵在越共“七大”的总报告〈沿着社会主义道路继续把改革事业推向前进〉》，《参考资料》1991 年第 23824 期。

② 《阮文灵在越共“七大”的总报告〈沿着社会主义道路继续把改革事业推向前进〉》，《参考资料》1991 年第 23824 期。

③ 林锡星：《阮富仲：越共新任总书记》，《环球》2011 年第 3 期。

既不需要也不决定实行多元化或多党制，并指出，1946 年越南首次选举时就是实行的多党制，而在法国入侵越南时，只有越共与人民一起并肩战斗。①这在指出越共历史功绩的同时，也强调了越共执政的合法性。2016 年连任总书记的阮富仲再次强调，越南的一党专政制度也有着民主原则以及领导干部的责任制：越南政治制度实行的是集体领导，领导干部实行的是个人负责制。这些保证了越南不会建立独裁体制。②

（二）推动一党制的发展完善

越南经济市场化、社会多元化以及政治民主化等政党政治生态的深刻变化，对越南一党制的适应性变革提出了更高的要求。基于增强越南一党制促进民主政治发展的能力，越共在党对国家政权的领导方式革新上，以民主化和法治化为目标，将明确党领导国家政权的职能、原则与健全民主制度运行的机制相结合；在党对社会的领导方式革新上，以整合社会为目标，将引导和促进社会组织的发展与加强党联系人民群众制度化的建设相结合。

1. 革新越共对国家政权的领导方式

革新越共对国家政权的领导方式，既是国会制度发展完善的必然要求，也是越共加强党的自身建设的内在逻辑。革新越共对国家政权领导方式的过程就是执政党和国家机关各自的权力归位与复位，职能相互影响、制约并相互促进的过程。一方面，越共要主动从与自身职权不相干的具体行政事务中解脱出来，投入更多的精力来加强自身建设，更好地履行政党职能；另一方面，国会、政府、司法机关等职权部门要依法行使权力，保障人民当家作主。科学界定越共与国家政权的职责权限，实现各司其职，是党的自身建设与国会制度互动发展的重要条件。

（1）明确党领导国家政权的职能，是党对国家政权领导方式革新的前提。

---

①《“十一大”前夕越共称不搞多党制》，《潇湘晨报》2011 年 1 月 12 日。

②《阮富仲连任后强调越南将坚持一党制》，国际在线，访问时间 2016 年 4 月 8 日，https://news.cri.cn/2016128/de2035fd-9dd2-4b16-72df-6a7a3c068bdf.html。

越南统一后，越共将国会制度作为越南民主制度的实现形式，人民通过选举代表组成国会行使国家权力。然而先有政党、后有政府的政党政治发展次序[①]，使得在民主制度运行机制尚未建立的很长时段内，越共包揽国家事务的情况十分明显。国会在越南政治体系中的地位和职权，决定了越共主导下的民主化的核心任务是推动国会制度的发展完善；而国会制度的发展完善，必然要求重新定位越共在国家政权中的职能。这是由政党的性质决定的，政党的作用是民主政治参与的工具，而不是决定国家的法律和政策。"'为民主而战'是政党的总品质和总职责，是政党职能的总性质和总要求；民主是政党职能的'内核'和'原点'。"[②] 有鉴于此，越共提出要按照"党领导、人民作主、政府管理"的基本框架，在内容上和方法上革新党的领导。越共强调党在领导国家政权中的职能是纲领、战略、政策方向和大的方针的领导，这是党最基本的职能。而上述职能的实现形式则是，经过法定程序将党的路线、方针、政策变成国家的法律、政策。越共认为，实施上述目标的手段是："党统一领导干部工作和管理干部队伍，介绍充分具备能力和品质的优秀党员进入政治系统的领导机关工作"；然后"党通过党组织和在各政治系统组织工作的党员进行领导，加强个人负责制，特别是牵头人负责制"；最后，"党通过宣传、说服、动员、组织和检查、监督工作"，确保党员特别是党员领导干部在政治上、思想上与党的路线方针政策保持一致。[③]

（2）明确党领导国家政权的限度，为党对国家政权的领导方式改革设置界限。

第一，保障人民当家作主的权利。这一原则的核心是保障国家权力产生于人民，党作为人民政治参与的工具发挥作用。越共以民主为核心，界定了人民、党、国家三者关系，以保障党对国家政权领导方式的民主性。在党和人民的关系上，越共提出党尊重和发挥人民当家作主的权利，强调"越共是

---

① 政党发展的一般次序是先有代议制政府，后有现代意义上的政党。英美属于这种类型，大多数传统的资产阶级国家也属于这种类型。

② 王韶兴：《政党政治论》，山东人民出版社 2011 年版，第 138 页。

③ 吕余生：《越南国情报告 2011》，社会科学文献出版社 2011 年版，第 223—224 页。

执政党，尊重、发挥人民当家作主权利，并接受人民的监督”①。在人民和国家的关系上，越共认为国家制度的本质是民主，人民主要通过国家民主实现当家作主的权利。“社会主义民主是越南国家制度的本质”，“人民通过国家、政治体系的活动和各种形式的直接民主、代表民主实现当家作主的权利”。②在党和国家的关系上，越共提出必须保障国家政权的主动性，“政府由人民授予权力并向人民负责，管理各方面的社会生活。领导党必须保证国家政权的主动、创造作用”③，以此保障国家政权性质的民主性和运行效果的人民性。

第二，保障党依法领导国家。这是保障和落实民主原则引申出的程序性原则。在领导越南社会主义民主建设的进程中，越共十分重视法治国家建设。一是将建设法权国家作为国家建设的目标。法治国家建设的必然要求和结果是越共领导国家政权的法治化。1991 年，越共在党的七大上正式提出了建设越南社会主义法权国家问题。大会文件指出：建设法权国家，要按照民主集中原则来组织和管理。法权要从三个方面全面建设，即立法、执法和司法。二是提出党必须依法领导国家。1992 年，越共在党的七届三中全会上明确提出党必须依法领导国家。大会文件认为：在新的形势下，必须有适合的领导方式来提高党领导的质量和效果，党对国家的领导，必须在宪法和法律规定的范围内进行，任何组织和个人都不能凌驾于宪法与法律之上。三是通过宪法保障法权国家建设、党依法领导国家。越南 2013 年《宪法》第 2 条第 1 款规定，“越南社会主义共和国是属于人民的、由人民所组成、一切为了人民的社会主义法制国家”；第 4 条第 3 款规定，党“应当在宪法和法律范围内从事活动”。④

第三，实行党、国家和政府在最高领导人层面上不兼职，保持党权、军权、立法权和行政权的配置相对均衡。冷战后，越共在坚持党的领导的前提

---

① 刘洪才：《当代世界共产党党章党纲选编》，当代世界出版社 2009 年版，第 307 页。

② 吕余生：《越南国情报告 2011》，社会科学文献出版社 2011 年版，第 222 页。

③《阮文灵在越共“七大”的总报告〈沿着社会主义道路继续把改革事业推向前进〉》，《参考资料》1991 年第 23824 期。

④《越南社会主义共和国宪法（2013）》，米良译，《南洋资料译丛》2014 年第 1 期。

下，实行党、国家和政府在最高领导人层面上不兼职，即党权、军权、立法权和行政权的配置相对均衡。越共形成了以中央委员会为中心的决策体系，这是越南保持党权、军权、立法权和行政权的配置相对均衡的有利条件。党政领导人在最高领导人层面上不兼职，对处于民主化进程中的越南来讲，既有助于越共加强党的自身建设，也有助于保障国家政权的法定权力。

2. 革新越共对社会的领导方式

越共强调，党的力量来自与人民的密切联系。而党与社会的密切联系要从理念转化为现实，必须通过制度手段。

（1）党在社会中的角色由控制社会转向整合社会。越南社会组织的产生和发展，是越共在社会中功能转化的动力源泉。革新开放以来，越南社会组织的自主性日渐增强，使得党和国家直接干预社会日益变得不合时宜。与此同时，越南社会组织中与日俱增的利益团体试图在政治社会中聚合它们的利益，并相互竞争，以影响国家政策。而越南政治体系中能够提供吸纳与协调、整合各方利益的制度渠道是越共。这是因为，协调、调和各方利益是国家不可推卸的职责，而越共是执政党，这也是其基本任务之一；在越南政治体系中，越共领导社会，而准确表达、综合社会的利益和价值，是实现其有效领导社会的必要条件。“一个政党要具备引领社会的能力，完成引领社会的使命，一个必需的前提，是其广泛的社会代表性。”[①] 正如亨廷顿指出的，“组织政治参与扩大的首要制度保证就是政党及政党体系”[②]。鉴于能够明确表达要求的社会组织的日益壮大，事实上利益协调与整合成为越共在社会中的主要功能选择。2006 年越共十大将党的性质由一个先锋队调整为两个先锋队，“越共是工人阶级的先锋队，同时又是劳动人民和越南民族的先锋队；忠实代表工人阶级、劳动人民和民族的利益”。《越南社会主义过渡时期国家建设纲领（2011 年修订版）》将党的全部活动必须从人民的正当利益和愿望出发作为党

① 王韶兴：《政党政治论》，山东人民出版社 2011 年版，第 476 页。

②〔美〕塞缪尔·P. 亨廷顿：《变化社会中的政治秩序》，王冠华、刘为等译，上海人民出版社 2008 年版，第 333 页。

的重要经验。“党的全部活动必须从人民的正当利益和愿望出发。党的力量来自与人民的密切联系。”[①] 代表全体人民利益成为越共的价值取向，而这意味着在公民以及公民组成的各种利益集团的博弈中，党必须吸纳他们的政治参与，发挥协调、整合功能，否则就无法代表人民的根本利益。

（2）提高党联系人民群众的制度化水平，强化党的社会整合功能。党的力量来自与人民的密切联系，但党与社会的密切联系要从理念转化为现实，必须通过制度手段。“处于现代化之中的政治体系，其稳定取决于其政党的力量，而政党强大与否又要视其制度化群众支持的情况，其力量正好反映了这种支持的规模及制度化的程度。”[②] 为有效协调、整合社会，越共构建的党联系人民群众的制度机制有：

第一，强化祖国阵线在政治体制中的地位和作用，提升党的社会影响力。祖国阵线是越共领导下的统一战线组织。在民主发展、利益整合成为越共执政理念的情况下，祖国阵线作为党和其他政治力量之间的沟通机制就成为越共执政的重要资源。革新开放以来，越南通过宪法、法律规定祖国阵线的权利与义务，旨在提升祖国阵线在政治体系中的地位和作用。因为祖国阵线对其他政治力量的吸引力和影响力主要取决于其是否有足够的力量去影响党和国家的决策过程。而1999年越南国会通过的《越南祖国阵线法》汇集了分散于各种法律条文的祖国阵线的职责与义务。该法律明确定位了祖国阵线的性质：祖国阵线是越共领导下的政治体系的一部分，是实现人民当家作主、表达意愿的平台；接受党的领导，同时作为党的重要补充在政治生活中发挥作用。[③] 该法律规定的祖国阵线的主要任务是在党与人民之间架设沟通的桥梁，对政府的活动进行监督，选举代表以及国家工作人员；各级政府必须与祖国阵线合作、协商，并且帮助祖国阵线有效地工作。[④]

---

① 吕余生：《越南国情报告 2011》，社会科学文献出版社 2011 年版，第 215—216 页。

②〔美〕塞缪尔·P. 亨廷顿：《变化社会中的政治秩序》，王冠华、刘为等译，上海人民出版社 2008 年版，第 341 页。

③ 鲁传颖：《越南祖国阵线评析》，《国际研究参考》2014 年第 4 期。

④ 鲁传颖：《越南祖国阵线评析》，《国际研究参考》2014 年第 4 期。

第二，健全民主制度，保障人民的政治参与。一是实行国会代表差额直选制度。越南人民行使当家作主权利最主要的形式就是选举国会代表。1992年越南开始实行国会代表差额直选制度，旨在保障人民的选举权利。之后，越南通过提高国会代表选举的差额比例、实行竞选制等措施不断完善国会代表选举制度。二是实行基层民主制度。基层民主制度是越南人民当家作主最直接、最广泛的途径。1998 年 12 月，越共中央政治局颁布了《关于制定和实行基层民主制度》的 30 号文件。政府依据 30 号文件的精神，颁布了《乡坊民主条例》《国家机关民主条例》和《国营企业民主条例》，这些民主条例规定了应向人民公开的事项、应由人民参与讨论和直接决定的事项、应由人民参与讨论由政府直接决定的事项、应由人民监督检查的事项等。

第三，提前公布全国党代会政治报告草案，为人民参与党的决策提供制度化渠道。越共在国家和社会中的领导地位，决定了其党代会政治报告是今后一个阶段国家法律、政策制定的指导方针，“一届党代会的报告是党乃至国家今后 5 年工作带有纲领性的文件”[①]，而人民想要国家法律或政策对自己有利，影响党代会政治报告制定是可行的途径。越共提前公布党代会政治报告草案，旨在通过把党员和人民的意见、建议添加到决策中，从而获得一个修正的、更加准确的、反映民意的决策，而且这一过程也是“对越南全党和全社会进行党的路线、方针、政策教育，进而统一全党和全社会思想的过程”[②]。这一惯例始于 1986 年越共召开六大之前。当时越共提前两个月公布了政治报告草案，在全党进行讨论后，对草案作了重大修改。此后的越共七大、八大予以延续。至 2001 年越共九大，党代会政治报告草案的公开范围由全党扩展到全国，越共通过媒体向全国公布，公开征求人民的意见、建议。

---

① 古小松：《2007 年越南国情报告》，社会科学文献出版社 2007 年版，第 33 页。

② 古小松：《2006 年越南国情报告》，社会科学文献出版社 2006 年版，第 49 页。

第四节 加强法治国家建设

法治是越南民主制度维持的一个必要条件。民主与法治密不可分，民主为法治奠定基础，法治为民主提供保障。然而，民主与法治并非天然联系在一起的。如果民主制度缺乏法治的保障，往往会导致国家领导人以民主之名行专制之实，因为缺乏宪法和法律的限制。而如果法治缺乏民主支撑，法治就不可能真正实现，因为法治很可能会沦为工具。在现代民主制度正常运转的国家中，法治通过民主制度来完善，并支持民主制度的有序运行。在法治国家中，不仅公民之间以及国家与公民之间的关系受到法律的约束，国家机关及其相互关系也受到法律的约束，旨在使国家权力及其行使均受到法律的约束。这不仅要求国家对公民的限制必须依据宪法和法律的规定，更要求国家机关行使权力的范围、程序等重要方面都依据宪法、法律的规定。越南统一后，越南依据“苏联模式”建立的高度集权的政治体制，对越南社会主义民主以及法治的健康发展产生了严重的阻碍。1986 年越共六大实行了全面革新的政策，越南的经济、社会、政治等领域都发生了深刻的变化，尤其是从统一后实行的传统计划经济体制向社会主义定向市场经济体制的转变，使得法治建设成为社会主义建设的迫切需求。为适应政治经济社会发展的要求，越南高度重视法治建设和司法改革。1992 年《宪法》第 2 条规定，越南是民有、民治以及民享的社会主义法治国家。2001 年九大提出建设社会主义法治国家的目标。2011 年 1 月，越共十一大政治报告第一次以“社会主义法治国家建设”为标题设章，提出了社会主义法治国家建设的目标以及战略布局。在战略布局中，越共将国会改革、行政改革以及司法改革列为法治国家建设的主要内容。

一、明确越南法治国家建设的基本原则

（一）必须坚持越共的领导

越南社会主义制度的基本特征之一就是越共的领导。越共的领导也是越南社会主义法治建设的根本保证。法治国家由越共提出，并将法治国家确定为国家建设的目标。加强法治国家建设是越共巩固自身执政地位的必然要求，是越共加强和改善自身领导的必然要求，也是越共完成自身历史使命的必然要求。因此，加强法治国家建设绝不是削弱越共的领导地位。在建设社会主义法治国家的进程中，越南坚持党的领导、人民当家作主、法治国家的有机统一。越共十大阐述了党的领导、人民当家作主、法治国家之间的关系，指出国家代表着人民当家作主的权利，与此同时还是越共政治路线的组织执行者。越共的所有政策主张以及国家的法律均是为了人民的利益。越共十一大指出，继续加强社会主义法治国家建设，保证越南真正成为越共领导的、来自人民、为了人民以及服务人民的国家。

（二）坚持人民当家作主

作为越南国家和社会的领导力量，越共认为，国家的一切权力属于人民，国家法律的本质是人民主权和人民至上，要通过建立和完善社会主义民主和社会主义法治，以确保人民当家作主。越南宪法规定国家的一切权力属于人民，同时强调越南是法治国家。2001 年《宪法（修正案）》规定，越南的一切国家权力属于人民，以工人阶级、农民阶级以及知识分子为基础；是为人民所有、产生于人民和为人民服务的社会主义法治国家。2013 年《宪法》规定，越南社会主义共和国的人民主要包括工人阶级、农民阶级以及知识分子队伍，国家由人民当家作主，国家权力属于人民。越共坚持和促进人民当家作主的权利。2006 年越共十大政治报告强调，越南革命的事业属于人民、来自人民和为了人民。与此同时提出要建立与完善社会主义民主，保证国家权力属于人民；建立健全社会主义法治国家的运行机制，切实保证国家权力属于人

民的原则。2011 年越共十一大通过的《越南社会主义过渡时期国家建设纲领（2011 年修订版）》继续强调，人民是缔造历史的主人，国家的一切权力属于人民，越南是属于人民、来自人民以及为了人民的社会主义法治国家。

（三）坚持公民在法律面前一律平等

1986 年越共六大，首次提出了要依据法律管理国家以及社会的理念，同时强调，要坚持“法律面前人人平等”的基本原则，并将其作为司法公正的判断标准。越南 1992 年《宪法》、2013 年《宪法》先后将这一政治理念写入了宪法，使得公民在法律面前一律平等有了法律保证。

（四）坚持各个国家权力机关分工明确并相互监督原则

政治权力的合法性包含两个方面的含义：一是公民对政治权力的赋予，二是公民对于政治权力行使的认可。越南公民通过选举将国家权力赋予国会，再由国会将行政权、司法权分别赋予行政机关和司法机关。人民通过周期性选举控制国会，再由国会控制行政机关和司法机关。而要保障越南国家权力的依法行使，必须加强立法权、行政权与司法权的相互监督。美国学者昂格尔（R. M. Unger）在《现代社会中的法律》一书中对立法权、行政权与司法权分工的必要性进行了阐述：只要立法者不得不凭借普遍意志来宣告他的意志，他就不可以直接表彰或者惩罚任何个人，因此，也就不能将任何人置于他的直接人身控制之下。行政者仅能够在不是自己制定的规则界限内与个人打交道。因此，按照这种思维模式，行政者是不能够利用公共权力谋取个人目的的。因为行政者在法律限定的范围内活动，这就意味着，必然还有掌握最高权威的其他人决定法律究竟意味着什么，并且凭借和行政截然不同的方法开展自己的工作。而这些官员就是法官。[①] 倘若行政者也是法官，他就有可能把自己有义务执行的规则的含义进行扭曲从而适合自己的目的。除此之外，

---

①〔美〕R.M. 昂格尔：《现代社会中的法律》，吴玉章、周汉华译，译林出版社 2008 年版，第 149—150 页。

他还会最终以把行政与司法混淆的方法而告结束，执法与司法有各自不同的侧重点，而且它们都是国家实现适当管理必不可少的要素。[①] 自 2006 年越共十大起，越共将各国家机关分工明确并相互监督作为越南建设法治国家必须坚持的原则。越共十大提出，国家权力是统一的，在执行立法权、执法权和司法权的工作中，各机关既有分工，又相互配合、监督。2011 年越共十一大继续强调，国家权力是统一的，在执行立法权力、执法权力以及司法权力中各机关有分工、配合以及监督。立法权、行政权以及司法权相互监督的前提是这些权力的真正存在。立法权、行政权以及司法权的依法行使必须要有制度保障。

二、强化法治国家建设的主要措施

越南国会制度的发展完善，不仅保证了良法的产生，使国家机关有法可依，而且为行政机关和司法机关依据宪法、法律履行职能工作提供了有力的监督。行政机关是实施和执行法律的机关，司法机关是解决法律争议的权威国家机关。政府依法行政，司法机关公正司法都需要制度保障。越南将行政体制改革和司法体制改革都作为越南法治国家建设的重要内容。只有司法机关有效行使其职能，才能对行政机关依法履职进行有效监督。越共是国家和社会的领导力量，必须保障国家机关的法定职权，必须在宪法和法律范围内从事活动。

（一）通过宪法强化国家机关之间的分工、相互配合与监督

法治国家的重要标志是所有国家权力及行使均受法律的约束。宪法就是“关于国家构成、权力范围、统治原则等公权力特征的基本法律”[②]。越南在法

① 〔美〕R.M. 昂格尔:《现代社会中的法律》，吴玉章、周汉华译，译林出版社 2008 年版，第 150 页。

② 张千帆:《宪政原理》，法律出版社 2011 年版，《前言》第 2 页。

治国家建设进程中，强调宪法对国家权力及其行使的约束。其一，强调国家要依照宪法和法律管理社会。1992 年《宪法》第 12 条规定，国家依据法律管理社会，不断完善社会主义法制。[①]2013 年《宪法》第 8 条规定修改为，国家必须按照宪法、法律组织开展活动，按照宪法、法律管理社会。其二，将立法机关、行政机关以及司法机关具有捍卫宪法的职责写入宪法。1992 年《宪法》第 146 条规定，越南宪法是国家的根本大法，具有最高的法律效力。其他一切法律文件必须符合宪法。[②] 在此基础上，2013 年《宪法》第 119 条第 2 款规定，国会、国家各个机关、国家主席、政府、人民检察院、人民法院、国家的其他各个机关和人民团体均具有捍卫宪法的职责。[③] 其三，把保护宪法的机制写入宪法。与 1992 年《宪法》相比，2013 年《宪法》第 119 条第2款规定，"捍卫宪法的机制由法律规定"[④]。这意味着各个国家机关将能够捍卫本机关的职能，防止其他机关越权。宪法既是约束各个国家机关最重要的法律，也是保障各个国家机关行使其法定权力最重要的法律。

（二）加强党依法执政，保障国家机关的法定权力

越南国家政治生活的法治性，从根本上决定了越共的执政活动应当在宪法和法律的框架内，以法治精神为指引，以法治原则为规范。冷战后，越共将依法执政作为建设法治国家的重要内容。一是坚持执政党的一切活动都在宪法和法律范围内活动的原则。越南 1992 年《宪法》规定，所有的党组织均应在宪法、法律范围内从事活动。[⑤] 越南 2013 年《宪法》继续强调越共所有党组织以及所有党员都应在宪法、法律范围内从事活动。[⑥] 二是发展完善以党章为核心的党内法规体系，以党自身治理的法治化促进法治国家建设。越共

---

① 孙谦、韩大元：《亚洲十国宪法》，中国检察出版社 2013 年版，第 520 页。
② 孙谦、韩大元：《亚洲十国宪法》，中国检察出版社 2013 年版，第 538 页。
③《越南社会主义共和国宪法（2013）》，米良译，《南洋资料译丛》2014 年第 1 期。
④《越南社会主义共和国宪法（2013）》，米良译，《南洋资料译丛》2014 年第 1 期。
⑤ 孙谦、韩大元：《亚洲十国宪法》，中国检察出版社 2013 年版，第 519 页。
⑥《越南社会主义共和国宪法（2013）》，米良译，《南洋资料译丛》2014 年第 1 期。

认为，党章是党的根本大法，是党的行为规范。依据党章管党治党，是越共党内法治建设的重要内容，也是越南法治国家建设的重要内容。越共制定党章坚持的原则，就是不得与越南的宪法、法律相抵触，与宪法、法律相抵触的党内法规是无效的。可以说，相对于越南的宪法、法律，越共党章是要求更为严格的行为规范。从这个意义来说，越共依据党章开展活动，就是在越南的宪法、法律范围内开展活动，就是依法执政。因此，可以说越共党内法规体系的发展完善是有效推进法治国家建设的重要内容。从 1991 年至 2021 年，越共历次党代会都根据国情的变化适时修改和补充了党章，更好地指导了党内活动的开展。这为越共党内其他规范的制定提供了依据。与此同时，越共颁布了诸如《党员十九条不准》《党员禁止行为规定》等多部党规党法，以使党员干部的行为受到规范。

（三）推进行政改革，保证依法行政

所谓行政，就是执行和实施法律。依法行政是越南法治国家建设的重要内容。2001 年越共九大制定了 2001—2010 年行政改革总目标，即在越共的领导下，建设一个民主、稳定、廉洁、现代、专业以及高效率的法治国家。2006 年越共十大进一步指出，推进行政体制改革要以建立统一、现代以及顺畅的执法机关体系为目标。在总结过去工作经验的基础上，越共十一大提出了继续推进行政改革的目标、任务和要求。法治政府建设还需要国会和司法机关改革的配合，从制度上保证行政过程最终受到国会和司法机关的控制。

（四）促进司法体制改革，保障司法机关履行法定职能

越南的司法机构是解决法律争议的权威机构。司法公正是社会正义的重要保证。司法机构的基本职责就是依法裁判，当事人之间发生争议或当事人与政府之间发生争议，都需要公正的司法机构裁判。公正司法不仅有助于提高自身的司法权威，也有助于提高政府本身的公信力，更是对政府进行有效监督的重要保障。越南司法公正需要制度保障。统一后，越南对于司法机构的发展完善不够重视，权力干预司法、法官自主权不受尊重的事件屡见不鲜。

随着社会法治意识的提高，人们越来越关注司法公正问题，越南民众对于司法机关的要求日益提高，并且期望司法机关在保护人权、寻求正义、维护法制、保障社会秩序以及打击违法犯罪等方面发挥更积极的作用。[①] 如果司法制度得不到有效改革，就不可能建立司法公正并在此基础上树立司法权威，因而不可能发挥司法机关本该发挥的功能。为保障司法公正，越共和国家将司法体制革新作为越南法治国家建设的重要组成部分。2002 年越共政治局颁布了第 08-NQ/TW 号决议。2005 年越共政治局又颁布了第 49 号 -NQ/TW 号关于《2005 年至 2020 年司法改革战略》。决议的颁布，既说明越共意识到司法改革的重要性，也使得越南的司法改革有了理论指导。

冷战后，越南司法改革的措施有：

一是明确司法改革的目标。《2005 年至 2020 年司法改革战略》指出，要建立一个健康、廉洁、民主、权威、公平、严谨以及维护正义的司法机关，并且保证司法机关稳步地向现代化发展，保证以审判为核心的司法工作有效积极地服务于越南国家和人民。2011 年越共十一大强调，建立纯洁强大、捍卫公理、尊重保护人权的司法体系。2013 年《宪法》规定，人民法院具有保护人权、公民权，捍卫公理，捍卫社会主义制度以及捍卫国家利益、组织和个人的合法权益的职责。

二是成立中央司法改革指导委员会。2006 年越南建立了中央司法改革指导委员会，旨在推动越南司法改革的有序进行。中央司法改革指导委员会的主席由国家主席兼任，每届的任期为 5 年。该委员会的主要任务包括：制定司法改革方案、改革项目、行动计划和年度司法改革的任务“路线图”；组织、承担或分配相关部门研究越南司法改革进程中出现的新问题，并及时向相关负责部门报告其研究成果，为这些部门决策时提供参考；监督和检查司法改革战略的实施情况。[②]

---

① 龙飞、赵昕编译:《越南 2005 年至 2020 年的司法改革战略》,《法律文化周刊》2010 年第 26 期。

② 陈明凡:《越南的司法改革》,《云南社会科学》2013 年第 1 期。

三是改组法院和检察院系统。越南中央政治局建议重新组织法院系统，增加县级法院的职权，这样县级法院可以审判有期徒刑至15年的案件。[①]

四是改革诉讼程序与庭审方式。越南法院体系目前实行的审判模式是审问制，这使得越南的法院必须凭借公安机关的调查结论以及检察机关的公诉文件进行审判。因此，在案件进入审判程序以前，实际上判决结果就已经确定了，而法院进行的审判只不过是形式罢了。要从根本上改变上述情形，越南就必须将目前实行的审问制转变为控辩制。控辩制是这样一种制度，先由双方当事人在法庭上进行控辩，而法院法官则持中立公断的立场，在听取双方当事人辩论的基础上，进而做出公正的判决。[②]

五是重视对法官队伍的管理与培训。越南司法学院成立于2004年，主要任务就是培养专业化的、高素质的法官队伍。2012年在司法改革指导委员会召开的第七次会议上，越南国家主席张晋创宣布将把河内法律大学与胡志明法律大学建设成为法律干部培训的重点院校。

第五节　培育社会组织

社会组织是维持越南民主制度的必要条件，也是越南民主化的基本动力。社会组织的兴旺发达既是国家与社会民主化的前提，也是民主制度正常运作必不可少的因素。一方面，越南民主制度的长久稳定需要社会组织的健康发展；另一方面，越南社会组织是一把“双刃剑”，既可以成为越南民主化的基本动力，也可能因政府政策、行为不善而成为威胁政治稳定甚至社会主义制度的重要因素。然而，无论越共和政府能否有效管理社会组织，市场化取

---

① 陈明凡：《越南的司法改革》，《云南社会科学》2013年第1期。

② 陈明凡：《越南的司法改革》，《云南社会科学》2013年第1期。

向的经济改革，民主制度的发展完善以及法治国家的逐步建立，使得越南社会组织的萌芽、发展成为一种不可逆转的趋势。这就要求越共和政府积极引导社会组织的发展，促进其健康成长，使其成为促进越南民主化的动力源泉，以及保证越南社会主义民主制度正常运转的社会基础。

一、越南社会组织的兴起

冷战后，随着越南从计划经济向社会主义定向市场经济的过渡，原来单一的国家和集体所有制结构转变为国家和集体所有、个人所有、独资、合资、外资、股份制等所有制形式。这极大地促进了生产力的发展，提高了人民的生活水平，也使得社会利益日益多元化。而越南社会利益的多元化必然催生社会组织的多元化。因此，社会组织的出现是越南社会主义定向市场经济的必然产物。而越南民主法治建设为社会组织的产生和壮大创造了政治环境。1992 年越南国会直选的实行，保证了人民的选举权利，增强了人民的政治参与意识和维护自身权利的意识，促进了社会组织的兴起。1992 年《宪法》第 69 条规定的公民结社权利成为社会组织发展的法律凭借。该宪法规定，公民依法享有言论出版自由、知情权和集会、结社、游行示威的权利。

伴随着这些孕育社会组织条件的出现，越南社会组织的兴起成为一种不可阻挡的趋势。面对社会组织的出现，为保证党的领导地位和国家的稳定，越南政府通过立法规范各种社会组织，把其行为限制在国家允许的范围内。2001 年政府颁布了《关于社会救助组织成立和运行有关条例》的第 25/CP 号决定，2002 年政府颁布了《关于各类社会组织成立和运行的相关条例》的第 81/2002/2N-CP 号决定，2003 年政府颁行了《政府关于组织、运行和管理各类协会的规定》第 88/2003/N-CP 号决定等十余项法规。这些法规规范了越南社会组织的活动，同时意味着越南的结社自由是被允许的，这是社会组织发展壮大的必要条件。与此同时，尽管受到法规的约束，但是新制定的法规模棱两可，理论和实践之间的差距，政策文本与政策执行之间的偏差结合起来，形成了社会组织茁壮成长的空间，使得社会组织的发展成为不可阻挡趋势。从根源上说，这是由国家权力本身不是目的、而是公民实现自己权利的工具所决定的。这就要求越共和政府引导和促进社会组织的发展。

二、越南共产党和政府改善对社会组织的管理

（一）加强基层民主制度建设

人民当家作主最广泛的制度化渠道就是基层民主制度。越南乡坊、国家机关以及国营企业民主制度的实行，不仅增强了民众的自主意识和社会责任感，而且提高了民众的政治参与意识和参与能力，从而为社会组织的发展壮大营造了良好的社会环境。越南基层民主制度的出台和实施，有着强烈的现实动因。1997 年越南太平省发生了由基层干部贪污腐败而引发的大规模农民上访事件，之后西原少数民族地区又发生两次骚乱，造成社会动荡。群体性事件频发，使越共认识到加快基层党组织建设和基层民主建设是势在必行的。1998 年 12 月，越共中央政治局通过并颁布了《关于制定和实行基层民主制度》的 30 号文件，政府则依据 30 号文件的精神，颁布了《乡坊民主条例》《国家机关民主条例》和《国营企业民主条例》。这些民主条例为人民的政治参与提供了制度化的渠道，其中主要规定了四个方面的内容：应该由人民参与讨论以及直接决定的事项、应该对人民公开的事项以及应该由人民参与讨论但由政府直接决定的事项以及应该由人民监督检查的事项。

（二）通过宪法保障公民权

与越南 1992 年《宪法》相比，2013 年《宪法》第 3 条规定，国家尊重、承认、保障及保护人权、公民权。① 公民权的核心是政治权利。“公民权的核心是既参与又抗衡国家权力的政治干预权和政治防卫权。” ② 现代社会，通常由宪法规定的政治权利主要有对国家权力的选举权、控告权、批评权和其他

①《越南社会主义共和国宪法（2013）》，米良译，《南洋资料译丛》2014 年第 1 期。
② 郭道晖：《公民权与公民社会》，《法学研究》2006 年第 1 期。

的监督权，思想信仰自由，言论自由，结社自由，集会自由，游行示威自由以及出版自由等。公民权与国家权力相对应，是公民对国家意志的形成产生影响的法律武器，是公民和社会组织制约国家权力的主要凭借。越南在宪法中将公民权同人权区分开来，为公民的政治参与以及社会组织的发展提供了重要法律保障。作为社会组织的构成要素，结社自由、相对自主性以及政治参与都是需要通过宪法规定的公民权来做后盾的。因此，将公民权写入宪法，是越南促进社会组织发展的重要步骤。

（三）建立健全社会组织政治参与的制度化渠道

越共肯定了越南祖国阵线和人民团体在国家政治生活中的作用，例如，2011 年越共十一大通过的《越南社会主义过渡时期国家建设纲领（2011 年修订版）》明确指出，越南祖国阵线和人民团体代表本团体成员的正当利益，参加党、国家建设，对成员进行公民权利、义务教育，并不断加强党与人民的联系。为有效保证祖国阵线与人民团体在国家政治、社会生活中的作用，越共强调要加强祖国阵线和人民团体政治参与的制度化。《越南社会主义过渡时期国家建设纲领（2011 年修订版）》中明确指出："党、国家制定政策、机制，创造条件让祖国阵线和人民团体有效开展活动，实现监督和社会辩论的作用。"① 2015 年，越南第十三届国会第十次会议通过了《征求民意法》（96/2015/QH13 号法律），该法规定了国家组织让全国选民以投票的形式表决国家的一些重大问题。

（四）依据宪法和法律规范社会组织的活动

越南社会组织产生、发展、壮大的法律依据就是结社权利。结社自由是受宪法法律认可和保护的公民基本权利。然而，结社自由也有可能被一些人用来建立极端社会组织，从事颠覆国家的违法活动，危及社会稳定。正是鉴于结社权利的风险，各国宪法对结社权利都有所限制。越南 2013 年《宪法》

---

① 吕余生：《越南国情报告 2011》，社会科学文献出版社 2011 年版，第 223 页。

第 25 条规定，公民享有言论自由、出版、接触信息、集会、结社、示威游行自由的权利。[①] 但是 2013 年《宪法》第 14 条对这项权利进行了限制，人权和公民权只有在因为国防、国家安全、社会秩序、安全、社会道德、公共健康需要的情形下才能依法予以限制。[②] 越南通过宪法、法律界定社会组织的活动范围，保证社会组织的健康成长，对于违反宪法、法律的社会组织，一律严惩不贷。

冷战后，越南面临的一项挑战就是一些社会组织对越共在国家和社会中的领导地位以及越南社会主义制度的反抗。越南共产党是“国家和社会的领导力量”，越南实行的社会主义制度是通过宪法予以规定的；越南共产党代表“工人阶级、劳动人民和全民族利益”，越南社会主义制度是代表最广大人民根本利益的先进社会形态。一些社会组织反对越共领导地位和越南社会主义制度的活动，违反了国家的宪法法律，违背了最广大人民的根本利益，也影响了国家安全和社会秩序稳定。因此，越南党和政府对于挑战越共领导地位和社会主义制度的极端社会组织一律严惩不贷。依据越南媒体的统计，目前欧美地区有 140 多个主要由海外越南人组成的政治组织，大多数政治组织的总部设在美国。不少政治组织打着“维护民主和人权”“捍卫工人利益”等旗号，从事反对越南社会主义制度的活动。[③]

例如，从 20 世纪 80 年代开始，“越新党”就不断在越南从事违法活动，旨在推翻越共在国家和社会中的领导地位以及越南的社会主义政治制度。越共和政府对“越新党”采取了抵制措施，并对该党的有关人员进行了法律惩处。例如，2015 年 4 月 17 日，在越新反动组织的号召下，阮友天安在芽庄市永福坊派出所围墙上用油漆喷上反动标语。2015 年 5 月，越新反动组织的一名成员联系并邀请阮友天安到新加坡参加由越新、自由亚洲电台（RFA）和第十九条组织（Article 19）联合举办的信息宣传培训班。此外，阮友天安在

---

①《越南社会主义共和国宪法（2013）》，米良译，《南洋资料译丛》2014 年第 1 期。

②《越南社会主义共和国宪法（2013）》，米良译，《南洋资料译丛》2014 年第 1 期。

③ 古小松：《灾年快发展——越南 2007 ~ 2008 年经济社会发展分析与预测》，《东南亚纵横》2008 年第 2 期。

越南国家银行的塑质钞票上用笔写下反动内容。阮友天安与潘仲言两人商讨策划于 2015 年 10 月 20 日万圣节在胡志明市阮惠街实施爆炸袭击，该计划最终未能实现。阮友天安被判处有期徒刑 2 年。[①]

三、越南社会组织发展对政治生活的影响

社会组织在越南政治生活中扮演着重要角色。越南绝大多数社会组织与越共和政府形成了密切联系。一方面，社会组织作为实施国家政策中的合作伙伴，为人民提供福利、社会服务与扶贫措施；另一方面，随着时间的推移，社会组织力图对党和政府的决策施加影响。2019 年 1 月 3 日，越共中央民运部举行 2018 年祖国阵线和政治社会组织民运工作会议，会上与会代表指出，越南祖国阵线和各政治社会组织应努力建立信心，与人民建立密切关系，充分发挥监督作用，为党建和人民政府建设工作提出意见，为提高各级政府组织的国家治理效果和确保人民正当且合法的权益作出了贡献[②]。

（一）有利于提高公民自治能力

冷战后，越南的传统社会结构已经解体。战争、革命、革新等因素比较彻底地消除了越南的传统社会结构，这为越南的工业化和现代化创造了条件。[③] 然而，传统社会结构解体后，每个人的力量是弱小的，这使得处于现代化社会中的个人容易产生消极悲观情绪，而各种社会组织能够把单个人组织在一起，使他们彼此之间相互关心，增强了个人的力量和信心。他们能够通

---

① 《庆和省人民法院一审公开开庭，审理涉嫌“宣传破坏越南社会主义共和国”案两名被告人》，越南通讯社，访问时间 2023 年 4 月 14 日，https://zh.vietnamplus.vn/ 庆和省人民法院一审公开开庭 – 审理涉嫌宣传破坏越南社会主义共和国案两名被告人 /54562.vnp。

②《2018 年越南祖国阵线和政治社会组织民运工作会议在河内召开》，越南通讯社，访问时间 2019 年 1 月 3 日，https://zh.vietnamplus.vn/2018 年越南祖国阵线和政治社会组织民运工作会议在河内召开 /90437.vnp。

③ 房宁等:《民主与发展——亚洲工业化时代的民主政治研究》，社会科学文献出版社 2015 年版，第 351 页。

过各种社会组织解决他们之间的问题，减少国家直接干预的必要性。社会组织不再是公共权力服务的对象，而变成了社会自主自治的一部分。与此同时，多元化社会组织的发育和壮大，能够帮助个人抵御政府的非法干预。

（二）提高人民的组织化程度，增强党和政府的政治整合能力

越共和国家需要有效整合社会多元化的利益。正如亨廷顿所言，一个处于现代化中的社会，其政治共同体的建立，应该在横向上能够把社会群体加以融合，在纵向上能够将社会以及经济阶级加以同化。而使民族统一与政治同化产生问题的共同因素是现代化所引起的政治意识和政治参与的扩大。[①] 越南传统社会结构解体，如果没有社会组织，越共和国家要面对的就是原子化的个人，而个人的利益和愿望难以有效传达给越共和国家，从而可能导致越共的纲领政策和国家制定的法律、政策难以适应人民的需要。如果公民的利益诉求与越共和国家的法律政策严重不一致，那么社会主义国家政权的合法性就会受到影响。社会组织是公民自愿组成的，其目的就是实现成员的价值追求和利益诉求。个人通过社会组织向越共和国家政权传达利益诉求，而党和国家通过社会组织能够相对准确地了解人民的利益诉求，进而通过法律、政策来满足人民的利益诉求。

当然，越南社会组织在利益表达方面，只能表达其所代表成员的利益，而不能发挥社会整合功能，而越共领导国家和社会，承担社会利益整合功能。越南社会主义政治制度的合法性依赖于越共与社会利益的一致性。越共支持并创造条件使各种社会组织表达本团体的特殊利益，以使党的纲领政策最大限度地代表人民的利益。澳大利亚学者泰耶（Carlyle Thayer）认为，越共将采用“非政治化”和“国家社团主义化官民合作体制模式”对越南的国家与社会关系进行整合。其中“非政治化”主要涉及限制个人与团体的政治参与，从而压低民众的组织化程度，让社会组织只发挥经济利益表达功能，从而限

①〔美〕塞缪尔·P. 亨廷顿：《变化社会中的政治秩序》，王冠华、刘为等译，上海世纪出版集团 2008 年版，第 332—333 页。

制社会组织对政治的影响等内容；“国家社团主义化官民合作体制模式”主要指利益集团以国家为中心而形成的特定的合作关系，其处于政府的控制之下，自主性、政治化程度都很低。这种官民合作模式，将有利于较长时期内保障越南的政治和社会稳定，使政府专注于推进现代化进程。[①] 暨南大学东南亚研究所教授庄礼伟认为，越南的党外民主无论如何活跃热烈，但越共紧守着的底线不许触碰。越共有三个底线：绝不允许多党制，严格管制异见分子和严格管制民间宗教组织。[②] 总而言之，越南公民多样化的利益代表和整合者只能是越共。

（三）通过政治参与影响政府决策，推动民主化

冷战后，社会组织逐渐发展壮大，并且已成为影响政府决策的重要力量。越南社会组织对政府决策的影响如下：其一，提高政府决策的科学化水平。很多社会组织，特别是某些专业性的学术研究团体，专业知识丰富，能够为政府决策提供有价值的参考。在决策科学化成为政府目标的情况下，越来越多的专业性组织开始发挥政府智囊的作用，为政府决策提供一定的咨询和参考，进而对政府决策的科学化水平产生重要影响。其二，通过政治参与影响国家机构的决策过程。事实上，社会组织都是为追求某种利益而成立的，其存在的基本价值之一就是满足其成员的利益。越南各个社会组织实现这一基本价值的途径就是尽力影响、参与越共和国家权力机关的决策，最大可能地影响越共和国家权力机关的政策，以使政策有利于本组织的成员。

此外，社会组织还有利于越南的经济社会发展，为民主化创造良好的社会环境。例如，在越南活动的外国非政府组织也是社会组织的重要组成部分，为越南的经济社会发展作出了重要贡献。至 2022 年，越南共有来自 29 个国

---

① Carlyle Thayer, Vietnam and the Challenge of Political Civil Society, *Contemporary Southeast Asia*, Vol. 31, No. 1, April 2009, pp. 1–27.

② 转引自崔向升：《越南“革新”背后的底线》，《青年参考》2013 年 2 月 6 日。

家和地区的 236 个外国非政府组织。[①] 外国非政府组织在越南社会经济以及外交领域发挥着重要作用。一方面，有助于越南积融入国际。积极融入国际，是越南重要的对外战略。越南政府总理阮春福指出："外国非政府组织在支持越南融入国际，向世界宣传和推介越南形象，促进越南与世界各国人民关系发展，与针对越南的歪曲、破坏言论作斗争等工作中起到重要作用。"[②] 另一方面，能够推动本国社会经济发展。2008—2013 年越南获得国外非政府组织援助 14.3 亿美元。2014—2019 年获得国外非政府组织援助 17.6 亿美元[③]。2020—2023 年已获得援助资金超 6.5 亿美元。[④] 越南平均每年获得国外非政府组援助 2 亿多美元。这些援助主要集中在扶贫、卫生、教育、发展等领域。例如，扶贫方面，外国非政府组织援助已为越南提前完成联合国各项千年发展目标、为越南经济社会发展过程，特别是扶贫、提高项目地区居民的生活水平作出积极贡献[⑤]。教育和培训方面，2001 年美国 Room to Read（"阅读空间"）开始在越南开展两个主要项目："小学生语言发展扶持项目"和"女生教育扶持项目"。越南 34 个省市一共有 2500 多家 Room to Read 图书馆。其中 Room to Read 直接参加建设的图书馆约 1500 家，Room to Read 提供技术支持由各地方利用地方预算建设的有 1000 余家。[⑥] 为此，越南政府鼓励外国

---

①《外国非政府组织愿意向越南的医疗、教育和发展领域提供支持》，越南通讯社，访问时间 2023 年 5 月 22 日，https://link.gov.vn/DiC41CB6。

②《越南政府鼓励并为外国非政府组织活动创造条件》，越南之声广播电台－对外部，访问时间 2023 年 5 月 22 日，https://vovworld.vn/zh-CN/ 新闻 / 越南政府鼓励并为外国非政府组织活动创造条件 -658976.vov。

③《越南在 2014—2019 年获非政府组织援助额为 17.6 亿美元》，越南通讯社，访问时间 2023 年 5 月 22 日，https://zh.vietnamplus.vn/ 越南在 20142019 年获非政府组织援助额为 176 亿美元 /106560.vnp。

④《7 个在越外国非政府组织荣获政府总理奖状》，越南通讯社，访问时间 2023 年 4 月 23 日，https://zh.vietnamplus.vn/7 个在越外国非政府组织荣获政府总理奖状 /180242.vnp。

⑤《越南在 2014—2019 年获非政府组织援助额为 17.6 亿美元》，越南通讯社，访问时间 2023 年 5 月 22 日，https://zh.vietnamplus.vn/ 越南在 20142019 年获非政府组织援助额为 176 亿美元 /106560.vnp。

⑥《Room to read——外国非政府组织在越南的工作亮点》，越南通讯社，访问日期 2023 年 5 月 22 日，https://zh.vietnamplus.vn/room-to-read 外国非政府组织在越南的工作亮点 /106572.vnp。

非政府组织的活动，并为它们的活动创造有利条件。越南政府总理阮春福指出，外国非政府组织工作是民间外交的一部分，能够为国家的对外工作作出贡献。各部门与各地方对与外国非政府组织合作的项目和计划都要重视、审视并协调经济、安全和外交三个方面工作。哪个部门、哪个地方做得不好、发生错误，哪个部门、哪个地方就要向政府总理负责。[①] 同时，越南政府也加强对外国非政府组织活动的规范。2022 年 9 月，越南政府发布《关于越南境外非政府组织登记和管理条件的第 58 号议定》，该议定于 2022 年 11 月 1 日生效。按照该议定，境外非政府组织在满足下列条件，将获得登记证书，包括依照其成立的国家或者地区的法律法规具有合法法律地位；有明确的章程、原则和宗旨，适合越南的利益和需求；有长达 3 年的在越南开展发展和人道主义援助的具体计划、项目和非项目；有驻越南的代表[②]。

---

①《越南政府鼓励并为外国非政府组织活动创造条件》，越南之声广播电台 – 对外部，访问时间 2023 年 5 月 22 日，https://vovworld.vn/zh-CN/ 新闻 / 越南政府鼓励并为外国非政府组织活动创造条件 -658976.vov。

②《越南发布境外非政府组织登记证书签发条件》，越南通讯社，访问时间 2023 年 4 月 23 日，https://link.gov.vn/IcVL3fd5。

第六章　冷战后越南民主化道路的经验与面临的问题

冷战后，面对本国人民日益增长的民主诉求，越共领导了本国的民主化进程。经过 30 多年的努力，越南社会主义民主已成为越南革新事业的目标和动力，并在发展经济、社会、推进工业化以及融入国际社会方面发挥着越来越重要的作用。探讨冷战后越南民主化道路的理论与实践，总结其经验，有助于我们加深对民主政治发展的认识，了解和把握社会主义国家民主政治发展的一般规律。尽管越南民主化道路在民主制度建设及其维持条件建设方面取得了显著的成效，但实际上，冷战后越南民主化道路也面临着一些问题。

第一节　冷战后越南探索民主化道路取得的成效与经验

回顾冷战后越南 30 多年的民主化道路，可以得出以下经验：坚持和改善共产党领导，不断提高共产党的治党管党和治国理政能力，是实现民主化的政治前提；持续推进政治体制改革，不断提高政治制度安排的科学化水平，是实现民主化的关键所在；谋求社会组织发育、经济体制革新以及民主制度建设的共同推进与协调发展，是实现民主化的基础工程；切实发挥宪法对国家政治和社会生活的引导和规范作用，是实现民主化的可靠保障。

一、冷战后越南探索民主化道路取得的成效

冷战后，越南的民主化取得了显著的进展。越南对政治体制的组织及运作方式进行了革新，越南社会主义民主制度得到发展完善。越南不断发展完善属于人民、来自人民和为了人民的社会主义法权国家。国会制度越来越完善，国会制度的基本功能和基础地位日渐增强。冷战后，越南国会先后颁布的 1992 年《宪法》、2013 年《宪法》修改和补充了有关人民当家作主、人权、公民权利等方面的内容。越南国会还颁布了有关各国家机关、社会组织以及各经济成分运作的许多重要法律文件。

越共进行了党的领导方式、执政方式、党内自身制度的革新，不断提高党内民主化水平。越共建立健全了党的中央领导体制，不断推动组织运行机制的民主化。越共基层党组织以及党员对制定和实施党的路线、主张、政策的参与日益广泛，并取得成效。党内民主生活进展显著。越南政府在精简组织机构、简化行政程序、提高公务员与干部队伍质量等方面的革新进展显著。法院和检察院在保证公民的民主权利、庭上辩护、限制冤假错案等方面进行了革新。越共和国家逐步革新了越南祖国阵线、各政治社会组织的活动内容和方式，并为它们的政治参与提供了制度化渠道。越南祖国阵线、各政治社会组织发挥了监督、代表人民利益以及保护人民合法正当权益等方面的作用。众多社会组织的出现，满足了人民多样化的需求。越共颁布了《祖国阵线和各政治社会团体监督和社会论证条例》《关于祖国阵线、各政治社会团体和人民参与为党和政权建设建言献策的规定》。冷战后，越南社会主义定向市场经济的实行，已经为越南民主政治发展提供了基础。越南主张发展多种所有制形式、多种经济成分、多种经营组织形式和分配形式的社会主义定向市场经济。依法开展活动的经济成分都是国民经济的重要组成部分，在法律面前一律平等，共同发展、合作与竞争。

二、冷战后越南探索民主化道路取得的经验

探讨冷战后越南民主化道路的理论与实践，总结其经验，有助于我们加深对越南民主政治发展的认识，了解和把握社会主义国家民主政治发展的一般规律，推进中国的民主政治发展进程。

（一）坚持和改善共产党领导，不断提高共产党的治党管党和治国理政能力，是实现民主政治发展的政治前提

在社会主义国家中，共产党的自身建设不仅关系到党的自身发展，也关系到社会主义建设，还关系到本国民主政治发展的前途和命运。越共在越南民主化道路中，尤其重视党的建设。越共历次党代会的政治报告都将党的建设作为关键内容。例如，2011 年越共九大指出，越共要尽力开展建党与整党运动，从根本上改变越共在政治建设、组织建设以及思想建设方面的情况。2006 年越共十大的大会主题为，提高党的领导能力和战斗力，发挥全民族的力量，全面推动革新事业，尽早使越南摆脱欠发达状况。2011 年越共十一大大会的主题为，继续提升党的领导能力和战斗力，发挥全民族力量，全面推进革新事业，为到 2020 年把越南基本建设成为迈向现代化的工业国家奠定基础。2016 年越共十二大上，建设纯洁和强大的党是大会主题的重要内容。加强党与政治系统的廉洁性、坚定性的建设整顿也是 2021 年越共十三大的主题内容。越共作为国家和社会的领导力量，发挥着为越南民主政治发展供给政策方案以及组织保障的双重作用，这进一步要求越共必须加强党的建设。

第一，加强党的建设是保持党的先进性的需要。先进性是马克思主义政党不同于其他政党的一个关键方面。能否长久地保持先进性关系到马克思主义政党的生死存亡。马克思、恩格斯在《共产党宣言》中强调，在实践方面，共产党人是各个国家的工人政党中最坚决的、始终起推动作用的部分；在理论方面，共产党人优于其他无产阶级群众的方面在于其了解无产阶级运动的

条件、进程和一般结果。[①] 这是共产党的优势所在。政党先进性主要涉及的是政党在推动人类历史发展中所具有的理论自觉性与实践引导性。[②] 然而，政党本质的规定性，不等于事实上的先进性。政党本质的规定性要转化为事实上的先进性，必须加强党的建设。可以说，马克思主义执政党自身建设是其存在和发展的前提条件，是马克思主义执政党履行自身基本功能的根本保障。

第二，加强党的建设是保证民主化道路有序进行的需要。强大的政党是保持政治稳定的需要。对处于现代化之中的国家来说，政治稳定是民主化道路有序发展的前提，而政治稳定在很大程度上取决于政党的力量。当代社会主义国家都处于工业化、现代化之中，其国内的政治稳定与否取决于国内执政党力量的强大与否。而当代社会主义国家要保持国内的政治稳定，就需要提高执政党的领导能力，而提高执政党领导能力的必然途径就是加强党的建设。

第三，加强党的建设是提高党领导民主化道路能力的需要。在社会主义国家，执政党的建设与民主化道路具有内在的关联性。实现民主的有序发展，既是马克思主义政党的价值追求，也是由政党是民主政治的工具所决定的。领导民主政治发展是马克思主义政党的重要职能，而这一职能的具体内容和价值实现，与“在多大程度上满足了既定社会历史条件下民主政治发展的需求”[③] 密切相关。党领导民主化道路的职能，指党应当具有促进民主政治发展、保障政治发展道路顺利进行的政治品质与政治技能。这一职能主要表现在两个方面：一是努力保证党提出的关于民主化道路的正确性，并且保证党的主张经过法定程序上升为国家的法律、政策；二是培养、选拔优秀的党员干部并推荐他们经过法定程序担任国家领导人，保证党关于民主化道路的法律、政策予以落实或更好落实。党的建设是保证党领导民主化道路的职能有

①《马克思恩格斯选集》第 1 卷，人民出版社 2012 年版，第 413 页。

② 王韶兴：《社会主义政党政治视阈下的政党能力论》，《学习与探索》2012 年第 11 期。

③ 王韶兴：《第一国际的共产主义活动与社会主义政党政治逻辑》，《中国社会科学》2015 年第 11 期。

效履行的内容支撑。

越共非常重视党的建设，其主要经验有：

其一，加强党的建设，必须提高党领导国家的民主化、法治化水平。这是巩固党的执政地位、增强党的领导能力的关键。提高党领导国家的民主化、法治化，必须加强民主制度建设。因为民主制度建设与党领导国家的民主化、法治化是一个问题的两个方面，两者互为表里、相辅相成，党通过民主制度履行程序性功能，就是党领导国家的民主化、法治化。具体来说，一是完善选举制度，推动党领导干部工作的民主化、法治化；二是健全代议机关运行机制，推动党领导公共决策的民主化、法治化。

其二，加强党的建设，必须促进党的意识形态的民族性、包容性与人民性。政党意识形态的主要作用是“为政党提供了一套有明确指向的理论，使政党能够更有力地凝聚人心，为完成特定的目标服务”[①]。共产党执政后，新的政治制度是依据党的意识形态建立起来的，维护、发展、完善新的政治制度成为党的首要目标。这时党的意识形态的主要作用是凝聚全体人民的利益，争取获得全社会对新的政治制度的支持。党的意识形态的效用与其能够转化为现实的程度相关。否则，意识形态主张和现实之间日益扩大的经验性裂痕，会逐渐减弱人民和党员的政治信仰。提高党的意识形态的凝聚力：一要扩大党的意识形态的包容性，二要推动马克思主义的本土化，三要提出人民性的价值追求与奋斗目标。

其三，加强党的建设，必须发展完善党的全国代表大会制度。社会主义国家执政党制定反映全体人民利益的纲领、路线、方针、政策，以及培养、选拔、推荐优秀党员的最重要的制度机制是党内民主。马克思主义执政党的根本组织原则是民主集中制，党内民主的实质是全体党员选举代表组成党的全国代表大会行使党内权力。党内民主建设应以党的全国代表大会制度为着力点，对尊重党章权威、保障党的各项制度的有效落实和运作具有决定性意义。发展完善党代会制度：一要保障党员权利；二要明确党代会职权；三要

① 王长江：《政党政治原理》，中共中央党校出版社 2009 年版，第 120 页。

发展完善党代会代表选举制度；四要发展完善党代会运行机制，主要包括决策机制的发展完善、监督机制的发展完善、人事任命机制的发展完善等。

其四，加强党的建设，必须提高党联系群众的制度化水平。党的力量来自与人民的密切联系，但党与社会的密切联系要从理念转化为现实必须通过制度手段。处于现代化中的政治体系，其稳定取决于其政党的力量，然而政党强大与否要视其制度化民众支持的情况，其力量恰好反映了民众支持的规模及制度化的程度。[①] 提高党联系群众的制度化水平，一要发展完善选举制度，保障人民的选举权利。选举权利是人民保证自身利益的最主要途径。二要丰富人民参与党的纲领政策制定过程的制度机制。党在国家和社会中的领导地位，决定了党代会政治报告是今后一个阶段国家法律、政策制定的指导方针，而人民想要国家法律或政策对自己有利，影响党代会政治报告制定是可行的途径。三要健全党领导下的统一战线组织的政治参与机制，强化统一战线组织在政治体系中的地位和作用，增强党的利益整合功能。

（二）持续推进政治体制改革，不断提高政治体系制度安排的科学化水平，是实现民主政治发展的关键所在

民主制度在政治发展道路中具有基础性和全局性的作用，不仅是民主化道路的目标，也是民主化道路的动力机制。越共对此有着清晰的认识。例如，1991 年越共七大指出，革新与健全越南政治体制的本质就是社会主义民主建设。民主是越南社会主义政治体制开启、发展与自我完善的核心。它不仅是越南社会革新事业的目标，也是社会革新事业的动力。[②] 2011 年越共十一大通过的《越南社会主义过渡时期国家建设纲领（2011 年修订版）》再次强调："社会主义民主是越南国家制度的本质，既是国家发展的目标，又是国家发展

---

①〔美〕塞缪尔·P. 亨廷顿：《变化社会中的政治秩序》，王冠华、刘为等译，上海人民出版社 2008 年版，第 341 页。

②《阮文灵在越共"七大"的总报告〈沿着社会主义道路继续把改革事业推向前进〉》，《参考资料》1991 年第 23824 期。

的动力。”[①] 越共中央理论委员会副主席黎友义教授指出，民主已经成为越南革新事业的目标与动力。民主问题在推进工业化与现代化，发展经济社会以及融入国际社会中发挥着越来越重要的作用。[②]

民主制度正常运转是民主化道路的目标。民主化道路包括民主制度建设和民主维持条件建设，其中民主维持条件建设的目标是使民主制度正常有效的运转。这些维持条件既可以在民主制度建立之前存在，也可以与民主制度同时出现，还可以在民主制度建立后出现。与此同时，民主制度的建立健全能够为民主维持条件建设创造有利的社会环境和政治环境。民主是民主化道路的动力机制，并且这种制度性动力具有可靠性、稳定性、长期性。

第一，促进执政党的自我更新。社会主义国家执政党对国家领导的内容、方式以及代议机关在政治体制中的地位和作用，决定了民主制度的发展完善不仅能够保证执政党履行自身功能，而且能够使执政党更好地履行自身功能，从而为执政党不断的自我更新提供源源不断的动力。第二，促进法治建设。亚里士多德作了经典的论述：“法治应包含两重意义：已成立的法律获得普遍的服从，而大家所服从的法律又应该本身是制订得良好的法律。”[③] 社会主义国家的代议机关是国家的最高权力机关，是保证良法形成以及保障良法实施的根本制度保证。因此，民主制度的发展完善是法治国家建设的重要制度保证。第三，促进有效政府的建立。政府对代议机关负责并且向代议机关报告工作。这使代议机关成为支撑有效政府建立的前提条件。没有代议政治诸过程的同时加强，公共行政的改善是不可能的。事实上，过多地注重加强行政力量可能是自欺欺人的，原因在于这可能导致行政与政治之间更大的不平衡，进而导致领袖们更加需要从政治上来利用行政力量。[④] 第四，促进社会组织

---

① 吕余生：《越南国情报告 2011》，社会科学文献出版社 2011 年版，第 222 页。

②〔越〕黎友义：《革新 30 年间践行和发扬民主》，共产主义杂志网，访问时间 2023 年 4 月 7 日，https://tapchicongsan.org.vn/web/chinese/chinh-tri-xay-dung-dang/-/-/asset_publisher/keNMffyZlUnw/content/237-90213。

③〔古希腊〕亚里士多德：《政治学》，吴寿彭译，商务印书馆 1965 年版，第 202 页。

④〔美〕鲁恂・W. 派伊：《政治发展面面观》，任晓、王元译，天津人民出版社 2009 年版，第 36 页。

的成长。民主制度的发展能够为社会组织的形成提供必要的制度和文化支持，并为社会组织的进一步发展提供政治空间。正如约翰·霍尔（John Hull）指出的，民主的进一步发展，加强了而不是消除了社会组织发展的新的历史可能性。即民主制度有利于社会组织的发展。第五，促进市场经济的发展。民主制度对经济体制的产生、发展和巩固起着规范、制约和保护的作用，使经济体制的运作走上制度化、法治化的轨道。

那么，如何推动民主制度的发展完善呢？

第一，必须发展完善选举制度。选举制度是民主制度的必要条件，是民主制度发展完善的逻辑起点。在选举制度方面，社会主义国家面临的最大问题是如何从机制上既保障人民的选举权利，又保障党的领导。越南在民主政治发展进程中正是探索了这样一套机制，其主要经验有：一是差额选举。选举应该兼具代表功能和择优功能，萨托利指出："选举应服膺于某种代表功能，这是个合理的要求；选举也应服从于某种择优功能，我认为这同样是个合理的要求。"[①] 而如果候选人没有差额，选民就无从选择，选举也就没有意义了。因此，只有实行差额选举制才有可能保障选举功能的实现。二是竞争性选举。竞选能够使选民了解候选人的能力、政见以及品性等情况，是增强代表履职能力和责任感的重要机制。这一套选举制度，既保证了人民的选举权利，也保证了党管干部职能的实现。

第二，代议机关运行机制的发展完善是必不可少的组成部分。代议机关落实宪法规定的职权，实现代表人民利益的价值目标，需要代议机关运行机制予以支撑。发展完善代议机关运行机制，一是要提高专职代表的比例。与兼职代表相比，专职代表则更有时间、精力、条件以及动机承担起代表的工作，切实履行代表职责。二是要发展完善监督制度。行政机关和司法机关需要代议机关的监督，代议机关的代表本身通过周期性选举接受选民监督。代议机关监督职能的有效履行，需要建立健全监督制度。例如，越南实行了信

---

①〔美〕乔万尼·萨托利：《民主新论》，冯克利、阎克文译，上海人民出版社2009年版，第159页。

任投票制度和质询制度。三要建立健全人事任免制度。代议机关控制“一府两院”领导人选是人事任免的重要形式。

（三）谋求社会组织发育、经济体制革新以及民主制度建设的协调发展，是实现民主政治发展的基础工程

民主政治发展的基本内容包括民主制度建设、市场经济建设、法治国家建设、政党制度建设、有效政府建设以及社会组织建设。民主化道路，就是这六个方面的内容依据一定的顺序不断发展完善的过程。然而，这些任务彼此之间不是严丝合缝的，甚至有些任务不能够同时展开，需要国家的组织安排，而且“选择恰当的时机在所有政治中都是至关重要的，在民主化进程中尤为重要”[①]。民主政治发展的顺序是重要的，为了更好地理解民主政治发展的顺序问题，我们发现将民主政治发展过程中的政党制度、法治以及有效政府三个民主制度维持条件建设不单列出来是有益的。因为政党制度建设、法治建设以及有效政府建设都是民主制度发展完善的副产品，民主制度发展完善的过程，在一定程度上也是政党制度建设、法治建设以及有效政府建设的过程。由此，笔者认为，民主政治发展顺序主要指市场经济建设、民主制度建设以及社会组织建设。当然，民主政治发展策略中的这种先后顺序，由各个国家的具体国情决定，同时这种顺序的划分不是绝对的，有时是彼此交叉的。越南选择了先进行市场经济体制改革和国会制度完善，再进行社会组织建设的发展道路，但在这一过程中，始终坚持以市场经济体制改革为中心。这种发展顺序有助于保证民主化道路的可行性、有效性与有序性。

其一，市场经济与民主制度同步发展。如何发展生产力是社会主义国家面临的重大课题，不仅关系社会主义国家的发展壮大，也关系社会主义优越性能否体现，还关系着社会主义国家执政党的前途命运。理论和事实都证明，市场经济具有发展生产力的巨大作用。而生产力是社会发展的最终决定力

---

①〔美〕胡安·J. 林茨、阿尔弗莱德·斯泰潘：《民主转型与巩固的问题：南欧、南美和后共产主义欧洲》，孙龙等译，浙江人民出版社 2008 年版，第 409 页。

量。市场经济建设与民主制度建设同步发展，能够保证二者协调发展、互相促进。

市场经济有利于民主制度的发展完善主要体现在其经济、社会、政治三个方面。一是促进了经济的快速发展。经济快速发展增强了政治制度的有效性和合法性，为推动民主政治发展创造了物质基础和社会基础。“几代人时间的长期持续的有效性，也可以给予一个政治系统合法性。在现代世界，这种有效性主要指持续不断的经济发展。”[①] 越南以市场化取向为中心的经济改革，确实推动了越南经济的快速发展。二是市场经济孕育了社会组织，提高了社会的组织化和制度化水平，而社会组织既是民主的催化剂，也是民主有效运转的必要条件。三是市场经济促进了有限政府的建立。市场经济的核心要素是财产权和经济自由。实行市场经济就是财产权、经济自由得到充分保障，而这就需要政府的权限与机构设置受到宪法和法律限制，即实行有限的政府。

民主制度的发展完善，一是为市场经济体制的健康运作提供了保障。市场经济主体平等竞争、私有财产保障以及经济自由等都需要法治来保障。民主制度的发展完善，保障了良法的产生，同时保障了良法的执行。因为在社会主义国家，政府和司法机关由立法机关产生，对立法机关负责。因此，民主制度是政府、司法机关有效执行和实施法律的制度保证。民主制度的发展完善，二是为社会公平提供了制度保障。市场经济体制的一个重要负面效应是导致社会贫富的两极分化，而民主制度是集体价值的形成机制。民主制度的发展完善使得国家法律政策必须符合公共利益，符合公共利益的法律政策必然能够使人民共享经济发展成果。越南国会制度的发展完善，保证了越南的社会公平。

其二，民主制度建设优先于社会组织建设。政治发展过程涉及政治、经济、社会等领域的现代化，是政治不稳定的高发期。正如亨廷顿指出的，“现

---

①〔美〕西摩·马丁·李普塞特：《政治人——政治的社会基础》，张绍宗译，上海世纪出版社2011年版，第51页。

代性孕育着稳定，而现代化过程却滋生着动乱”[①]。政治不稳定，就会出现社会动荡、经济发展停滞、人民生活水平停滞甚至下降等现象；而“政治稳定依赖制度化和参与之间的比率”[②]。这意味着当政治参与程度提高时，政治制度化水平也必须随之提高。市场经济发展的必然结果是社会组织的兴起，而社会组织的一个特征就是通过政治参与实现本组织成员的利益诉求和价值追求。可以预料，如果社会组织成长起来，一个国家的政治参与也会随之扩大。若要保持政治稳定，就需要在社会组织壮大之前提高政治制度化水平。越南实行的是先发展国会制度、后培育社会组织的发展顺序，这保证了民主政治发展进程中社会的基本稳定。民主制度优先于社会组织的发展顺序，有利于保证社会稳定。原因在于：一是民主制度的发展完善，保障了人民的选举权利，增强了人民对于政治制度的认同感，为其在政治制度框架内进行政治参与奠定了基础；二是民主制度的发展完善，提高了政治制度化水平，拓展了政治制度吸纳政治参与的潜能和空间。“一般来说，民主体制总比专制制度的制度化水平要高；反之，一个政治体制的制度化水平越高，它的民主化程度通常就越强。”[③] 可以说，民主制度的发展完善先于社会组织的发展完善，在延缓社会组织发展的同时，提高了政治制度化水平，这能够保障政治发展的有序进行。

当然，社会组织的兴起、壮大能够为民主制度的发展完善提供源源不断的动力。社会组织具有组织性与自治性。这一方面能够为成员提供利益表达的渠道与防止政府侵犯公民权利的手段；另一方面有助于培育公民合作的习惯和公共精神，培育互信、互惠、温和、妥协、谅解、宽容的品性，培育与人交往、共事的交流技能等，而这些习惯和技能是民主制度所需要的。

---

①〔美〕塞缪尔·P. 亨廷顿：《变化社会中的政治秩序》，王冠华、刘为等译，上海人民出版社2008年版，第31页。

②〔美〕塞缪尔·P. 亨廷顿：《变化社会中的政治秩序》，王冠华、刘为等译，上海人民出版社2008年版，第60页。

③ 李路曲：《关于民主化、制度化与发展水平关系的思考》，《晋阳学刊》2008年第1期。

（四）切实发挥宪法对国家政治和社会生活的引导和规范作用，是实现民主政治发展的可靠保障

越南 2013 年《宪法》是“为了社会主义过渡时期国家建设的纲领体制化，在继承 1946 年颁布的《宪法》、1959 年颁布的《宪法》、1980 年和 1992 年颁布的《宪法》的基础上，为了实现民富、国强、民主、公平、文明的目标”[①] 而制定的。越南这一宪法序言从制宪的目的和宪法所要实现的价值目标两个方面说明了宪法在社会主义过渡时期建设中的引导和规范作用，而民主政治发展是社会主义过渡时期建设的主要组成部分。越南之所以重视宪法在民主化道路中的作用，是因为依宪推进民主化道路能够保证民主化道路的可持续性。

越共中央政治局委员、国会主席阮生雄在 2013 年 9 月对修改 1992 年《宪法》的意义进行了全面分析。他指出：修改宪法是为了继续体制化并进一步深化发挥社会主义民主、确保国家的一切权利属于人民的主张；是为了继续发挥全民族大团结力量，调集各社会力量服务于国家建设和发展事业；是为了继续肯定并进一步阐明党对国家和社会的领导地位、作用和责任；是为了进一步发挥人的因素的作用，更深刻地体现保障并尊重人权、确保公民基本权利和义务更好落实的观点；是为了继续建设和完善社会主义定向市场经济，发展社会文化、教育科技和保护环境；是为了继续建设和完善越南社会主义法治国家。[②]《宪法（修正案）》在国会通过后，阮生雄指出：“《宪法（修正案）》是新时期越南全党、全民和全军团结一心、稳步前进的坚实政治—法律保障。”[③]

---

①《越南社会主义共和国宪法（2013）》，米良译，《南洋资料译丛》2014 年第 1 期。

②〔越〕阮生雄：《1992 年宪法修改工作中紧迫的核心问题》，共产主义杂志网，访问时间 2023 年 4 月 2 日，https://tapchicongsan.org.vn/web/chinese/chinh-tri-xay-dung-dang/-/-/asset_publisher/keNMffyZlUnw/content/46-92123。

③〔越〕阮生雄：《〈宪法〉（修正案）是新时期越南全党、全民和全军团结一心、稳步前进的坚实政治—法律保障》，共产主义杂志网，访问时间 2023 年 4 月 2 日，https://tapchicongsan.org.vn/web/chinese/chinh-tri-xay-dung-dang/-/-/asset_publisher/keNMffyZlUnw/content/104-91523。

第一，宪法能够保障民主化道路的合法性与正当性。民主化道路主要涉及民主制度建设、法治建设、政党制度建设、市场经济建设、有效政府建设以及社会组织建设。一个国家的宪法通常规定了国家性质、政权组织形式以及国家机关的组织和活动原则、人权与公民的基本权利和义务以及经济制度、社会制度和文化制度等内容。也就是说，宪法规定了一个国家社会关系中最基本与最根本的问题，而民主化道路在宪法的调整范围内。宪法是社会共识的最高体现，具有正当性基础，所有法律的正当性都来源于宪法。依据宪法推进民主化道路，通过保证民主化道路所依据法律制定程序的“合宪”性，民主化道路所依据的法律的“合宪”性，民主化道路所依据的宪法更新程序的“合宪”性，保证民主化道路的目标与过程的正当性和合法性。在这一意义上，依宪推进民主化道路，是保证民主化道路可持续性的关键。

第二，宪法能够保障人民在民主政治发展进程中的利益。人民根本利益最直接的体现就是公民的基本权利，而宪法的目的就是保障公民的基本权利。“宪法最本质的规定，就是对国家权力机关的限制和对公民权利的保障。”① 因此，依据宪法推进民主化道路，就是保障人民的根本利益。

第三，宪法能够保障社会共识的维持。社会共识的维持是一个社会共同体所需要的，没有社会共识的共同体是不能持久的。萨托利依据伊斯顿（Easton）的分析，将共识分为三个层次：共同体层次的共识，或曰基本共识；政体层次的共识，或曰程序共识；政策层次的共识，或曰政策共识。② 其中，基本共识以及程序共识是维持一个社会共同体的必要条件。而基本共识、程序共识是通过制宪过程予以发现、确认的，即宪法是社会共识的规范化。“宪法文本实际上就是社会共识通过一个制宪者的行为，使得共同的价值转化成为具体的规范的内涵。”③ 因此，依据宪法推进民主化道路就是维护社会共识。

依据宪法推进民主化道路的基本形式是保障宪法规范的实施。宪法的生

---

① 张千帆：《良法　良治　良序》，《炎黄春秋》2015 年第 8 期。

②〔美〕乔万尼·萨托利：《民主新论》，冯克利、阎克文译，上海人民出版社 2009 年版，第 106 页。

③ 韩大元：《宪法与社会共识：从宪法统治到宪法治理》，《交大法学》2012 年第 1 期。

命在于实施，宪法的权威也在于实施。

首先，在民主制度发展完善的基础上实施宪法，为宪法实施提供动力机制。一般来说，宪法实施主要是国家机关的任务。这首先是因为宪法的原始含义是政府的“构成”（constitution），宪法的主要使命即为规定不同层次的政府之间及同级政府的立法、行政与司法职能部门之间的权力关系，因而关于宪法实施的讨论自然聚焦于立法、行政与司法等不同实施方式。[①] 也就是说，立法机关、行政机关、司法机关都对宪法的实施负有职责，但其中，立法机关负有宪法实施的首要责任。因为社会主义国家的政权组织形式采取的是议行合一制，立法机关是国家的最高权力机关，不仅拥有立法权，而且拥有监督行政机关、司法机关履行职权的权力，其依据就是宪法规定的立法机关、行政机关、司法机关的职权。而立法机关职权的有效落实，需要民主制度的发展完善。因此，从宪法实施的动力机制来看，民主制度的发展完善能够为宪法的实施提供足够的制度支撑，并且这种体制内动力具有持久性、可重复性以及成本低等优点。例如，冷战后，越南民主制度的发展完善，推动了越南宪法的有效实施。

其次，坚持宪法至上是实施宪法的前提条件。宪法一经颁布实施，国家所有成员都必须遵守，必须维护宪法权威。而维护宪法权威，必须坚持宪法至上。例如，越南 1992 年《宪法》第 146 条规定：“越南社会主义共和国宪法是国家的根本法，具有最高法律效力。其他一切法律文件必须符合宪法。”[②]2013 年《宪法》第 119 条第 1 款规定：“宪法是越南社会主义共和国的根本法，具有最高的法律效力。”[③]

再次，政治制度建设纳入法治国家建设的框架，是宪法实施的关键。宪法规定了国家的政权组织形式以及国家机关的职权，而国家机关职权的有效

---

① 张千帆：《宪法实施靠谁？——论公民行宪的主体地位》，《比较法研究》2014 年第 4 期。作者在文章中采用了广义的政府概念，即政府是国家的立法机关、行政机关和司法机关等公共机关的总称。

② 孙谦、韩大元：《亚洲十国宪法》，中国检察出版社 2013 年版，第 538 页。

③《越南社会主义共和国宪法（2013）》，米良译，《南洋资料译丛》2014 年第 1 期。

履行是通过各种制度机制予以完成的。因此，立法机关、行政机关、司法机关为落实宪法规定的职权而发展完善自身制度机制的过程，就是宪法的实施。“在理想状态下，宪法的实施是指公权力部门依据宪法作出的国家行为。”① 正因为政治制度建设依据的法律首要的是宪法，所以将政治制度建设纳入法治国家建设的轨道，就是保障宪法的实施。2011 年越共十一大政治报告首次以“大力推进越南社会主义法治国家建设”为主题设章，把“继续改革国家机关的组织机构和工作方式”作为法治国家建设的主要内容。

最后，制定宪法保护机制是宪法实施的重要保障。当国家机关出现违宪行为时，需要有机关和机制加以制止，否则宪法难以全面落实甚至形同虚设。越南 2013 年《宪法》规定，国家机关应当承担捍卫宪法的职责，且拥有捍卫宪法的机制。该《宪法》第 119 条第 2 款规定：“国会、国会各个机关、国家主席、政府、人民法院、人民检察院、国家的其他各个机关和人民团体具有捍卫宪法的职责。捍卫宪法的机制由法律规定。”② 宪法是约束立法权、行政权、司法权最重要的法律，并且是保护立法权、行政权、司法权最重要的法律。捍卫宪法的机制由法律规定，也就是说各个国家机关能够通过宪法保护机制，捍卫自身职权，防止其他机关越权。

第二节 冷战后越南民主化道路面临的主要问题

尽管冷战后越南民主化道路在民主制度建设及民主制度维持条件建设方面取得了显著的成效，但实际上，冷战后越南民主化道路也面临着一些问题。

① 张千帆：《宪法实施靠谁？——论公民行宪的主体地位》，《比较法研究》2014 年第 4 期。

②《越南社会主义共和国宪法（2013）》，米良译，《南洋资料译丛》2014 年第 1 期。

一、政治制度设计与巩固执政党团结统一的问题

（一）党员竞争人民的选票有引起党内派别之争的可能性

越南国会竞争性差额直选制度的实行，保障了人民当家作主的权利，为人民提供了政治参与的渠道；对国会制度来说，为国会作为国家最高权力机关履行职权奠定了权力基础；对越共来说，一方面它使党的执政活动合法化，另一方面，也为越共带来了潜在的挑战。越南在国会选举中引入竞争性差额直选制度，使得国会选举候选人需要竞争人民的选票。在越南第十二届至第十五届国会代表选举中，党员候选人所占比例均在 80% 以上，如表 6–1 所示。也就是说，国会选举候选人之间的竞争，主要是党员候选人之间的竞争。

在竞争性选举情况下，党员候选人必然会把自己的观点、主张传达给选民和党员，而这加大了选民和党员依据不同主张组成派别的可能性。亨廷顿指出，党员的竞争不仅可能会引起党内小集团的出现，还有可能导致党内派别或政治组织的长久存在。[①] 因此，既保证党员之间的竞争又要防止其蜕变为派别之间的争斗，成为越共必须正视和研究的课题。

表 6–1 越南第十二届至第十五届国会代表选举候选人结构[②]

国会代表换届选举	国会选举候选人	党员候选人	党员候选人比例	党外人士候选人	党外人士候选人比例
第十二届国会选举	875 名	726 名	83%	149 名	17%
第十三届国会选举	827 名	709 名	86%	118 名	14%

① 张超：《一党制的起源、分类与演化——亨廷顿一党制研究述要》，《国外理论动态》2013 年第 11 期。

②《越南举行第十二届国会代表选举》，央视网，访问时间 2016 年 6 月 22 日，https://news.cctv.com/world/20070520/100964.shtml；《越南两级选举首次同日举行》，《人民日报》2011 年 5 月 23 日；《越南举行第十四届国会代表选举》，新华网，访问时间 2016 年 6 月 22 日，http://news.xinhuanet.com/world/2016-05/22/c_1118910669.htm；《越南举行国会及地方各级人民议会代表选》，人民网，访问时间 2023 年 4 月 22 日，http://world.people.com.cn/n1/2021/0523/c1002-32110839.html。

（续表）

国会代表换届选举	国会选举候选人	党员候选人	党员候选人比例	党外人士候选人	党外人士候选人比例
第十四届国会选举	870 名	773 名	89%	97 名	11%
第十五届国会选举	866 名	773 名	91%	97 名	9%

（二）"四驾马车"的权力配置加剧了党内不同意见之间的矛盾

冷战后初期，越南的政治权力核心是党的总书记、国家主席、政府总理三人所组成的"三驾马车"。1992 年以来，随着国会制度的发展完善，国会发挥了越来越大的作用，国会主席进入政治权力的中心，越南由原来的"三架马车"演变成为"四架马车"，而且"四驾马车"最高领导人的选举在越南也逐渐演化为一种惯例。越共的总书记主要负责政治思想工作，通常由以河内为中心的北方人担任；国会主席或者国家主席通常为越南中部人；政府总理主要负责经济工作，通常是由以胡志明市为中心的南方人担任。[①] 这一惯例主要是由越南的历史和地理环境等因素共同形成的。

尽管"四驾马车"的权力配置有助于党政职能分工以及国家权力之间的制衡与监督，但值得指出的是，党政军权力的分散加剧了越南不同意见之间的矛盾。据英国广播公司报道，越南国会机关报《人民代表》发表了一篇文章，在这篇文章中把越共总书记阮富仲比作中国战国时期楚国的诗人屈原，指出阮富仲与屈原一样，都是高尚、廉洁的人。文章指出，在当今的越南，同屈原一样高尚、廉洁的人，由于与越南当今浑浊的社会不能相容，因此不得不同屈原一样投汨罗江自尽了。这实际上暗示了越南其他党政领导人的腐败。这篇文章刊登出来以后，无疑引起了很多猜测。有的分析认为，这可能是越共总书记阮富仲所在的政治派系为打击越南政府总理阮晋勇而采取的措施。在越南，政府总理阮晋勇任人唯亲众所周知。文章在树立阮富仲清

① 潘金娥：《当前越南共产党面临的问题与挑战》，《当代世界与社会主义》2014 年第 6 期。

廉形象的同时，无疑贬低了政府总理阮晋勇的形象。这一事件实际上是越南政治权力重新配置的一个反映。近年来，由于越共认为政府部门腐败、效率低，因此越共中央试图采取措施收回一些政府掌握的政治权力。威廉·凯斯（William Case）指出，越共党的十二大前，派系活动加速。[①] 可以说，对越共来讲，如何保持各个权力中心的平衡与政治意见建议的协商妥协是越共今后需要面对的一个问题。

（三）党的性质的新定位易于导致党内不同意见的产生

越南社会主义定向市场经济体制的建立，推动了越南阶层的多元化。阶层的多元化产生了利益诉求的多元化，不同阶级、阶层和社会群体都力图通过影响国家的法律、政策制定来实现自身利益。政党是一定的社会集团维护自身利益的重要途径，而一个集团的利益不可能由其他集团或党派代表，而只能由自己的政党代表[②]。冷战后，越共作为越南唯一的政党，自然成为不同阶级、阶层、社会群体维护自身利益的工具选择。“一党制下，一个新集团要进入该制度首先必须进入党。”[③] 越共要真正代表越南人民的利益，必须推动党员成分多元化。越共“十大”将党的性质定位为“两个先锋队”，即“党是越南工人阶级的先锋队，同时也是越南劳动人民和越南民族的先锋队，是工人阶级、劳动人民和民族利益的忠实代表”[④]。这就意味着越南不同阶级、阶层和社会群体的优秀人才都有可能加入越共，从而使不同阶级、阶层和社会群体都在越共拥有自己的代表，这样，他们就可以通过自己的代表发声，来维护本阶级、阶层或群体的利益。有学者指出，越南“以地域为标准来划分的派系似乎有淡化的趋势，转而为革新以来新形成的利益集团所驱动”[⑤]。简

---

① William Case. Vietnam in 2015：Factional Battles，Economic Tailwinds，and Neighborhood Jitters. *Asian Survey*, Vol. 56 No.1（January/February 2016）, pp. 93–100.

② 张千帆：《宪政原理》，法律出版社 2011 年版，第 114 页。

③〔美〕塞缪尔·P. 亨廷顿：《变化社会中的政治秩序》，王冠华、刘为等译，上海人民出版社 2008 年版，第 355 页。

④ 刘洪才：《当代世界共产党党章党纲选编》，当代世界出版社 2009 年版，第 307 页。

⑤ 潘金娥：《当前越南共产党面临的问题与挑战》，《当代世界与社会主义》2014 年第 6 期。

而言之，越共关于党的性质的新定位导致了党员成分的多元化，而党员成分的多元化则很有可能会引起党内分歧。

在这里，越共内部的思想派别与其内部的组织派别必须以严格的标准加以区别。列宁提出的辨别组织派别的标准值得借鉴，列宁要求解散“具有各自的纲领、力求在某种程度上自成一派并规定内部纪律的集团”[①]。从这句话可以看出，组织派别的形成需要具备两个条件：一是组织派别必须有自己的纲领政策，二是组织派别必须有自己的组织和纪律。列宁提出如此明确的辨别组织派别的条件，是为了保证党员的言论自由。党员的言论自由是一个政党发展壮大所必需的。

之所以要严格区分共产党党内思想派别和党内组织派别，是因为党内思想派别的存在是具有合理性的。共产党党内思想派别是党内言论自由的逻辑结果。共产党党内言论自由，一方面是党员作为社会主义国家的公民所享有的公民权利，另一方面也是党员的基本权利。共产党党内言论自由是保持共产党活力的重要条件。党员在党内自由发表看法、建议，是党制定纲领政策的重要信息来源，也是党组织修正决策的重要途径。如果禁止党内言论自由，就意味着这个党员所在的党组织缺乏民主，同时这也违反了宪法，更为重要的是会导致党组织死气沉沉，缺乏活力和战斗力。因此，发展党内民主必须保证党员的言论自由。恩格斯指出，政党内部出现比较温和的派别与较为极端的派别的互相矛盾与斗争，是任何政党产生、发展中几乎不可避免的现象。值得注意的是，如果没有恰当的理由就将政党内部较为极端的派别开除，那么只会导致这个派别的发展壮大。无产阶级运动的出现就是批评当时资本主义社会的结果。因此，不能在无产阶级运动内部禁止党员的言论自由。无产阶级运动以各种形式积极争取言论自由，并不是为了在无产阶级运动内部消除自由，而是更好地保证自由。[②]对当代社会主义国家来说，执政党内部出现较为温和的派别和较为极端的派别的斗争是一种极有可能存在的客观现象。

---

①《列宁选集》第 4 卷，人民出版社 2012 年版，第 469 页。

②《马克思恩格斯选集》第 4 卷，人民出版社 2012 年版，第 595 页。

更为重要的是，社会主义国家的执政党应该保证党员的言论自由，要善于倾听党员的意见建议，同时不能阻碍党员的批评。发展党内民主就是要保障党内言论自由，而否定党内言论自由，不是共产党人应有的态度。鼓励和支持党员的言论自由，允许党员对党组织和党的政策主张提出意见、建议，实际上造就了党内思想派别存在和发展的条件。

政党内的思想派别存在向组织派别演变的可能性，各个政党都要予以关注。依据列宁的观点，政党内的组织派别是有着明确的纲领、纪律的，旨在形成派别的力量。政党内的组织派别通常只服从本派别领导人的意志以及本派别的利益，而不顾党的团结统一，因此，共产党内部一旦出现组织派别，则应予以取缔。

从上述分析来看，越南的政治制度安排易于导致越共党内思想派别的出现。对越共来说，今后的一个挑战就是如何保持党内团结统一，并防止党内思想派别向组织派别的演化。

二、民主理论供给不能满足实践需求的问题

社会主义民主理论是社会主义实践的先导。为了推动越南民主政治发展，越共非常重视加强民主理论和实践研究。越南成立了中央理论委员会，旨在组织指导越南社会主义建设进程中有关重大理论和实践问题的研究。然而，民主理论供给不能满足实践需求的问题突出。2011 年越共十一大提出，要“提高思想理论工作质量和效率”，2016 年越共十二大继续强调，要“革新思想理论工作”。但是作为社会主义建设的重要内容，民主政治发展问题是一个关乎政治稳定、党的执政地位保持以及社会主义制度巩固和发展的重大问题。这增加了理论和实践探索难度。2021 年越共十三大指出：“实践总结、理论研究工作没有同步得到相应的重视，不能满足要求，不能厘清一些新的困难复杂问题。”① 越共中央理论委员会副主席黎友义教授在《革新 30 年

①《越南共产党第十二届中央委员会向第十三次全国代表大会作的政治报告》，《南洋资料译丛》2021 年第 4 期。

间践行和发扬民主》一文中指出了越南推动民主政治发展需要加强研究的问题，“民主与人民知识水平密不可分，但人民的总体知识水平还低”，因此，要“继续研究阐明政治体系的组织和运作模式，‘党领导、国家管理、人民当家作主’机制以及该模式当中实行民主的机制……继续进行理论和实践研究以阐明如何在唯一共产党执政，在不实行政治多元化、多党制的条件下仍充分发扬针对人民的真正民主，仍维持党的领导，党内廉洁、强大，干部、党员不陷入腐化变质、与群众脱节的状况……进一步研究以继续革新党的领导内容和方式等”①。

三、坚持社会主义民主化道路与直面外来影响的问题

越南社会主义民主具有保证人民当家作主的制度优势。但是，越南社会主义民主是个新事物，其优势的彰显需要不断发展完善体制机制以及培育民主有效运转的条件。冷战结束后，随着经济的全球化，越南社会主义定向市场经济的实行以及互联网的普及，加剧了西方民主思潮对越南民主化道路的影响。1989 年，时任总书记阮文灵在越共六届六中全会上明确提出，越南决不能实行多党制，越共禁止国内外政治力量借越南革新开放以及实行民主政治发展之际攻击越共的领导，对于那些或是企图在政治上与越共相抗衡，或是企图推翻越共领导，或是企图使越共领导失去作用的行动，必须不惜一切代价来制止。然而，以美国为首的西方国家对越共和越南社会主义制度的攻击和渗透，无论是冷战前还是冷战后，都未停止过。根据英国广播公司的报道，越南 2013 年 1 月 2 日开始通过各种方式向人们征集对 1992 年《宪法》修正草案的意见，在此之际，越南一群活动人士宣布，准备成立一个新的政党“民主社会主义政党”，推动越南的多党民主制。这群活动人士不仅包括

① 〔越〕黎友义：《革新 30 年间践行和发扬民主》，共产主义杂志网，访问时间 2023 年 4 月 7 日，https://tapchicongsan.org.vn/web/chinese/chinh-tri-xay-dung-dang/-/-/asset_publisher/keNMffyZlUnw/content/237-90213。

几名越南共产党的著名党员，还有两人是越南祖国阵线的领导成员。不过，媒体称，成立“民主社会主义政党”只是一个设想，即便真的成立，目前也很难预测新的政党被允许存在多久以及活动权限有多大。① 值得指出的是，尽管越南存在经济发展滞后危机、偏离社会主义方向危机、贪污腐败危机以及和平演变危机，但是这并没有动摇越共的领导地位和越南社会主义制度的合法性。

此外，网络也成为西方国推行和平演变的新阵地。冷战后，越南经济增长迅速，在亚洲仅次于中国。随着民众生活水平的提高，越南互联网发展强劲。“截至 2021 年年底，越南互联网运营商移动宽带用户近 7100 万户，固定宽带用户 1880 万户，越南互联网用户首次达到 7100 万户，占全国人口的三分之二。”② 虽然，网络民主在国家社会生活中发挥着重要的积极作用，也被多数人所认可，但是网络民主也存在着失序的问题，从而可能成为造成政治动荡、社会混乱的因素，因为网络媒体成为西方国家推行自由、民主等西方价值观念的重要阵地。在互联网普及之前，未经过滤的信息、观点以及新闻很难在越南看到，而现在可以通过形式多样的网络平台予以呈现。

2008 年 2 月，越共和政府开始整顿互联网，对一些反党和社会主义制度的相关人士依法进行处理。但是仍然有一些人利用网络发布反对越共和越南社会主义制度的信息。例如，2016 年 3 月 23 日，河内市人民法院以“滥用民主自由权侵犯国家利益和组织与公民的合法权益”罪分别判处阮友荣和阮氏明翠 5 年和 3 年有期徒刑。从 2013 年 9 月至 2014 年 1 月，阮友荣和阮氏明翠在网上刊登了内容不属实且毫无根据的 24 篇文章，歪曲了越南党的政策主张和国家的法律法规，污蔑他人，诋毁组织和单位的声誉，误导社会舆论，引起民众恐慌。③ 2017 年 7 月 25 日，河南省人民法院以“煽动宣传反对越南

---

①《越南政治改革呼声再起 越共高官频频参与活动》，海外网，访问时间 2022 年 3 月 4 日，http://world.haiwainet.cn/n/2013/0817/c232591-19333633.html。

②《2022 年越南将加大互联网基础设施建设投入》，中华人民共和国商务部，访问时间 2022 年 3 月 4 日，http://hochiminh.mofcom.gov.cn/article/jmxw/202201/20220103238737.shtml。

③《阮友荣因涉嫌滥用民主自由侵犯国家利益罪被判处 5 年有期徒刑》，越南通讯社，访问时间 2023 年 4 月 14 日，https://zh.vietnamplus.vn/ 阮友荣因涉嫌滥用民主自由侵犯国家利益罪被判处 5 年有期徒刑 /48996.vnp。

社会主义共和国罪”开庭初审被告人陈氏娥。从2014年9月至2017年1月，陈氏娥直接登记博客、脸书和油管账号，制作并存储含有煽动宣传反对政府内容的视频，宣传反动思想，歪曲党和国家的主张与政策，破坏民族大团结，引起人民群众对越南社会主义共和国政府的不满。陈氏娥还登载有关反党反政府、诋毁国家领导人形象、抵制第十四届国会和2016—2021年任期各级人民议会代表选举的内容。[①]2020年9月19日，平定省公安厅调查安全机关以涉嫌“滥用自由和民主权侵犯国家利益、组织和个人的合法权益”为由对黎文海进行起诉和暂时拘留，并搜查其住所。从2016年至2020年，黎文海经常使用脸书个人账号公开发布和转发侮辱、诽谤越南共产党、国家、政府，特别是地方政府领导人的文章。[②]2023年5月25日，岘港市人民法院以“制作、储存、散发、宣传含有煽动宣传反对越南社会主义共和国内容的信息和资料”罪判处裴俊林有期徒刑5年6个月。自2019年4月20日至2022年9月7日，裴俊林在脸书账户“Peter Lam Bui”上发布了19篇文章，并在其个人油管账户上发布了25个视频和文章，内容涉及反对越南社会主义共和国[③]方面的内容。2021年10月，张周友名与《清洁报》组员以“滥用民主自由权侵犯国家利益和组织、个人的合法权益”罪被判处有期徒刑两到四年半。2019年8月，张周友名、阮福中宝、段坚江、阮清雅、黎势胜、N.D、N.T.O.P共同创建了脸书上的粉丝主页“清洁报”（Báo Sạch）、“做清洁报”群组以及油管频道上的“BS Chanel”。后因内部产生矛盾，2019年9月18日，N.D和N.T.O.P主动离开。他们利用言论自由和新闻自由的权利在脸书粉丝主页“清洁报”、油管频道“BS Channel”发表文章和制作视频片段。这些文章和视频片段发布的是未经证实的、不真实的、负面的、片面的信息，造成

①《陈氏娥因煽动宣传反国家罪被判九年监禁》，越南通讯社，访问时间2023年4月19日，https://zh.vietnamplus.vn/陈氏娥因煽动宣传反国家罪被判九年监禁/68258.vnp。

②《平定省利用社交网侵犯国家利益嫌疑人遭起诉》，越南通讯社，访问时间2023年4月14日，https://zh.vietnamplus.vn/平定省利用社交网侵犯国家利益嫌疑人遭起诉/126297.vnp。

③《控有“反对越南社会主义共和国罪”的被告人裴俊林获刑5年6个月》，越南通讯社，访问时间2023年4月14日，https://link.gov.vn/UjN1wU16。

读者对事实真相的误解，为破坏分子利用参与负面评论创造条件，煽动和引诱一部分有虚假认知的民众参与反对党的路线、方针和国家的政策和法律的行为。①

越共历次党代会强调，越南民主制度的发展完善是社会主义制度发展完善的重要组成部分，要警惕偏离社会主义方向的政治发展。而越共只有不断推进越南的民主化，建立高质量的民主，彰显出理论自信、道路自信以及制度自信，赢得民主的话语权，才能从根本上消除西方民主思潮的影响。

人类社会的发展有着共同的规律，民主政治发展是人类社会发展的重要组成部分，同样有着共同的规律。越南正处于社会主义过渡时期，经济、文化和社会建设还比较落后，迫切需要积极研究和借鉴世界各国政治发展的文明成果，不断深化对民主政治发展规律、马克思主义政党执政规律、社会主义建设规律的认识。国外文明必须吸收，但是吸收什么则是必须认真谨慎对待的问题。发展完善本国社会主义民主制度是学习吸收国外文明的立足点。

---

①《被告人张周友名和清洁报相关成员被判处有期徒刑两到四年半》，越南通讯社，访问时间2023年4月14日，https://zh.vietnamplus.vn/被告人张周友名和清洁报相关成员被判处有期徒刑两到四年半/150078.vnp。

结　语

冷战后越南民主化道路是越共主动采取的自上而下的渐进式政治改革。冷战后越共领导下的民主化道路具有自觉设计的特点，即提前谋划了民主政治发展的目标与民主政治发展的手段。这一民主化道路在维持社会主义基本制度框架的条件下，注重发展民主制度运行机制，创造民主制度维持条件。冷战后越南民主化道路坚持了社会主义制度的主要特征：一是坚持以马克思列宁主义和胡志明思想为党的指导思想；二是坚持越南共产党的领导地位。

冷战后越南民主化道路的目标是建立由人民当家作主、为人民服务、由越南共产党领导的社会主义法治国家。这是越南共产党在党的领导、国家管理以及人民作主三者之间找到的一个契合点。越南民主化道路的内容就是通过民主制度建设、党的领导能力建设、社会组织建设、有效政府建设、法治国家建设以及市场经济经建设，构建稳定的具有越南特色的民主制度。

冷战后越南民主化的道路选择，是越共把握人类社会文明发展大势，在总结世界社会主义政治发展深刻经验的基础上，基于越南经济社会发展的现实需要和维护党的执政安全而做出的具有战略意义的重大政治抉择。应当肯定，越南民主政治发展的基本实践，在一定程度上培育了民主要素，激活了民主动力，完善了民主机制，推动了民主发展。但也应当看到，在民主政治发展过程中，如何维护党的团结统一，如何加强党的执政地位，如何巩固党的社会基础，如何处理好共产党领导的人民当家作主与依法治国的关系等，确实是越共必须直面的重大理论和实践问题。经验表明，对于这样一场广泛而深刻的政治变革，执政党应以高度的政治自觉，从理论上加以系统说明，从战略上加以整体谋划，从战术上加以有效推进，从条件上加以有效保障，以此真正使民主政治发展之路走得稳、走得快、走得远。

参考文献

中文著作类

《马克思恩格斯全集》第 1 卷，人民出版社 1995 年版。

《马克思恩格斯全集》第 3 卷，人民出版社 2002 年版。

《马克思恩格斯全集》第 44 卷，人民出版社 2001 年版。

《马克思恩格斯选集》第 1 卷，人民出版社 2012 年版。

《马克思恩格斯选集》第 3 卷，人民出版社 2012 年版。

《马克思恩格斯选集》第 4 卷，人民出版社 2012 年版。

《列宁选集》第 2 卷，人民出版社 2012 年版。

《列宁选集》第 3 卷，人民出版社 2012 年版。

《列宁选集》第 4 卷，人民出版社 2012 年版。

《列宁全集》第 29 卷，人民出版社 1985 年版。

《斯大林选集》上卷，人民出版社 1979 版。

《十七大以来重要文献选编》（上），中央文献出版社 2009 年版。

陈明凡:《越南政治革新研究》，社会科学文献出版社 2012 年版。

丛日云:《当代世界的民主政治发展浪潮》，天津人民出版社 1999 年。

崔桂田:《当代社会主义发展模式比较研究》，山东人民出版社 2005 年版。

崔桂田:《马克思主义政党防范执政风险研究》，山东大学出版社 2012 年版。

〔英〕戴维·米勒等:《布莱克维尔政治学百科全书》，邓正来主编，中国政法大学出版社 1992 年版。

戴长征：《政治学前沿问题：社会转型与政治发展》，知识产权出版社 2009 年版。

房宁等：《民主与发展——亚洲工业化时代的民主政治研究》，社会科学文献出版社 2015 年版。

古小松：《2006 年越南国情报告》，社会科学文献出版社 2006 年版。

古小松：《越南的社会主义》，人民出版社 1995 年版。

李宗禹：《国外学者论斯大林模式》（下），中央编译出版社 1995 年版。

梁炳猛：《革新开放后的越南共产党（1986—2010 年）——以全国党代表大会为视角》，社会科学文献出版社 2015 年版。

刘洪才：《当代世界共产党党章党纲选编》，当代世界出版社 2009 年版。

吕余生、王士威：《中国—东盟年鉴 2012》，线装书局 2012 年版。

吕余生：《越南国情报告 2011》，社会科学文献出版社 2011 年版。

潘金娥：《越南政治经济与中越关系前沿》，社会科学文献出版社 2011 年版。

齐欢、吴喜：《革新以来越南的现代化（1986—2011 年）》，云南大学出版社 2012 年版。

司马迁：《史记（全本下）》，万卷出版公司 2009 年版。

孙谦、韩大元：《亚洲十国宪法》，中国检察出版社 2013 年版。

王韶兴：《政党政治论》，山东人民出版社 2011 年版。

王绍光：《民主四讲》，生活·读书·新知·三联书店 2014 年版。

王长江：《苏共：一个大党衰落的启示》，河南人民出版社 2002 年版。

王长江：《政党政治原理》，中共中央党校出版社 2009 年版。

吴彬康等：《八十年代世界共产党代表大会重要文件选编》，中国广播电视出版社 1989 年版。

许家康、古小松：《中国—东盟年鉴 2008》，线装书局 2008 年版。

于洪君：《当代世界政党文献（2011）》，党建读物出版社 2012 年版。

张千帆：《宪政原理》，法律出版社 2011 年版。

〔丹〕奥勒·诺格德:《经济制度与民主改革：原苏东国家的转型比较分析》，孙友晋等译，上海人民出版社 2007 年版。

〔德〕罗伯特·米歇尔斯:《寡头统治铁律——现代民主制度中的政党社会学》，任军锋等译，天津人民出版社 2003 年版。

〔法〕让·布隆代尔、〔意〕毛里奇奥·科塔:《政党政府的性质——一种比较性的欧洲视角》，曾森、林德山译，北京大学出版社 2006 年版。

〔古希腊〕修昔底德:《伯罗奔尼撒战争史》（译注修订本），徐松岩译，上海人民出版社 2017 年版。

〔古希腊〕亚里士多德:《政治学》，吴寿彭译，商务印书馆 1965 年版。

〔美〕B. 盖伊·彼得斯:《政治科学中的制度理论:“新制度主义”》，王向民、段红伟译，上海人民出版社 2011 年版。

〔美〕R.M. 昂格尔:《现代社会中的法律》，吴玉章、周汉华译，译林出版社 2008 年版。

〔美〕保罗·皮尔逊:《时间中的政治：历史、制度与社会分析》，黎汉基、黄佩璇译，江苏人民出版社 2014 年版。

〔美〕胡安·J. 林茨、阿尔弗莱德·斯泰潘:《民主转型与巩固的问题：南欧、南美和后共产主义欧洲》，孙龙等译，浙江人民出版社 2008 年版。

〔美〕霍华德·威亚尔达:《民主与民主化比较研究》，榕远译，北京大学出版社 2004 年版。

〔美〕吉列尔莫·奥康奈、〔意〕菲利普·施密特:《威权统治的转型：关于不确定民主的试探性结论》，景威、柴绍锦译，新星出版社 2012 年版。

〔美〕加布里埃尔·A. 阿尔蒙德、小 G. 宾厄姆·鲍威尔:《比较政治学——体系、过程和政策》，曹沛霖等译，东方出版社 2007 年版。

〔美〕拉里·戴蒙德、理查德·冈瑟:《政党与民主》，徐琳译，上海人民出版社 2012 年版。

〔美〕利昂·D. 爱泼斯坦:《西方民主国家的政党》，何文辉译，商务印书馆 2014 年版。

〔美〕鲁恂·W. 派伊:《政治发展面面观》，任晓、王元译，天津人民出版社 2009 年版。

〔美〕罗伯特 · A. 达尔：《论民主》，李风华译，中国人民大学出版社 2012 年版。

〔美〕乔万尼 · 萨托利：《民主新论》，冯克利、阎克文译，上海人民出版社 2009 年版。

〔美〕塞缪尔 · P. 亨廷顿：《变化社会中的政治秩序》，王冠华、刘为等译，上海人民出版社 2008 年版。

〔美〕塞缪尔 · P. 亨廷顿：《第三波：20 世纪后期的民主化发展浪潮》，欧阳景根译，中国人民大学出版社 2013 年版。

〔美〕威廉 · 内斯特：《国际关系：21 世纪的政治与经济》，姚远、汪恒译，北京大学出版社 2005 年版。

〔美〕西摩 · 马丁 · 李普赛特：《政治人——政治的社会基础》，张绍宗译，上海人民出版社 2011 年版。

〔美〕詹姆斯 · G. 马奇、〔挪〕约翰 · 奥尔森：《重新发现制度：政治的组织基础》，张伟译，生活 · 读书 · 新知三联书店 2011 年版。

〔日〕白石昌也：《越南政治、经济制度研究》，毕世鸿译，云南大学出版社 2006 年版。

〔日〕猪口孝等：《变动中的民主》，林猛等译，吉林人民出版社 2011 年版。

〔匈牙利〕乔治 · 卢卡奇：《民主化的进程》，寇鸿顺译，广东人民出版社 2013 年版。

〔意〕G. 萨托利：《政党与政党体制》，王明进译，商务印书馆 2006 年版。

〔英〕J.S. 密尔：《代议制政府》，汪瑄译，商务印书馆 1982 年版。

〔英〕本 · 福凯斯：《东欧共产主义的兴衰》，张金鉴译，中央编译出版社 1998 年版。

〔英〕大卫 · 波特等：《最新民主化的历程》，王谦等译，韦伯文化国际出版有限公司 2003 年版。

中文论文类

《越南社会主义共和国宪法（2013）》，米良译，《南洋资料译丛》2014年第1期。

〔美〕雷影娜·阿布拉米等：《一党执政政权内的问责与不平等——中国与越南的比较分析》，云南师范大学马克思主义理论研究中心译，《国外理论动态》2011年第5期。

《阮文灵谈东欧变化的原因和越南改革》，《参考资料》1990年第23317期。

《阮文灵在越共“七大”的总报告〈沿着社会主义道路继续把改革事业推向前进〉》，《参考资料》1991年第23824期。

陈明凡：《越南党的领导体制改革的有益探索》，《中共天津市委党校学报》2009年第4期。

陈明凡：《越南的司法改革》，《云南社会科学》2013年第1期。

陈明凡：《越南国会改革的举措及其成效》，《新视野》2013年第2期。

陈明凡：《越南社会主义民主建设的理论与实践》，《科学社会主义》2007年第1期。

陈明凡：《越南政治革新的主要绩效和基本经验》，《新视野》2007年第3期。

陈强：《越南政治体制改革的多重动因及发展趋势分析》，《云南行政学院学报》2013年第1期。

陈祥：《中国学者参与越南修宪改革》，《凤凰周刊》2012年17期。

陈元中、周岑银：《越南社会主义民主建设的成就、经验与困境》，《当代世界与社会主义》2012年第5期。

方晓：《布什赞越南民主建设显著进步》，《东方早报》2008年6月26日。

房宁：《亚洲政治发展比较研究的理论性发现》，《中国社会科学》2014年第2期。

高云：《在革新中变革自身的越南行政改革理念》，《云南行政学院学报》2003年第6期。

郭道晖：《公民权与公民社会》，《法学研究》2006年第1期。

赖海榕、冯瑾：《越南共产党的宗教政策》，《学习时报》2013年5月27日。

韩大元：《宪法与社会共识：从宪法统治到宪法治理》，《交大法学》2012年第1期。

何鹏程：《专职代表制与我国人民代表大会制度的完善》，《人大研究》2001年第11期。

何胜：《越南直选国会代表》，《南方周末》2007年6月7日。

胡芳：《越共十大党的建设新亮点》，《党的建设》2006年第12期。

黄海清：《近年来越共党的建设态势》，《党校科研信息》1992年第8期。

黄骏、鲍婧：《越南的政治体制改革与马克思主义的本土创新》，《云南社会科学》2011年第2期。

考察组：《越南行政改革及其启示》，《云南行政学院学报》2002年第3期。

李兵：《二战后影响越南政治发展的重要因素及其经验教训》，《东南亚纵横》1998年第1期。

李路曲：《关于民主化、制度化与发展水平关系的思考》，《晋阳学刊》2008年第1期。

林锡星：《阮富仲：越共新任总书记》，《环球》2011年第3期。

刘伟：《民主巩固视角下的民主转型》，《武汉大学学报》2009年第5期。

龙遍红、何胜：《具有越南特色的国会选举》，《当代世界》2007年第8期。

鲁传颖：《越南祖国阵线评析》，《国际研究参考》2014年第4期。

罗凌莎、贺安民：《革新开放以来越南共产党加强自身建设举措探析》，《传承》2010年第6期。

马奔：《民主化的基础性条件之分析》，《山东大学学报》2007年第2期。

马洪波、彭强：《"公民社会"构想与越南政治革新的新进展》，《社会主义研究》2010年第2期。

蒙夺、陈元中：《越南共产党六大以来推进党内民主建设的理论与实践》,《云南行政学院学报》2011 年第 3 期。

潘金娥:《当前越南共产党面临的问题与挑战》,《当代世界与社会主义》2014 年第 6 期。

潘金娥:《越南学者谈越南革新》,《东方早报·上海经济评论》2013 年 11 月 5 日。

庞金友:《当代公民社会与民主化关系的新解读》,《文史哲》2004 年第 5 期。

钱镜:《越南国会何以否决"梦工程"》,《南方周末》2010 年 8 月 5 日。

钱素华:《提高行政效率是越南国家行政改革的核心问题》,《云南行政学院学报》2003 年第 6 期。

任宝玉:《论人民代表大会制度的运行机制及其完善》,《社会主义研究》2015 年第 4 期。

山东大学政党研究所课题组:《全球化信息化条件下越南共产党组织发展趋势研究》,《当代世界与社会主义》2008 年第 1 期。

王瑞贺:《越南国会监督制度及现状》,《新疆人大》2005 年第 1 期。

王韶兴:《第一国际的共产主义活动与社会主义政党政治逻辑》,《中国社会科学》2015 年第 11 期。

王韶兴:《关于中国共产党治国理政与自身建设科学化的思考》,《理论探讨》2010 年第 4 期。

王韶兴:《社会主义政党政治视阈下的政党能力论》,《学习与探索》2012 年第 11 期。

王绍光:《有效的政府与民主》,《战略与管理》2002 年第 6 期。

王占阳:《公民权利与人大代表专职化》,《炎黄春秋》2010 年第 12 期。

韦英思:《越南共产党在改革开放中》,《当代世界社会主义问题》1994 年第 2 期。

吴宇晖、杜氏秋恒、张嘉昕:《论越南社会主义定向市场经济体制——中越社会主义市场经济体制改革之比较》,《经济社会体制比较(双月刊)》2008 年第 3 期。

许宝友:《转型时期的越南执政党建设:特点、挑战与应对》,《科学社会主义》2001 年第 6 期。

燕继荣:《论民主及其限度》,《社会科学战线》1996 年第 4 期。

尤泽勇:《人大不妨先改起来》,《南方都市报》2008 年 3 月 9 日。

余水:《否决高铁项目彰显实力 越南国会不再是"橡皮图章"》,《世界新闻报》2011 年 1 月 14 日。

俞可平:《没有法治的民主是残缺的民主——纠正在民主与法治关系上的偏见》,《北京日报》2014 年 12 月 29 日。

云南行政学院赴越南考察小组:《越南行政改革及其启示》,《云南行政学院学报》2002 年第 3 期。

张超:《一党制的起源、分类与演化——亨廷顿一党制研究述要》,《国外理论动态》2013 年第 11 期。

张德山:《越南举行第十二届国会政府机构人事重大变动》,《东南亚纵横》2007 年第 10 期。

张健:《合法性与中国政治》,《战略与管理》2000 年第 5 期。

张琳:《公民社会发展与民主政治建设——访中央编译局副局长俞可平》,《理论视野》2008 年第 6 期。

张千帆、蔡克蒙:《政改与经改不可分割》,《领导文萃》2014 年第 6 期。

张千帆:《良法　良治　良序》,《炎黄春秋》2015 年第 8 期。

张千帆:《宪法实施靠谁?——论公民行宪的主体地位》,《比较法研究》2014 年第 4 期。

张树焕、崔桂田:《越南国会改革的原因、措施及其借鉴意义》,《信阳师范学院学报》2008 年第 4 期。

张喆:《越南国会议员建议总理辞职》,《东方早报》2012 年 11 月 15 日。

张喆:《越南国会主席强调党的领导》,《东方早报》2011 年 1 月 12 日。

赵卫华,金东黎:《民主的扩展与阶层的固化——十一大以来越南政治革新的成就及挑战》,《重庆交通大学学报》2015 年第 4 期。

周英华:《越南政治体制形成的影响因素》,《吉林工程技术师范学院学报》2012 年第 11 期。

潘金娥:《越南政治权力结构特征探析》,《当代世界与社会主义》2017 年第 6 期。

于向东:《十二大以来越共加强领导地位和党建的战略举措》,《当代世界与社会主义》2017 年第 6 期。

潘金娥:《越南共产党关于党的建设的理论与实践》,《世界社会主义研究》2017 年第 8 期。

陈元中:《越南共产党党内民主建设的路径与发展》,《当代世界与社会主义》2017 年第 6 期。

潘金娥:《越南社会主义定向的革新》,《人民论坛》2021 年第 Z1 期。

范文德、潘金娥、周增亮:《革新 30 年来越南共产党对社会主义法权国家的认识》,《党政研究》2018 年第 1 期。

邹焕梅:《越共制度反腐的演进及态势研究》,《当代世界社会主义问题》2018 年第 3 期。

张玉南、黄心元:《建设纯洁强大的党——越南共产党在革新进程中的实践与经验》,《当代世界》2018 年第 9 期。

王贤、范文德:《革新时期越南共产党的腐败治理:阶段历程、主要成效与基本经验》,《理论视野》2021 年第 9 期。

蒋海蛟:《越共十二大以来越南政治思想工作探析》,《当代世界与社会主义》2019 年第 4 期。

潘金娥、周增亮:《21 世纪越南马克思主义研究:路径与成果》,《世界社会主义研究》2018 年第 10 期。

张玉南、潘金娥:《越南共产党关于执政内容和执政方式的若干理论与实践问题》,《党政研究》2020 年第 1 期。

郭春生、陈婉莹:《越南革新开放在世界社会主义改革浪潮中的地位和作用》,《理论与改革》2017 年第 3 期。

米良:《越南网络治理》,《评析前沿》2017 年第 9 期。

于洪君:《自身建设与反腐斗争:越南共产党迈向百年的政治基石》,

《党政研究》2021 年第 2 期。

陈婉莹、郭权锋：《越南社会组织的变革及其动因》，《廊坊师范学院学报》2018 年第 4 期。

潘金娥、周增亮：《越南理论家视阈中的马克思和马克思主义》，《毛泽东邓小平理论研究》2019 年第 3 期。

于向东、陈媛媛：《越共十三大与越南中长期发展战略》，《南亚东南亚研究》2021 年第 3 期。

闫杰花：《革新以来越南共产党意识形态的建构、传播与认同》，《当代世界与社会主义》2019 年第 6 期。

冯寅奇：《从越共十三大看越南社会主义革新事业新发展》，《当代世界》2021 年第 6 期。

徐秦法、郑玉琳：《越共十三大对党的建设总体部署与创新》，《理论视野》2021 年第 4 期。

王贤、范文德：《越共十三大前后越南腐败治理的基本走向》，《当代世界社会主义问题》2023 年第 2 期。

李东海、陈井安：《越共十三大以来领导干部队伍建设研究》，《当代世界社会主义问题》2023 年第 1 期。

聂慧慧：《深入反腐与强劲复苏——越南 2022 年回顾与 2023 年展望》，《东南亚纵横》2023 年第 1 期。

蒋玉山：《革新开放以来越南共产党对民营经济认识的演进》，《东南亚纵横》2022 年第 4 期。

徐秦法、张睿：《网络反腐：越南共产党腐败治理的新动向》，《理论视野》2022 年第 7 期。

郑玉琳：《越南共产党如何领导国家治理》，《社会主义论坛》2022 年第 7 期。

徐秦法、郑玉琳：《越南共产党党内质询制度探究》，《当代世界社会主义问题》2022 年第 1 期。

阮文江、潘金娥、韦丽春：《否定民主集中制是敌对势力妄图削弱越南共产党的惯用手段》,《世界社会主义研究》2021 年第 7 期。

外文文献类

Edmund Malesky, Paul Schule, The Single-Party Dictator's Dilemma Information in Elections without Opposition, *Legislative Studies Quarterly*, Vol. 36, No. 4, 2011, pp. 491–530.

Edmund Malesky, Paul Schule, Paint-by-numbers Democracy: The Stakes, Structure, and Results of the 2007 Vietnamese National Assembly Election, *Journal of Vietnamese Studies*, Vol. 4, No. 1, 2009, pp. 1–48.

Martin Gainsborough, Party Control: Electoral Campaigning in Vietnam in the Run-up to the May 2002 National Assembly Elections, *Pacific Affairs*, Vol. 78, No. 1, 2005, pp. 57–75.

B. Kerkvliet, An Approach for Analysing State-Society Relations in Vietnam, *Journal of Social Issues in Southeast Asia*, Vol. 16, No. 2, 2001, pp. 238–278.

Carlyle A. Thayer, Vietnam and the Challenge of Political Civil Society, *Contemporary Southeast Asia* : *A Journal of International and Strategic Affairs*, Vol. 31, No. 1, 2009, pp. 1–27.

Jörg Wischermann, Civil Society Action and Governance in Vietnam: Selected Findings from an Empirical Survey, *Journal of Current Southeast Asian Affairs*, Vol. 29, No. 2, 2010, pp. 3–40.

Michael L. Gray, Creating Civil Society? The Emergence of NGOs in Vietnam, *Development and Change*, Vol. 30, No. 4, 1999, pp. 693–713.

S.J. Lux, J.D. Straussman, Searching for Balance: Vietnamese NGOs Operating in a State-led Civil Society, *Public Administration & Development*, Vol. 24, No.2, 2004, pp. 173–181.

Benedict J. Tria Kerkvliet, Government Repression and Toleration of Dissidents in Contemporary Vietnam: Politics in Contemporary Vietnam.Party,

State, and Authority Relations, *Palgrave Macmillan UK*, 2014, pp. 100–134.

Edmund J. Malesky, Vietnam in 2013: Single-Party Politics in the Internet Age, *Asian Survey*, Vol. 54, No.1, 2014, pp. 30–38.

Edmund J. Malesky, Understanding the Confidence Vote in Vietnamese National Assembly: An Update on "Adverse Effects of Sunshine" Politics in Contemporary Vietnam: Party, State, and Authority Relations, *Palgrave Macmillan UK*, 2014, pp. 84–99.

Edmund J. Malesky, Paul Schuler, Anh Tran, The Adverse Effects of Sunshine: A Field Experiment on Legislative Transparency in an Authoritarian Assembly, *The American Political Science Review*, Vol. 106, No. 4, 2012, pp. 762–786.

William Case, Vietnam in 2015: Factional Battles, Economic Tailwinds, and Neighborhood Jitters, *Asian Survey*, Vol. 56, No. 1, 2016, pp. 93–100.

Carlyle A. Thayer, Vietnam in 2001: The Ninth Party Congress and After, *Asian Survey*, Vol. 42, No. 1, 2002, pp. 81–89.

David Koh, Leadership Changes at the 10th Congress of the Vietnamese Communist Party, *Asian Survey*, Vol. 48, No. 4, 2008, pp. 650–672.

Carlyle A. Thayer, Vietnam: The Tenth Party Congress and After, *Southeast Asian Affairs*, 2007, pp. 381–397.

Thaveeporn Vasavakul, Authoritarianism Reconfigured: Evolving Accountability Relations within Vietnam's One-Party Rule. Politics: Party, State, and Authority Relations, *Palgrave Macmillan UK*, 2014, pp.42–63.

Martin Painter, Public Administration Reform in Vietnam: Problems and Prospects, *Public Administration and Development*, Vol. 23, No.1, 2003, pp. 259–271.

Quart Xuan Dinh, Public Administration Reform in a Transitional Economy: Case of Vietnam, *Philippine Journal of Development*, Vol. 25, No. 2, 1998, pp. 315–332.

Simon Benedikter, Bureaucratisation and the State Revisited: Critical Reflections on Administrative Reforms in Post-Renovation Vietnam, *International Journal of Asia-Pacific Studies*, Vol. 12, No.1, 2016, pp. 1.

Claus Offe, Pierre Adler, Capitalism by Democratic Design? Democratic Theory Facing the Triple Transition in East Central Europe, *Social Research*, Vol. 58, No. 4, 1991, pp. 865-892.

网站类

越南共产党电子报：https://cn.dangcongsan.vn/。

越南通讯社：https://zh.vietnamplus.vn/。

越南人民报网：https://cn.nhandan.vn/。

越南社会主义共和国中央政府门户网站：http://cn.news.chinhphu.vn/。

共产主义杂志网：https://tapchicongsan.org.vn/web/chinese/home。